initiation raisonnée
à la phonétique
de l'anglais

Des mêmes auteurs :

La prononciation de l'anglais, règles phonologiques et exercices de transcription.

Un volume, 128 pages, Paris, Hachette, collection HU (1977, 2e édition corrigée 1980, 4e édition, 1986).

Une cassette (1 heure).

Dix bandes magnétiques, 13 cm, 9,5 cm/s (30 minutes chacune), version laboratoire.

Ouvrages de Michel VIEL :

Grammaire analytique de l'anglais, initiation au commentaire de texte, Paris, CDU-SEDES, 1976 (en collaboration avec Catherine RIHOIT).

La phonétique de l'anglais, Paris, PUF, collection Que Sais-Je ? 1980.

An Anthology of English Literature, Paris, CDU-SEDES, four volumes by Lucien CARRIVE ; Marjolaine DUSUZEAU ; Isabelle MÉTRAL ; Jean-Louis CHEVALIER ; edited by Michel VIEL, 1981-1982.

Pratique du commentaire grammatical de l'anglais, Paris, CDU-SEDES, 1982.

La notion de « marque » chez Trubetzkoy et Jakobson : un épisode de l'histoire de la pensée structurale, Lille/Paris, Atelier national des thèses/Didier Erudition, 1984.

Playbac. L'anglais écrit au baccalauréat, Gap, Ophrys, 1984 (en collaboration avec Kathleen JULIÉ).

Spotlight : Anglais, classes terminales, Paris, Hachette, 1985 (en collaboration avec Kathleen JULIÉ).

Spotlight : Anglais, classes de seconde, Paris, Hachette, 1986 (en collaboration avec Kathleen JULIÉ, Pierre LEBLEU et Martine SKOPAN).

A paraître

Spotlight : Anglais, classes de première.

L'île déserte phonologique, essai de psycho-phonétique quantitative (avec la collaboration de Daniel LEVRARD).

1ère édition — juin 1975
2ème édition corrigée — septembre 1976
3ème édition corrigée — juin 1980
4ème édition corrigée — octobre 1984
5ème édition corrigée — 1986

ÉTUDES D'ANGLAIS

sous la direction de
A. CULIOLI et L. GUIERRE
Professeurs
à l'Université Paris VII

Richard LILLY
Maître de conférences
à l'Université de Lille III

Michel VIEL
Maître de conférences
à l'Université de Paris-Sorbonne

initiation raisonnée à la phonétique de l'anglais

nouvelle édition

COLLECTION
HACHETTE UNIVERSITÉ

CLASSIQUES HACHETTE

Dans la collection Hachette-Université :

Série « Études d'anglais »

M. L. et G. GROUSSIER, P. CHANTEFORT : *Grammaire anglaise, Thèmes construits*, un vol.

R. LILLY et M. VIEL, *La Prononciation de l'anglais, règles phonologiques et exercices de transcription*, un vol. et une cassette (pour le laboratoire de langue : dix bandes magnétiques).

H. C. WHITFORD et R. J. DIXSON, *Handbook of American idioms and idiomatic usage*, un vol.

Série « Civilisations anglaise et américaine »

J. MARTY et A. FONTENILLES : *American Society Today*, un vol.

M. POUSSARD et J. EMERY : *British Society To-day*, un vol.

A. FONTENILLES et M. POUSSARD : *Business in Contemporary Society*, un vol. en préparation

et

J. MARTY, A. FONTENILLES, M. POUSSARD, G. LABAT et J. EMERY :
English Texts and Tests,
un vol. et deux bandes magnétiques.

Série « Littératures anglaise et américaine »

H. MOSHER JR., J. OLLIER et J. RODGERS :
American Literature, an anthology, deux vol.
1 / From the origins to 1912, un vol.
2 / 1912–1972, un vol.

ISBN 2-01-002270-X

ÉTUDES D'ANGLAIS

A l'intérieur de la collection Hachette-Université, la série *Études d'anglais* comprendra deux sortes de publications : d'un côté des livres brochés ou reliés, de l'autre des cahiers ou fascicules mis à jour de façon régulière. D'autres ouvrages suivront sous peu celui-ci ; d'autres sont en chantier dans les domaines que nous comptons étudier de façon systématique : traduction, lexique (vocabulaire), syntaxe, phonétique, laboratoire, analyse littéraire, etc.

Notre effort vise à offrir aux étudiants et enseignants des instruments de travail qui ne séparent pas la pratique de la théorie : seule une formation théorique et méthodologique peut fonder et justifier l'emploi de techniques pertinentes et susceptibles d'évoluer.

Nous n'avons pas voulu aller trop loin trop vite. Dans une première étape certains problèmes ne seront donc pas résolus avec la rigueur que nous aurions souhaitée. De même, chaque fois que nous l'avons pu, nous avons utilisé la langue usuelle ou donné une définition succincte des termes employés. Certains nous jugeront timorés, d'autres provocants. Mais quiconque a réfléchi aux problèmes que pose l'application de la recherche à l'enseignement sait bien que les concepts ne peuvent être adaptés et présentés que graduellement et sous une forme assimilable. L'important est de ne pas les dévoyer sous prétexte de « pédagogie ». Pour le reste nous comptons, grâce à l'échelonnement des ouvrages, affiner la présentation des outils abstraits et des procédures employées.

Notre groupe de travail est constitué de « littéraires » et de « linguistes » qui ont une conception commune des relations entre les disciplines et le souci de dégager les études d'anglais de l'impressionnisme et de l'approximation.

Chaque publication est l'œuvre d'une *équipe* comprenant au moins un anglophone à titre d'auteur ou de conseiller.

L'originalité de notre entreprise réside peut-être dans notre désir de stimuler la discussion critique et de ne pas figer les problèmes.

Les remarques et suggestions des enseignants et étudiants seront accueillies avec reconnaissance.

A. CULIOLI - L. GUIERRE. *Avril 1970*

avant-propos

Ce livre s'adresse d'abord aux étudiants d'anglais et de linguistique des universités françaises, aux professeurs d'anglais des lycées et des collèges et aux assistants anglophones qui s'intéressent aux applications pédagogiques de la linguistique. Nous espérons également, étant donné la part privilégiée qui est faite à la phonologie du français, qu'il trouvera des lecteurs parmi les étudiants de lettres modernes.

Nous livrons ainsi à un assez large public le fruit de travaux qui, du fait de leur difficulté, n'ont jamais eu la même audience que les recherches menées en syntaxe. Pourtant, la phonologie et la grammaire génératives ont la même ambition: décrire la « compétence linguistique » des sujets parlants, c'est-à-dire le système de règles syntaxiques et phonologiques qu'ils se sont approprié et qui leur permet de produire et de reconnaître un nombre quasiment infini d'énoncés bien formés, et de prononcer sans erreur des mots qu'ils n'ont jamais entendus. Si l'on songe que cette dernière situation, exceptionnelle pour l'anglophone, est le lot quotidien de l'étudiant étranger, on voit du même coup les applications pratiques de ces recherches dans l'enseignement de l'anglais.

Cependant, l'idée la plus répandue est que tout n'est que "chaos" dans la prononciation de l'anglais: l'accentuation serait arbitraire, l'orthographe sans rapport avec la qualité des sons, l'intonation une affaire purement personnelle ou marginale. On connaît l'histoire de cet étranger qui apprenait chaque jour une dizaine de mots comme tough, trough, hiccough, senile, simile, aedile, *etc., et qui jeta ses livres aux orties le jour où il put lire à l'entrée d'un théâtre londonien affichant une pièce de Noël Coward:* CAVALCADE, PRONOUNCED SUCCESS. *Daniel Jones lui-même ne semble pas avoir été convaincu du caractère systématique des phénomènes phonétiques en anglais même dans le domaine de l'accent de mot: "Generally speaking there are no rules determining which syllable or syllables of polysyllabic English words bear the main stress. The foreign student is obliged to learn the stress of each word individually. He has to learn, for instance, that the main stress is on the first syllable in* photograph **'foutəgrɑ:f** *or* **'foutəgræf**, *on the second in* photography **fə'tɔgrəfi**, *on the third in* photographic **foutə'græfik** *and on the fourth in* photogravure **foutəgrə'vjuə**" (An Outline of English Phonetics, p. 248).

La phonologie générative montre que ce désordre apparent cache une profonde régularité: l'accent est directement fonction de la structure du mot ou de la phrase, l'orthographe est largement motivée, jusqu'à l'intonation qui semble entièrement déterminée par des règles, bien que leur complexité ait jusqu'à présent empêché d'en donner un exposé exhaustif.

Sur un fond qui se réclame de la phonologie générative, partie intégrante de la grammaire générative transformationnelle, nous n'avons pas hésité à faire appel aux techniques de la phonétique acoustique. On sait que de plus en plus on utilise les ressources de l'acoustique pour corriger la prononciation des sons isolés. A plus forte raison, dans le domaine suprasegmental, nous pensons aider les non-anglophones qui savent à quel point la maîtrise de l'intonation anglaise est difficile à acquérir, en donnant la courbe intonative, obtenue non par des méthodes empiriques ou impressionnistes mais grâce aux enregistrements de l'oscillographe. Pour ce chapitre, nous recommandons tout spécialement l'utilisation de la bande magnétique de référence.

Ce livre a bénéficié de l'expérience de l'enseignement de la linguistique et de la phonétique que nous avons acquise au cours des dernières années, d'abord à l'Université de Londres, ensuite à Lille, où, sous les auspices de l'Université de Lille III, nous avons publié un livre qui était une première ébauche de celui que nous présentons ici et qui s'intitulait Cahier de phonétique anglaise. *Nous tenons à remercier nos collègues et nos étudiants des Universités de Lille III et de Paris IV qui ont été les premiers à l'utiliser.*

Cet ouvrage doit beaucoup aux conseils, aux critiques, aux suggestions ou à l'aide matérielle que nous ont apportés Henri Appia, Gérard Babadjian, René Bourgois, Michèle Castellengo, Peggy Castex, Ernest Colin, Antoine Culioli, Majo Deboulonne, Jean Defradas, Ivan Fónagy, Bernard Gautheron, Geneviève et Nicolas Grimal, Patricia Kinder, Margaret et Shomponno Majumdar, Patrick Rafroidi, ainsi que Jean Robert Simon qui fut l'un des premiers à s'intéresser à notre travail.

Une place à part revient à Lionel Guierre à qui nous devons une bonne part de nos connaissances phonétiques et qui a pris l'initiative de publier notre livre dans la collection qu'il dirige avec Antoine Culioli, ne nous ménageant ni son temps, ni ses conseils.

Margaret Jones-Davies qui enseigne elle-même la phonétique à l'Université de Lille III a été mise à contribution comme informatrice anglophone tout au long de la genèse de cet ouvrage. Elle a assisté à ses différentes métamorphoses et nous a suggéré de nombreuses corrections. C'est elle également qui a prêté sa voix pour les enregistrements d'acoustique. Qu'elle trouve ici le témoignage de notre reconnaissance et de notre amitié.

R.L. et M.V.

avertissement

Nous avons voulu que ce livre soit avant tout un instrument de travail. Pour en faciliter l'utilisation, nous avons fait en sorte que la plupart des grands problèmes de phonétique générale et de phonétique anglaise puissent être traités séparément et dans l'ordre qu'on voudra. Chacun, faisant usage de l'index et des renvois[1] placés dans le corps des chapitres, adaptera la progression à son auditoire et au but recherché.

Le chapitre 1 (**prononciation et orthographe**) analyse sur le français et l'anglais les « défauts » respectifs bien connus de l'écriture et du langage parlé, et prépare à l'utilisation des alphabets phonétiques. Ce pas franchi, l'ordre des chapitres n'est plus contraignant: on peut fort bien traiter **la phonétique articulatoire** (chapitre 2) sans référence au contenu des chapitres 3 et 4 (**l'analyse phonologique** et **phonèmes et allophones**), ou inversement. La notion d'allophone, plus difficile à assimiler que la notion de phonème car elle ne correspond à aucune donnée intuitive, fait l'objet d'un chapitre séparé (chapitre 4). On pourra ainsi en réserver l'étude pour plus tard. Ce dernier chapitre constituera pourtant la charnière pédagogique idéale entre la phonologie classique et la phonologie générative, puisque celle-ci a étendu la notion de variante contextuelle à des unités que la phonologie classique considère comme des phonèmes. Cependant, rien n'empêche le générativiste de stricte obédience d'aborder directement les chapitres 5 (**les traits distinctifs**) et 6 (**principes de phonologie générative**). Ces deux chapitres, qui sont solidaires, servent d'introduction à la technique des règles formalisées, si commodes dès qu'on en a acquis le maniement, et expliquent les fondements de la théorie. Le chapitre 7 (**principes de phonétique acoustique**) peut, bien entendu, être étudié pour lui-même. Sans aller jusque là, il serait dommage de ne pas montrer à l'étudiant le rapport entre trapèze articulatoire et trapèze acoustique des voyelles, ou les phases de production d'une occlusive, par exemple. C'est pourquoi, après quelques renvois entre les chapitres 2 et 7, le commentaire d'un sonagramme pourra constituer un excellent exercice d'application des notions articulatoires.

---

1. (⟶§6.1) se lit: voir chapitre 6, paragraphe 1.
(⟶§6.1, 2) se lit: voir chapitre 6, paragraphes 1 et 2.
(⟶§6.1–3) se lit: voir chapitre 6, paragraphes 1 à 3.
(⟶§1) se lit: voir le paragraphe 1 de ce chapitre.

La phonétique historique (chapitre 8) et **la prononciation de l'anglais américain** (chapitre 14) pourront tous deux faire l'objet d'une étude séparée, mais il est bon de prévenir le lecteur qu'il tirera un meilleur parti de ces chapitres s'il les aborde muni de quelques connaissances en phonologie générative. Il découvrira en retour que l'étude de la phonétique historique permet de mieux comprendre les phénomènes synchroniques mis à jour par la phonologie générative et présentés au chapitre 10 de ce livre (**la phonographématique**); il verra, en outre, confirmée par l'étude de la prononciation américaine l'idée selon laquelle les variations dialectales — et même socio-linguistiques — seraient des phénomènes superficiels et parfaitement réglés.

Le chapitre 8 clôt la partie du livre qui traite de problèmes généraux. Les chapitres suivants, consacrés exclusivement à la phonétique anglaise, présentent, pour la première fois à notre connaissance, un traitement intégré de l'accent de mot, des phénomènes de réduction (y compris les formes réduites), de l'accent de phrase et de l'intonation. Un système de renvois très développé permet d'étudier en parallèle **l'accent de mot** (chapitre 9) et **la phonographématique** (chapitre 10). Le chapitre 11 (**l'accent de phrase: I. formes pleines et formes réduites**) et le chapitre 12 (**l'accent de phrase: 2. hiérarchie des accents**) peuvent être traités indépendamment l'un de l'autre. On aura toutefois intérêt à se reporter à la fin du chapitre 12 pour étudier le chapitre 13 (**l'intonation**). A cette réserve près, chacun des chapitres 9 à 13 est indépendant. Cette partie du livre utilise les découvertes de la phonologie générative sans nécessairement faire appel à la technique des règles formalisées ou engager de discussion théorique. Ceux qu'intéresse au premier chef la pratique de l'anglais parlé pourront donc entrer dans le vif de leur sujet en étudiant l'accent de mot, la phonographématique ou les formes réduites, quitte à réserver à un enseignement de spécialité les problèmes de caractère plus théorique. Ils constateront chemin faisant que notre présentation va toujours du général au particulier, du simple au complexe et de la théorie à la pratique, reflétant ainsi, croyons-nous, la nature profonde du langage et son mode d'acquisition.

A l'intention des nombreux étudiants qui sont pris par des activités professionnelles et ne peuvent suivre les cours à l'université, nous avons établi un **corrigé des exercices**. Il n'a d'intérêt que si l'on veut bien s'en servir pour vérifier sa réponse et ne peut remplacer le travail de recherche pour chaque question.

Les paragraphes qui figurent sur la bande magnétique de référence sont indiqués par le signe ✇. Les enregistrements ont été réalisés avec le concours de Peggy Castex, Rick Hull, Margaret Jones-Davies, Kathleen Julié, Li Ogg, Shamponno Majumdar, Antony Newbury, Walter Thys, Sergueï Tiourine et Sandy Wolf.

documents

ORGANES DE LA PAROLE (COUPE SAGITTALE)

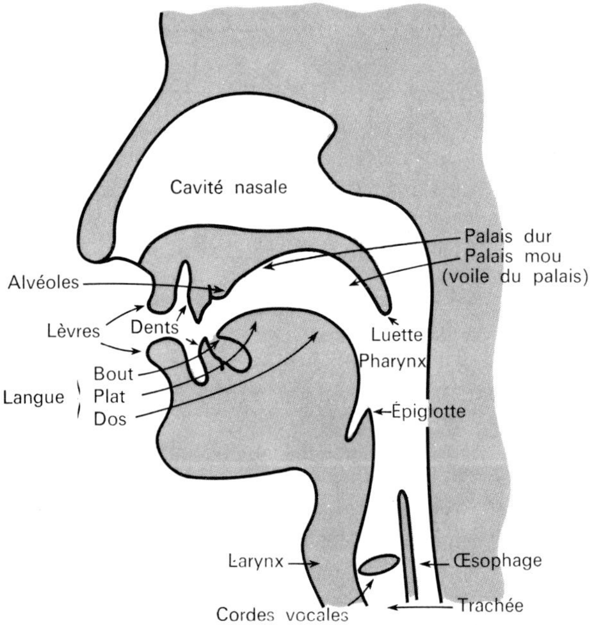

VOYELLES

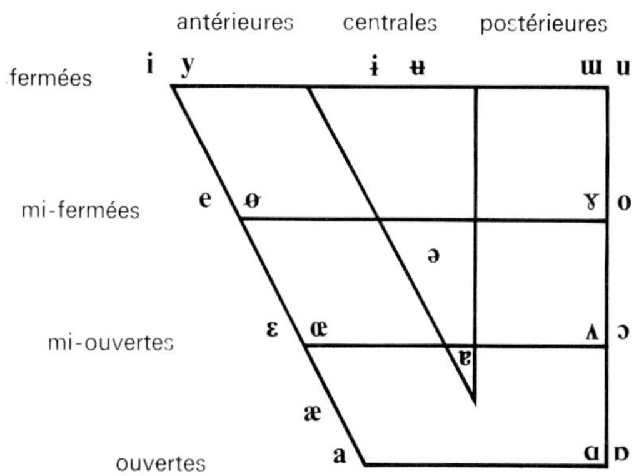

Dans les cas d'opposition arrondi ~ non arrondi, la voyelle arrondie est à droite, la non-arrondie à gauche.

CONSONNES

	BILABIALES	LABIODENTALES	DENTALES ET ALVÉOLAIRES	PALATO-ALVÉOLAIRES	RÉTROFLEXES	PALATALES	VÉLAIRES	UVULAIRES	GLOTTALES
OCCLUSIVES	**p b**		**t d**		ʈ ɖ	c ɟ	**k g**		ʔ
AFFRIQUÉES				**ʧ ʤ**					
FRICATIVES	ɸ β	**f v**	**θ ð s z**	**ʃ ʒ**	ʂ ʐ	ç j	x ɣ	ʁ	**h**
NASALES	**m**		**n**		ɳ	ɲ	**ŋ**		
LATÉRALES			**l ɫ**		ɭ		**(ɫ)**		
ROULÉES			r		ɽ			R	
GLISSÉES, continues sans friction	**w** ɥ		**ɹ**			**j** (ɥ)	**(w)**		

Remarques

1. Les sons de l'anglais sont en caractères gras.
2. Lorsqu'un son a deux articulations, la seconde est indiquée entre parenthèses.
3. Dans les cas d'opposition sourde ~ sonore, la sourde est à gauche.
4. En l'absence d'opposition **r** ~ **ɹ**, **r** ~ **R** ou **R** ~ **ʁ**, on utilise le symbole **r** pour désigner toute variété de **r** dans la transcription courante.

SIGNES DIACRITIQUES

V: voyelle longue

V· voyelle mi-longue

V̩ variété fermée de la voyelle

Ṽ voyelle nasale

V̄ voyelle tendue ou syllabe longue

V̆ voyelle relâchée ou syllabe brève

V́ voyelle sous accent

C̥ consonne dévoisée

C̩ consonne syllabique

*C*ʲ consonne palatalisée

CC consonne géminée ou à relâchement différé

ţ *flapped consonant* Cf. US *better* ⇒ § 14.9

TRANSCRIPTION PHONÉTIQUE DU FRANÇAIS

VOYELLES

i	disque	**œ**	seul
e	été	**ə**	le
ɛ	chaise	**ɛ̃**	brin
a	sac	**œ̃**	brun
ɑ	âne	**ɑ̃**	blanc
ɔ	port	**ɔ̃**	blond
o	beau		
u	loup		
y	mur		
ø	meule		

CONSONNES

p	patte	**v**	vrai
b	bille	**s**	sucre
t	table	**z**	zéro
d	date	**ʃ**	chou
k	car	**ʒ**	jour
g	gare	**l**	loi
m	mot	**r**	roi
n	natte	**j**	yeux
ɲ	agneau	**ɥ**	huit
f	faux	**w**	ouest

ARTICULATION DES VOYELLES ANGLAISES

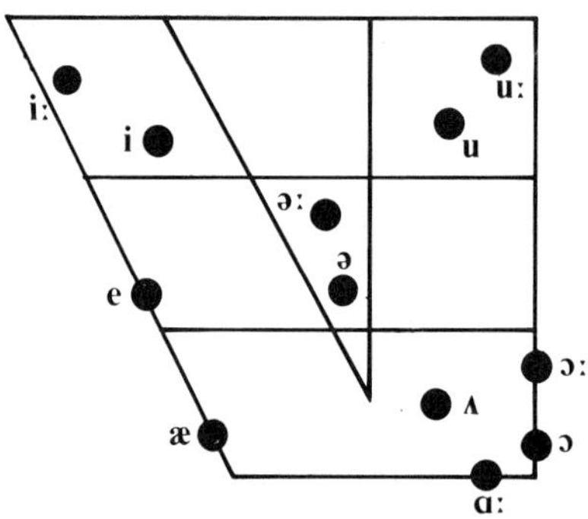

Voyelles pures

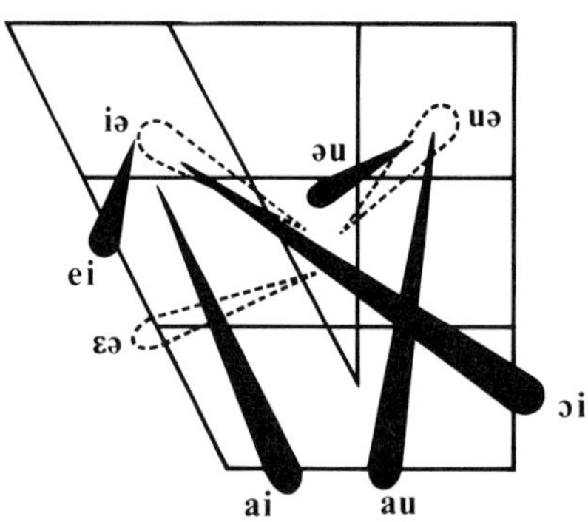

Diphtongues

TRANSCRIPTION PHONÉTIQUE DE L'ANGLAIS

Les symboles phonétiques utilisés dans ce livre sont ceux de Daniel Jones, *English Pronouncing Dictionary*, thirteenth edition revised by A. C. Gimson. Cette transcription large, recommandée par l'Association Phonétique Internationale est de loin la plus couramment utilisée en Europe. On trouvera au § 14.1 un tableau de correspondances entre l'*English Pronouncing Dictionary* de Jones et le *Pronouncing Dictionary of American English* de Kenyon et Knott.

VOYELLES

i:	cheese	**ei**	name
i	pig	**ai**	bike
e	bed	**ɔi**	boy
æ	cat	**əu**	boat
ɑ:	shark	**au**	house
ɔ	dog	**iə**	beer
ɔ:	fork	**ɛə**	chair
u	book	**uə**	poor
u:	food		
ʌ	bus		
ə:	bird		
ə	about		

CONSONNES

p	pen	**ð**	this
b	big	**s**	sit
t	time	**z**	zoo
d	date	**ʃ**	sheep
k	cook	**ʒ**	treasure
g	gate	**ʧ**	church
m	meat	**ʤ**	judge
n	name	**r**	rock
ŋ	king	**l**	lamp
f	five	**h**	head
v	van	**j**	year
θ	thin	**w**	west

NOTATION DE L'ACCENT DE MOT EN ANGLAIS

On admettra les implications réciproques suivantes:

voyelle pleine ⟷ syllabe accentuée (accent 1, 2 ou 3)
voyelle réduite ⟷ syllabe inaccentuée (accent 0)

	transcription graphique	*transcription phonétique*	*code*
ACCENT PRIMAIRE	V̌	[ˈ]	1
ACCENT SECONDAIRE	V́	[ˌ]	2
ACCENT TERTIAIRE	non représenté	non représenté	3 (⟹ § 9.3)
SYLLABE NON ACCENTUÉE	non représenté	non représenté	0
Exemple	sýmbolizǎtion	**ˌsimbəlaiˈzeiʃn**	20310

LISTE DES FORMES RÉDUITES

		Formes pleines	*Formes réduites*[1]	*Ne réduisent pas*	
AUXILIAIRES	have	**hæv**	**həv → v, əv**	may	**'mei**
	has	**hæz**	**həz → əz → z, s**	might	**mait**
	had	**hæd**	**həd → d, əd**	ought to	**'ɔ:ttu**(:)
	be	**bi:**	**bi**[2]	used to	**'ju:stu**(:)
	been	**bi:n**	**bin**[2]	les formes contractées régulières: haven't, etc.	
	being	**bi:iŋ**	**biiŋ/bi:ŋ**		
	am	**æm**	**əm → m**	aren't	**ɑ:nt**
	are	**ɑ:*r***	**ə*r***	aren't	**ɑ:nt**
	is	**iz**	**z, s**		
	was	**wɔz**	**wəz**		
	were	**wə:*r*, wɛə*r***	**wə*r***		
	do	**du:**	**du, də → d** (d'you)	don't	**dəunt**
	does	**dʌz**	**dəz → dz**		
	can	**kæn**	**kən → kn, kŋ**	can't	**kɑ:nt**
	could	**kud**	**kəd**		
	must	**mʌst**	**məst, məs → mst, ms**		
	shall	**ʃæl**	**ʃəl → ʃl**	shan't	**ʃɑ:nt**
	should	**ʃud**	**ʃəd → ʃd**		
	will	**wil**	**wəl → l, əl**	won't	**wəunt**
	would	**wud**	**wəd → d, əd**		
PRÉPOSITIONS	at	**æt**	**ət**	*by, down, like,*	
	for	**fɔ:*r***	**fə*r***	*near, off, on,*	
	from	**frɔm**	**frəm**	*past, round, up,*	
	of	**ɔv**	**əv**	*through;* les	
	per	**pə:*r***	**pə*r***	prépositions	
	to	**tu:**	**tu, tə**	dissyllabiques	
ADJECTIFS POSSESSIFS, PRONOMS	me	**mi:**	**mi**[2]	I	**ai**
	you	**ju:**	**ju, (jə)**	my	**mai**
	your	**jɔ:*r***	**jə*r***	our	**auə / ɑ:**
	he	**hi:**	**i: / hi**[2] **→ i**[2]	les pronoms possessifs	
	him	**him**	**im**[2]	les pronoms interrogatifs	
	his	**hiz**	**iz**[2]		
	she	**ʃi:**	**ʃi**[2]		
	her	**hə:*r***	**ə:*r*/hə*r* → ə*r***		
	we	**wi:**	**wi**[2]		
	us	**ʌs**	**əs** (let's = **lets**)		

1. La flèche → indique une étape supplémentaire dans la réduction; la virgule sépare des variantes contextuelles et le trait oblique / des variantes libres; ***r*** est un **r** de liaison.
2. Le **i** est un **i** centralisé et non le **i** de **pig**; ce **i** se retrouve dans les formes inaccentuées de *did, in, with, it, which, if, since* et *till.*

		Formes pleines	*Formes réduites*	*Ne réduisent pas*
	they	**ðei**	**ðe**	
	them	**ðem**	**ðəm → ðm**	
	their	**ðεə*r***	**ðə*r***	
	who	**hu:**	**hu → u: → u**	
	whom	**hu:m**	**hum**	
	that	**ðæt**	**ðət**	
	there	**ðεə*r***	**ðə*r***	
DÉTERMINANTS	a, an	**ei, æn**	**ə, ən**	
	the	**ði:**	**ði, ðə**	tous les démonstratifs
	any	**'eni**	**əni**	
	some	**sʌm**	**səm → sm**	
	Saint	**seint**	**sənt, sən → snt, sn**	
	Sir	**sə:*r***	**sə*r***	
CONJONCTIONS	and	**ænd**	**ənd, ən → nd, n**	
	as	**æz**	**əz**	
	because	**bi'kɔz**	**bikəz → (kəz)**	*how*, *nor*, *once*, *so*, *though*, *when*, *where*, *while*; les conjonctions dissyllabiques
	but	**bʌt**	**bət**	
	or	**ɔ:*r***	**ə*r***	
	than	**ðæn**	**ðən**	
	that	**ðæt**	**ðət**	

SIGNES MÉLODIQUES (NOTATION DE L'INTONATION)

Avant-tête	*Toute syllabe accentuée autre que...* *se note*	*la première syllabe accentuée de la tête...* *se note*	*et le noyau* *se note*
[ˉ] avant-tête supérieure	[ₒ] derrière	[ˌ] tête inférieure	et [ˎ] chute inférieure [ˋ] chute supérieure [ˆ] ton circonflexe
(l'avant-tête inférieure ne se note pas)	[°] derrière	['] tête supérieure	et [ˏ] montée inférieure [ˊ] montée supérieure [ˇ] ton creusé

COMPOSITION EN TRAITS DISTINCTIFS DES SEGMENTS ANGLAIS

CONSONNES

	j[1]	w[1]	r	l	p	b	f	v	m	t	d	θ
vocalique	−	−	+	+	−	−	−	−	−	−	−	−
consonantique	−	−	+	+	+	+	+	+	+	+	+	+
antérieur	−	−	−	+	+	+	+	+	+	+	+	+
coronal	−	−	+	+	−	−	−	−	−	+	+	+
voisé	+	+	+	+	−	+	−	+	+	−	+	−
continu	−	−	+	−	−	−	+	+	−	−	−	+
nasal	−	−	−	−	−	−	−	−	+	−	−	−
strident	−	−	−	−	−	−	+	+	−	−	−	−
sonant	+	+	+	+	−	−	−	−	+	−	−	−

1. **j** comme **i** est [−arrière]; **w** comme **u** est [+arrière].

VOYELLES SOUS-JACENTES (à l'exclusion de **au**, **ɔi** et **ɔ:**)

	ĭ	ĕ	æ̆	ɔ̆	ŭ	ī	ē	ǣ	ɔ̄	ō	ū
fermé	+	−	−	−	+	+	−	−	−	−	+
ouvert	−	−	+	+	−	−	−	+	+	−	−
arrière	−	−	−	+	+	−	−	−	+	+	+
tendu	−	−	−	−	−	+	+	+	+	+	+

Réalisation phonétique des voyelles relâchées

voyelles sous-jacentes	**ĭ**	**ĕ**	**æ̆**	**ɔ̆**	**ŭ**	
réalisation phonétique	↓ **i**	↓ **e**	↓ **æ**	↓ **ɔ**	↙ **u**	↘ **ʌ**
exemples	pit	pet	pat	pot	bull	luck

Réalisation phonétique des voyelles tendues

voyelles sous-jacentes	**ī**	**ē**	**ǣ**	**ɔ̄**	**ō**	**ū**	**au**	**ɔi**	**ɔ:**
réalisation phonétique	↓ **ai**	↓ **i:**	↓ **ei**	↓ **əu**	↓ **u:**	↓ **(j)u:**	↓ **au**	↓ **ɔi**	↓ **ɔ:**
exemples:	fight	feel	fail	foal	food	feud	fowl	foil	fawn

ð	n	s	z	ʧ	ʤ	ʃ	ʒ	k	g	ŋ	h	
−	−	−	−	−	−	−	−	−	−	−	−	vocalique
+	+	+	+	+	+	+	+	+	+	+	+	consonantique
+	+	+	+	−	−	−	−	−	−	−	−	antérieur
+	+	+	+	+	+	+	+	−	−	−	−	coronal
+	+	−	+	−	+	−	+	−	+	+	−	voisé
+	−	+	+	−	−	+	+	−	−	−	+	continu
−	+	−	−	−	−	−	−	−	−	+	−	nasal
−	−	+	+	+	+	+	+	−	−	−	−	strident
−	+	−	−	−	−	−	−	−	−	+	−	sonant

Remarques

1) Les correspondances entre voyelles tendues et voyelles relâchées se manifestent lorsque s'appliquent les règles de relâchement et de tension (→ §10.16–27). Le mouvement des formes sous-jacentes aux formes phonétiques pour les voyelles tendues peut être schématisé ainsi:

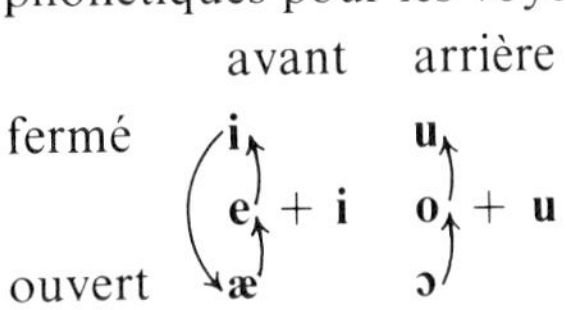

Dans chaque cas, il y a insertion d'une glissée vocalique homorganique pour obtenir les formes phonétiques. **ii** et **uu** sont à interpréter comme **i**: et **u**:, **æi** est à interpréter comme **ai**; **ou** est transcrit **əu** dans l'EPD depuis la treizième édition.

2) Ni le **ō** sous-jacent réalisé phonétiquement **u**:, ni les voyelles **au**, **ɔi** et **ɔ**: n'ont de correspondant dans la série relâchée.

3) Le **u**: phonétique a trois sources: **ō** sous-jacent (cf. *food*), **u**: sous-jacent (cf. *feud*) et **ŭ** tendu en syllabe ouverte (cf. *Lucy* ~ *lucky*).

4) Le **ɑ**: phonétique est dérivé de **æ** (→ §6.15 et §10.28–30).

5) **i** / **e** / **u**, **i**:, **ei**, **u**:, **əu** / **ɔ**, **æ** se réalisent respectivement
↘ ↓ ↙ ↓ ↓ ↓ ↘↙ ↓
ə:, **iə**, **ɛə**, **uə**, **ɔ**:, **ɑ**: devant r (→ §10.35–37).

6) La voyelle **ə** dérive de **æ**, **ɔ** et **ʌ** inaccentués, et de **e** posttonique (→ §10.38).

ABRÉVIATIONS ET CONVENTIONS

[acc] accentué
angl. anglais
ant. antonyme
[ant] antérieur
[cons] consonantique
[cont] continu
[cor] coronal
c.p.s. cycles par seconde
EPD *English Pronouncing Dictionary*
fr. français
i.-e. indo-européen
IPA alphabet phonétique international
NP groupe nominal (*noun phrase*)
PDAE *Pronouncing Dictionary of American English*
RP *Received Pronunciation*
[strid] strident
syn. synonyme
US prononciation américaine
v.a. vieil-anglais
[voc] vocalique
VP groupe verbal (*verb phrase*)
* forme non attestée; dans une transcription, nom propre
{ } ensemble
ø ensemble vide, zéro

On a utilisé l'*italique* pour les transcriptions orthographiques, et le caractère **gras** pour les transcriptions phonétiques. Quand on veut explicitement opposer deux niveaux de représentation, on utilise les barres obliques / / pour signaler une transcription phonologique ou une forme sous-jacente, et les crochets [ ] pour signaler une transcription phonétique. Les crochets servent également à signaler les traits distinctifs.

1

prononciation et orthographe

ÉCRITURE ET TRANSCRIPTION PHONÉTIQUE

1. L'orthographe et ses problèmes

Dans une écriture **alphabétique**, un nombre restreint de symboles graphiques, les lettres, désigne les unités phoniques de la langue représentée. Ainsi, la lettre *s* en français représente le son **s**. On sait cependant que *s* se prononce **z** entre deux voyelles (ex. *la rose*), et qu'il est « muet » en fin de mot (ex. *les tulipes*). Réciproquement, le son **s** est représenté en français d'au moins sept façons différentes. Quelles sont-elles ?

2. Cochez dans la liste suivante les mots qui contiennent un **iː**. Quels sont les lettres ou groupes de lettres (monographes ou digraphes) à qui il arrive de se prononcer ainsi ? Vérifiez vos réponses dans l'*English Pronouncing Dictionary* (EPD) de Daniel Jones.

tree	great	key	conceive
break	Leicester	quay	steak
complete	piece	women	prestige
reason	pretty	machinery	people

3. Comment se prononce la graphie *ea* en anglais dans les mots suivants ? Donnez dans chaque cas deux autres exemples de la même prononciation, l'un avec la même orthographe, l'autre avec une orthographe différente. Exemple : mean, **i:** (1) dean, (2) seen.

heard	sweat
hear	heart
wear	break
streak	Mediterranean

4. Les principes des alphabets phonétiques

Les alphabets phonétiques se proposent de résoudre les problèmes de désaccord entre l'orthographe et la prononciation et ainsi, de transcrire aussi fidèlement que possible la prononciation d'une langue. Quelles vont-être les exigences théoriques d'un alphabet auquel on a fixé un tel objectif ?

5. Synonymie et homonymie

Dans un film des Marx Brothers, alors que Groucho demande un sceau pour parapher un décret, Harpo sort un phoque des plis de son immense manteau. Sur quel phénomène linguistique est fondé ce gag ?

6. Pour F. de Saussure, le **signe linguistique** est défini comme la combinaison d'un concept (le signifié) et d'une image acoustique (le signifiant). Peut-on définir en termes de « signifié » et de « signifiant » la synonymie et l'homonymie ?

7. Homophonie et homographie

En égyptien classique, le hiéroglyphe  signifie "porter" qui se dit **fꜣi**, et "charger" qui se dit **ꜣtp**. Tirez de cet exemple la définition de l'homographie par opposition à l'homophonie. (Voyez des exemples en anglais, §13–14.)

ORTHOGRAPHE ET TRANSCRIPTION PHONÉTIQUE DU FRANÇAIS

8. Commentez l'orthographe de ce texte (vérité phonétique et incohérences, utilisation de l'orthographe à des fins stylistiques et humoristiques, réalisme du langage et fantaisie poétique) :

Doukipudonktan — skeutadittaleur — chsuis Zazie, jparie que tu es mon tonton Gabriel — Singermindépré — la ptite — dacor — c'est pas croyab — ya vraiment des salauds complets — un homme lui esplique — faudra l'enfermer à clé cette petite — voui, msieu — la foire aux puces, c'est là où on trouve des ranbrans pour pas cher — lagoçamilébou — izont des bloudjinnzes, leurs surplus américains ? — les voyageurs, attendris, chantèrent apibeursdé touillou... (RAYMOND QUENEAU, *Zazie dans le métro,* passim.)

9. L'Homophonie

Quels sont les mots transcrits dans cet exercice ? A-t-on le droit de dire que la transcription phonétique est ambiguë ?

il	**mɛ**	**po**	**syr**	**ɑ̃prɛ̃t**	**pari**
li	**la**	**so**	**pø**	**bɑ̃**	**prɛ**
peʃe	**sa**	**pu**	**œr**	**sɑ̃**	**bar**
de	**pɔr**	**ku**	**sə**	**sɔ̃**	**bwa**
sɛt	**kɔr**	**myr**	**pɛ̃**	**fɔ̃**	**trɛ**

10. Transcription

ajouter	enragé	inventer	prince
boniment	exil	jaunisse	révolution
bruyant	frétiller	jazz	soir
changement	geste	méchanceté	trublion

11. Transcription

La disparition rapide des écureuils dans la région parisienne est inversement proportionnelle à l'augmentation du nombre des chats. Quand j'ai émis cette hypothèse, on m'a pris pour un excentrique, voire pour un fou. J'affirmais que les chats mangeaient les écureuils. Le Ministre de la Faune et de la Flore m'a fait observer que les écureuils sont plus agiles que les chats. J'ai aujourd'hui la preuve que les chats vont prendre les jeunes écureuils au nid et qu'ils ne font qu'une bouchée de ces malheureuses bêtes.

ORTHOGRAPHE ET TRANSCRIPTION PHONÉTIQUE DE L'ANGLAIS

12. Transcription

shell	thus	hail	few
van	right	goat	noise
job	cool	mouth	cheap
sing	yawn	weed	thief

rage	fir	rise	cheers
part	theme	code	moor
horse	pure	stairs	care
duke	surf	germ	here
party	prism	boxers	palace
marble	storage	boxes	warden
actor	vision	college	heated
modern	order	novel	meaning
allow	effect	believe	police
without	contain	event	mature
begin	arrest	decide	surprise
observe	combine	machine	prepare
stranger	conscience	any	abroad
among	bury	nature	drinking
foreign	southern	above	country
meadow	only	other	story

13. L'Homographie

Expliquez le caractère ambigu de l'orthographe des mots suivants :

alternate	house	minute	row
bases	gill	ragged	sewer
bow	increase	read	sow
buffet	insult	rebel	tear
conjure	lead	record	wind

14. L'Homophonie

Quels sont les mots transcrits dans cet exercice ?

bɛə bear/bare	**fɛə**	**aidl**	**sait**
mi:t	**pɛə**	**kaunsl**	**kɔ:t**
nəu	**prinsipl**	**nʌn**	**stɔ:k**
nju:	**sel**	**rait**	**kɔ:s**
səu	**medl**	**mait**	**ʃɔ:**

15. Dérivez la forme en *-ing* des verbes suivants. Donnez l'orthographe et la prononciation : *die*, *dye*, *lie* ; *sing*, *singe*, *tinge*.

16. Dérivez la forme en *-ing* des verbes suivants. Cherchez d'autres exemples. Dans quels cas redouble-t-on la consonne, et pourquoi ?

admit	occur	read	sweat
bite	offer	sleep	swim

feel	panic	slip	travel
grin	prefer	stop	worship
mention	put	suffer	wring

17. Quels sont, à votre avis, les avantages et les inconvénients qu'il y a à écrire *nation* et *national* *n-a-t-i-o-n* et *n-a-t-i-o-n-a-l* en français et en anglais ?

18. George Bernard Shaw, convaincu de l'absurdité de l'orthographe anglaise, suggérait ironiquement d'écrire le mot *fish* *g-h-o-t-i* puisque *gh* se prononce **f** dans *enough*, que *o* se prononce **i** dans *women* et *ti* **ʃ** dans *nation*. Connaissez-vous d'autres mots où *gh* se prononce **f**, où *o* se prononce **i**, et où *ti* se prononce **ʃ** ? Pourquoi le mot *ghoti* n'a-t-il aucune chance d'être prononcé comme le mot *fish* ?

19. Commentez ces lignes de George Orwell à propos d'un projet de réforme de l'orthographe :

> You can only rationalise spelling if you give a fixed value to each letter. But this means standardising pronunciation, which could not be done in this country without an unholy row. What do you do, for instance, about words like "butter" or "glass" which are pronounced in different ways in London and Newcastle ? Other words, such as "were" are pronounced in two different ways according to individual inclination, or according to context. (*Tribune*, 14 March 1947.)

20. Comparez la transcription phonétique recommandée par l'Association phonétique internationale et adoptée par l'EPD à « l'orthographe phonétique » proposée dans ce texte. Quelles justifications peut-on donner à la solution proposée ici ?

> Fonetik speliŋ haz tu difər in meni respekts from transkripʃonz ov pronənsieiʃon. In partikjular, kompromaiz speliŋz ar often niided in ordər tu meik ði raitiŋ iizili leɟibl tu spiikərz from difərent lokalitiz. For instans, *r* haz tu bi riteind in Iŋgliʃ befor konsonants, ðou Səðərn Britiʃ piipl du not saund it; and wərdz laik *ekspekt*, *egzaampl* hav tu bi riten wið an iniʃal *e* in akordans wið Norðərn pronənsieiʃon. Laikwaiz wiik formz məst ɟenərali bi ignord, sins ði prouses ov riidiŋ demaandz ðat wərdz ʃud not bi spelt in mor ðan wən wei ənles ðeir ar veri kouɟent riizonz for admitiŋ mor ðan wən speliŋ. For ði seim riizon eliʒonz and asimileiʃonz ʃud az a ruul not bi indikeited in an orθografi. (*The Principles of the International Phonetic Association*, p. 51–52, "Phonetic spelling".)

2

la phonétique articulatoire

1. Organes fixes — organes mobiles

Prononcez la phrase suivante devant un miroir, et soulignez dans la liste proposée ceux des organes buccaux que vous avez vu ou senti bouger :

1) lèvre inférieure — 2) lèvre supérieure — 3) langue — 4) mâchoire supérieure — 5) mâchoire inférieure.

On a toujours besoin de petits pois chez soi.

2. Rôle des lèvres dans la phonation

Prononcez les mots suivants devant un miroir, puis prononcez séparément les sons successifs qui les composent. A quels sons correspondent les dessins ?

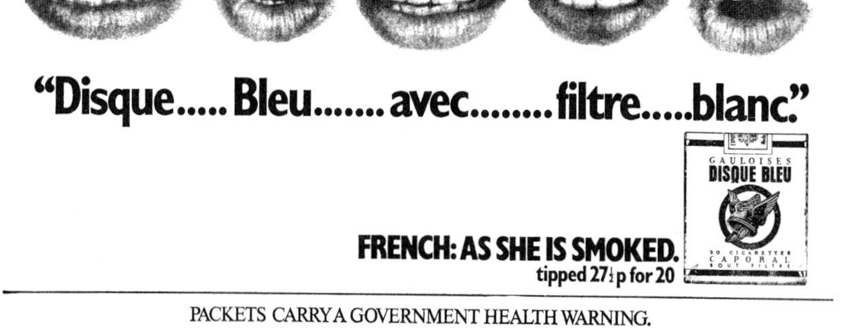

(*The Observer, Progress Advertising Ltd.*)

3. Prononcez et transcrivez la phrase suivante. Quelles sont les voyelles qui vous obligent à arrondir les lèvres? Quelles sont les consonnes qui entraînent leur fermeture momentanée? **f** et **v** sont produits en rapprochant une lèvre et une rangée d'incisives. Lesquelles?

> L'*Angélus* de Millet est beau comme la rencontre fortuite, sur une table de dissection, d'une machine à coudre et d'un parapluie. (SALVADOR DALI.)

LES CONSONNES

4. Mode d'articulation: occlusives et fricatives

N. S. Troubetzkoy écrit dans ses *Principes de Phonologie* (p. 96) que « la caractéristique d'une consonne est [...] l'établissement d'un obstacle et son franchissement ». Si l'on admet qu'une rue barrée et une chaussée rétrécie sont deux obstacles à la circulation routière, peut-on trouver dans le domaine de la phonation des situations analogues? Transcrivez les mots suivants et classez les consonnes en occlusives et fricatives selon la nature de l'obstacle dont parle Troubetzkoy:

big	calf	exposure	thick
stop	ship	dove	those

5. Les affriquées

Prononcez les mots ci-dessous. En quoi le troisième terme de chaque série se déduit-il naturellement des deux premiers?

two	tore	top	tip	tin	tear
shoe	shore	shop	ship	shin	sheer
chew	chore	chop	chip	chin	cheer

Existe-t-il en anglais des séquences initiales composées d'une occlusive et d'une fricative (**ps-**, **ks-**, **ts-**, **pf-**, **pʃ-**, etc.)? Expliquez pourquoi on traite **ʧ**, et par analogie **ʤ** comme une seule, et non comme deux consonnes. (⟶§3.8).

6. La production des occlusives

La production d'une occlusive se fait en trois temps: mise en place des organes, tenue, relâchement (angl. *closing stage*, *hold*, *release*). (⟶sonagrammes du §7.19.) Vérifiez expérimentalement la réalité de cette analyse en prononçant les mots *buy*, *cat*, *dagger*. Vous partirez toujours de la position neutre, c'est-à-dire de celle qu'occupent les organes buccaux lors de la prononciation de **ə**.

7. La gémination

Dans les cas de gémination comme *dottore*, *attitudine* en italien, *là-dedans* en français, l'intégrité des trois stades de chaque occlusive est-elle respectée ?

8. Lieu d'articulation des occlusives

Prononcez, puis transcrivez les phrases suivantes : *Pierre, il m'a traité de brigueur ; hier, il a traité de rigueur.* Pourquoi peut-on pratiquement prononcer la seconde sans remuer les lèvres ? Repérez l'endroit où la langue touche le palais lors de la production des occlusives de cette phrase. Classez ces consonnes en fonction de leur appartenance à l'une ou l'autre des classes articulatoires figurant sur le schéma ci-dessous.

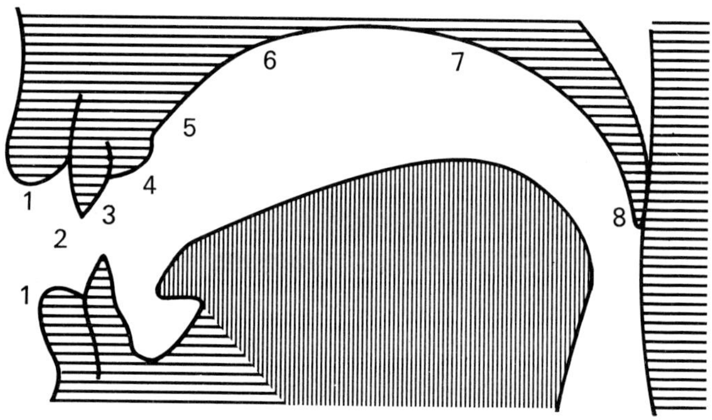

1 bilabiales
2 labiodentales
3 dentales
4 alvéolaires
5 palato-alvéolaires
6 palatales
7 vélaires
8 uvulaires

9. Lieu d'articulation des fricatives

Prononcez, puis transcrivez la phrase suivante :

> Je tiens à vous annoncer ma ferme détermination de creuser un passage souterrain de la Place Saint-Michel à la Gare de l'Est.

Cherchez le lieu d'articulation des fricatives. Aidez-vous au besoin du procédé suivant : laissez, pour le son considéré, la langue et les lèvres dans la même position ; puis aspirez de l'air au lieu d'en expirer ; la sensation de froid est due à la vitesse accrue de l'air dans le passage le plus étroit, et indique donc le lieu de production de ce son. Disposez ces sons sur la figure ci-dessus.

10. La graphie *ch* de l'allemand se transcrit **ç** dans le mot *ich* (je) et **x** dans le mot *ach!* (ah!). Cherchez la valeur de ces symboles phonétiques sur le tableau de l'IPA (p. XI). Essayez de produire ces sons en fonction de la définition du tableau.

11. Les alvéolaires

Prononcez devant un miroir les sons **t**, **d**, **n** en français. Faites maintenant en sorte qu'on ne voie plus le bout de la langue dépasser sous les incisives. Qu'est devenu le point d'articulation de ces consonnes? Remarquez que c'est celui des consonnes anglaises correspondantes.

12. Les dentales de l'anglais

Transcrivez la phrase suivante. Dans la prononciation de quels sons la langue vient-elle au contact des dents?

He's staying in a third-rate hotel in the vicinity of Victoria.

13. Rôle de la langue dans la production des consonnes: apicales et dorsales

Reprenez la phrase du §9. Quelles sont les consonnes que vous prononcez en déplaçant la pointe de la langue (angl. *tip*)? Cette phrase contient-elle des consonnes prononcées avec le dos de la langue (angl. *back*)? Quelle est la région du palais qui se situe en face du plat de la langue (angl. *blade*)? Quelles sont les consonnes qui s'articulent à cet endroit? Y a-t-il en anglais dans chacune des classes ainsi déterminées des consonnes qui n'existent pas en français?

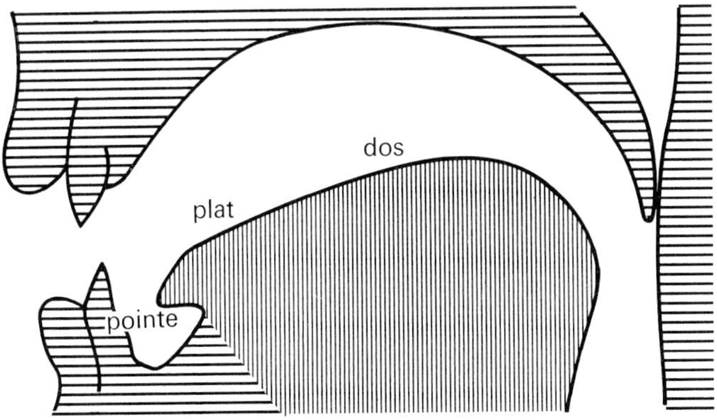

14. Définition articulatoire des consonnes

O. Jespersen, cité dans le *Cours de Linguistique générale* de Ferdinand de Saussure (p. 66 sq.), propose de définir les sons du langage par une formule qui donne le point d'articulation. Ainsi, αa désigne les bilabiales, en français, **p**, **b**, et **m**.

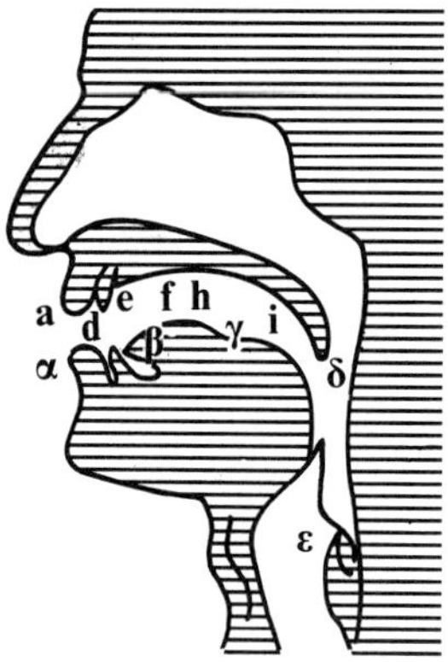

a,α = lèvres
d = dents
e = alvéoles
f, h = palais dur
i = voile du palais (velum)
δ = luette (uvula)
ε = glotte
β = bout de la langue (apex)
γ = dos de la langue (dorsum)

Quelle différence y a-t-il entre les organes désignés par une lettre grecque et ceux qui sont désignés par une lettre latine ?

Existe-t-il en français, ou dans toute autre langue que vous connaissiez des consonnes définies comme suit ?

αa	βi	ad	ε
βd	γi	γδ	βa
βe	γf	αd	γh

On appellera les consonnes produites au même point d'articulation des consonnes **homorganiques**.

15. En phonétique articulatoire, on donne en général le point d'articulation d'une consonne en indiquant explicitement par quels organes il est déterminé plutôt qu'en utilisant le système de Jespersen. C'est toujours l'organe mobile qui est cité en premier. On omet de le mentionner (1) quand le lieu d'articulation est à cheval sur plusieurs endroits repertoriés, (2) quand il n'y a pas d'ambiguïté.

ORGANES FIXES		ORGANES MOBILES	
dents	→ dental	lèvres	→ labial
alvéoles	→ alvéolaire	apex	→ apical
palais dur	→ palatal	dos de la langue	→ dorsal
voile du palais	→ vélaire	luette (uvula)	→ uvulaire
		glotte	→ glottal

Donnez la définition articulatoire de **p**, **t** et **k** en français. Pourquoi est-il inutile de préciser « dorso-vélaire » ou « apico-dental » en français ? Pourrait-on se contenter de définir **p** comme une labiale ? Que signifient les expressions palato-alvéolaire et post-alvéolaire ?

16. Les « liquides » : r et l

Le texte suivant, tiré du *Bourgeois Gentilhomme*, nous offre un témoignage intéressant sur la prononciation du français à l'époque de Molière :

> *Maître de Philosophie:* — [La consonne R se prononce] en portant le bout de la langue jusqu'au haut du palais ; de sorte qu'étant frôlée par l'air qui sort avec force, elle lui cède et revient toujours au même endroit, faisant une manière de tremblement : R, ra.
>
> *Monsieur Jourdain:* — R, r, ra ; R, r, r, r, r, ra. Cela est vrai. Ah ! l'habile homme que vous êtes ! et que j'ai perdu de temps ! R, r, r, ra.

A quel type de **r** la description de Molière s'applique-t-elle ? Connaissez-vous des langues où le **r** se prononce ainsi ? Est-ce que le **r** que vous prononcez diffère de celui du Maître de Philosophie de Molière ? A-t-on affaire exactement au même son dans un mot comme *rime* et dans un mot comme *crime* ? Comment expliquez-vous qu'une petite fille de quatre ans que nous avons enregistrée et qui sait prononcer le **t** dans le mot *tasse* et le **k** dans le mot *casse* prononce pourtant **krɛ̃**, **kru** et **kratœr** les mots *train*, *trou*, et *tracteur* ? En quoi le **r** utilisé par Georges Brassens dans ses chansons est-il différent du **r** parisien ?

17. Les schémas ci-dessous donnent la position de la langue et des lèvres lors de la prononciation du **r** français standard (schéma de gauche), et du **r** anglais (schéma de droite). Comment expliquez-vous que les jeunes enfants anglophones remplacent souvent **r** par **w** (exemple : *wabbit* pour *rabbit*) ?

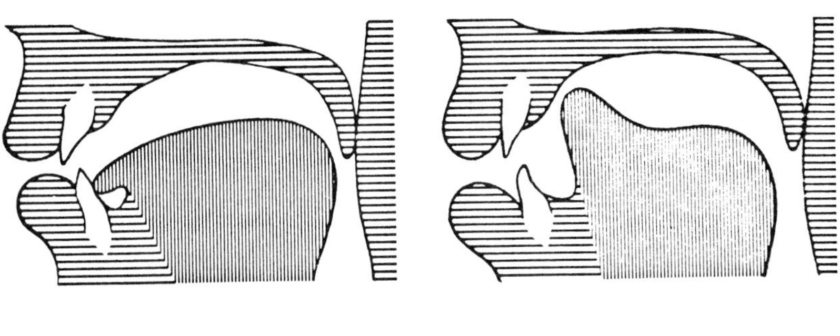

18. Les consonnes **l** (angl. *lock*) et **d** (angl. *dock*) ont à peu de choses près la même articulation: la pointe de la langue se porte contre les gencives ou alvéoles dentaires. Par où l'échappement de l'air expiré se fait-il? Existe-t-il d'autres consonnes anglaises qui partagent la caractéristique observée pour **l**?

19 Les nasales

Dans *Tintin au Thibet*, une femme de chambre s'excuse auprès du Capitaine Haddock d'avoir éternué: « Excusez-boi, Bonsieur, bais j'ai un rhube de cerbeau. » Cherchez la raison physiologique de ce défaut de prononciation. Explique-t-elle la prononciation « cerbeau »?

20. Caractère syllabique des nasales et des liquides

Cherchez dans l'EPD la prononciation précise des mots suivants. Pourquoi le nombre de voyelles phonétiques d'un mot n'est-il pas toujours égal au nombre de syllabes de ce mot?

bottle	basin	chasm	prisoner
little	nation	classicism	occasionally
classical	given	romanticism	lightning
social	cotton	socialism	lightening
medal	patent	rhythm	government
meddle	Satan	bosom	missionary

21. Sourdes et sonores

Bouchez-vous les oreilles et prononcez lentement les mots suivants en essayant de détacher chaque son autant que vous pourrez. Si l'expérience est bien faite, vous devez entendre une espèce de résonance dans votre tête quand vous prononcez une voyelle. Cette résonance accompagne également la production de certaines consonnes dites **sonores** ou **voisées**; mais elle n'accompagne pas la production des autres consonnes dites **sourdes**. Transcrivez ces mots et soulignez les consonnes sourdes.

van	bin	thy	dip	zoo	leisure	midget	gate
fan	pin	thigh	tip	Sue	wishing	reach	canyon

Cette résonance est produite par les cordes vocales, ligaments élastiques placés en travers du larynx au niveau de la pomme d'Adam, qui vibrent sous l'action de l'air chassé des poumons. Que se passe-t-il, à votre avis, quand on est « aphone »? Est-il possible de parler de la sorte volontairement? Soulevez un objet lourd. Que se passe-t-il au niveau des cordes vocales? Quel est le son produit par la simple expiration de l'air?

22. On observe fréquemment en français parlé l'omission du *e* muet (ə): ex., *j(e) sais bien.* Il se produit alors dans beaucoup de cas une altération du son précédent (assimilation): **ʒə sɛ bjɛ̃** → **ʃ sɛ bjɛ̃**. Transcrivez les phrases suivantes en alphabet phonétique en élidant les *e* muets.

Je fais tout.	Je vois bien.
Je suis pas là.	Je zozote pas, moi!
Je choisis ce que je veux.	Je juge par moi-même.
Je peux le faire.	Je bois quand même.
Je t'embrasse bien fort.	Je dois rien.
Je crois bien.	Je garde le petit.

Notez dans le tableau qui suit devant quels sons **ʒ** devient **ʃ** et devant lesquels **ʒ** reste inchangé.

ʒ devient **ʃ** devant (1) { . . . . . . } **ʒ** reste inchangé devant (2) { . . . . . . }

Les sons de l'accolade (1) sont sourds (ou non voisés), les sons de l'accolade (2) sonores (ou voisés).

En examinant votre propre prononciation, cherchez les couples de sons que ne distingue que la question du voisement (**p** et **b**, par exemple). Pourquoi la transcription **sɛtaʃte** est-elle ambiguë ?

23. Classement articulatoire des consonnes

Soit le tableau suivant :

	bilabiales	labio-dentales	dentales	alvéolaires	post-alvéolaires	palato-alvéolaires	palatales	vélaires	uvulaires	glottales
occlusives										
affriquées										
fricatives										
liquides										
glissées										

Expliquez comment ce tableau a été constitué.
Complétez-le avec les consonnes de l'anglais et du français.
Quelles sont les deux caractéristiques absentes du tableau qui permettent d'opposer les consonnes qui se trouvent dans la *même* case ?
Complétez la définition articulatoire des autres consonnes.

24. Transcrivez les mots suivants. Quelle est, dans chaque colonne, la caractéristique articulatoire commune à la consonne initiale de ces mots ? (Dans la première colonne, par exemple, la consonne initiale de chaque mot est une occlusive.)

1.	2.	3.	4.
brittle	victory	psalm	proxy
Thames	bread	thumb	phoenix
carry	past	vanilla	siren
date	figure	shake	telephone

5.	6.	7.	8.
green	thistle	choir	board
blue	station	garish	pact
violet	front	clarity	chasm
dazzling	vitriol	kimono	Theresa

25. Transcrivez les mots suivants. Considérez la consonne phonétique initiale. Dans chaque colonne, quatre consonnes sur cinq ont une caractéristique articulatoire commune. En quoi la cinquième est-elle la seule de son espèce ? (Dans la première colonne, seul **p** est sourd ; les quatre autres consonnes sont sonores. Dans certains cas, on peut opposer successivement deux consonnes à l'ensemble des autres.)

1.	2.	3.	4.
ballet	misletoe	cider	terrible
party	baffle	callous	battlefield
vulgar	taxation	guardian	fresco
dummy	pelican	pigeon	philtre
genre	doleful	basket	platoon

5.	6.	7.	8.
timber	voyage	tiger	basket
dominant	cage	snake	vineyard
foundation	prison	lion	paper
nourish	sanctity	giraffe	fault
scaring	charity	zebra	pneumonia

LES VOYELLES

26. Une étude faite sur plus de mille termes désignant le père et la mère à travers le monde a révélé que les occlusives labiales et apicales d'une part, la voyelle ouverte **a** d'autre part, étaient utilisées dans la grande majorité des langues considérées à l'exclusion des autres sons du langage. (G. P. MURDOCK, "Cross-Language Parallels in Parental Kin Terms", *Anthropological Linguistics, 1959, 1,9, 1–5.*)

Jakobson, ayant constaté l'étonnante ressemblance qu'on observe sur ce point entre des langues historiquement non apparentées propose l'explication suivante :

> Les noms de nursery pour père et mère, de même que les premières unités signifiantes à émerger dans le discours de l'enfant, se fondent sur la polarité opposant la consonne optimum et la voyelle optimum. (R. JAKOBSON, *Langage enfantin et aphasie*, p. 124.)

En quoi **p**, **m** et **a** sont-ils respectivement les consonnes et la voyelle « optimales » ? Inversement, en quoi les consonnes **k**, **g**, **ŋ** et la voyelle **i** ne sont-elles pas optimales ?

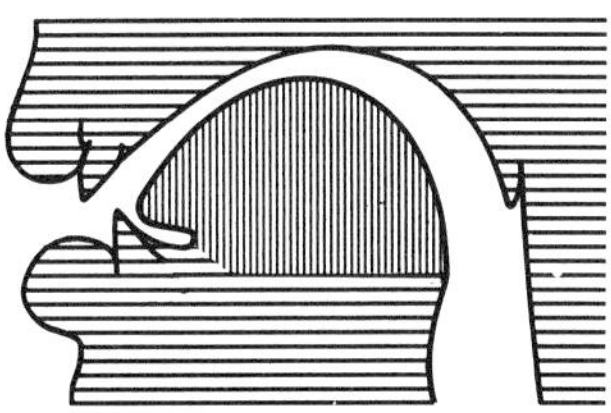

i

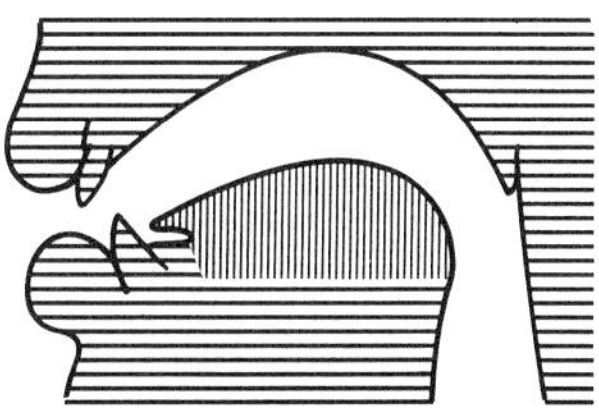

a

27. Dans la coupe ci-dessous, le pointillé représente la limite au-delà de laquelle le son produit devient une consonne. Déterminez pour **i**, **u**, et **ɑ** respectivement où se trouve le point de resserrement maximum de la langue contre le palais. Aidez-vous, pour localiser ce point du procédé décrit au §9 et des indications suivantes :

(1) **ɑ** is the "openest" of the back vowels; if the tongue were retracted further, a fricative consonant of the type **ʁ** would result (*Principles of the IPA*, p. 4);

(2) en anglais, **i** devant voyelle et en syllabe inaccentuée est prononcé **j** ; comparez *énginěer* et *Virgĭnia* ; dans le même contexte, **u** est prononcé **w** ; comparez *flŭency* et *ĭnfluence*.

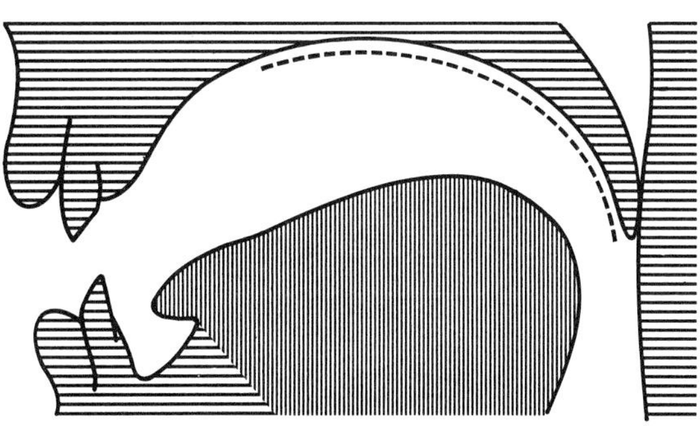

28. Quel est en français le son qui est avec **y** dans le même rapport que **i** avec **j** et **u** avec **w**? Aidez-vous au besoin du texte suivant pour trouver la réponse. Ces sons sont traditionnellement appelés des semi-voyelles. En quoi le terme plus récent de **glissée** (angl. *glide*) correspond-il à une réalité articulatoire?

Il est parti en voyage malgré la meute assidue des créanciers lancés à sa poursuite.

29. Cherchez dans le texte suivant les consonnes dorsales. Vous observerez que le point d'articulation est fonction de la voyelle qui les suit. Esquissez une première ébauche de classification des voyelles en fonction de l'articulation de **k** et de **g**.

Les boucans sont des lieux de débauche; les chambres y sont obscures et sans meubles parce que les jeunes gens qui y vont et qui ont gagné quelques faveurs auprès des gourgandines (c'est-à-dire du mal) y font souvent tapage et jettent tous les meubles par les fenêtres à leur guise. Les boucans sont très dangereux, en ce qu'ils sont soutenus d'un nombre de coupe-jarrets.

30. Il y a entre les voyelles françaises **i** de *lit*, **e** de *lé*, **ɛ** de *lait* et **a** de *la* un intervalle acoustique que l'oreille perçoit comme égal. Cherchez ce qu'il en est du point de vue articulatoire (ouverture des mâchoires et abaissement de la langue).

Le trapèze ci-dessous a été établi d'après des radiographies du profil. Il représente le périmètre à l'intérieur duquel se trouve le point le plus élevé de la langue dans la prononciation de toute voyelle. Autrement dit, si le point le plus élevé de la langue est inscrit à l'intérieur de ce périmètre dans l'acte de parole, le son produit est une voyelle.

Situez sur le trapèze les points correspondant à la prononciation des voyelles **i**, **e**, **ɛ**, **a** ainsi qu'à celle des voyelles **u** (*poule*), **o** (*pôle*), **ɔ** (*Paul*), **ɑ** (*pâle*). Reportez ce trapèze sur la coupe sagittale du §27.

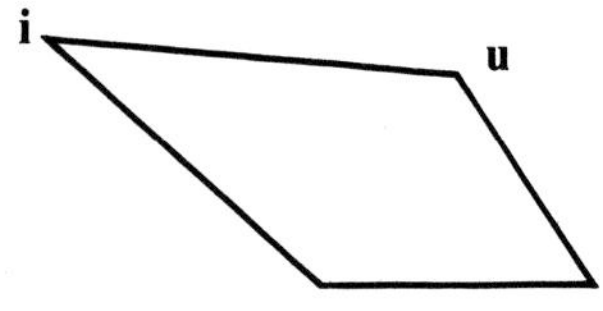

31. Ces voyelles dites **cardinales** servent de repère en phonétique articulatoire. Elles se définissent les unes par rapport aux autres en fonction de deux axes:

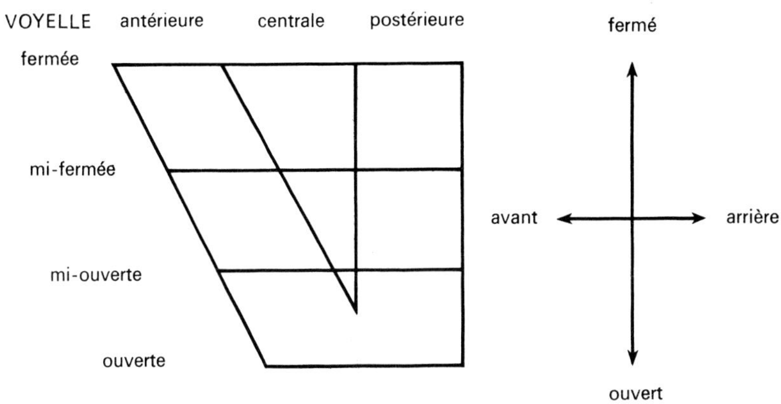

Quelles sont les voyelles cardinales (1) mi-fermées, (2) ouvertes, (3) postérieures, (4) mi-ouvertes et (5) antérieures? Quelle est la traduction anglaise de ces mots?

32. Transcrivez les mots suivants. Comparez le degré d'aperture des voyelles dans chacune des paires verticales ou horizontales de cette liste.

soute/mitre	ri/rue	mille/mêle	cotte/neuf
sotte/mètre	ré/peu	mule/seul	côte/meute

33. Transcrivez les mots suivants. Quelles sont les voyelles arrondies, c'est-à-dire celles qui vous forcent à avancer ou à arrondir les lèvres?

sel	pire	chose	boule
seul	pur	cache	colle
thé	pleutre	âne	cause

34. Transcrivez les mots suivants. A quelle réalité articulatoire correspond le signe ˜ (le tilde) que vous avez placé au-dessus de certaines voyelles?

bâton	athée	baie	breuvage
bateau	hanté	ben!	brun

35. Prononcez-vous différemment les mots en italique de cet exercice? Avez-vous l'impression que certains Français font une différence que vous ne faites pas (ou inversement)? Si c'est le cas, la différence entre votre prononciation et celle que vous avez remarquée vous semble-t-elle avoir un caractère régional ou social?

1) un ours *brun* et un *brin* d'herbe, l'*empreinte* de ses pas et il *emprunte* de l'argent;

2) une *tâche* difficile et une *tache* d'encre, des *pattes* de canard et des *pâtes* alimentaires ;

3) un *mètre* de couturière et un *maître* de musique ?

36. Faites figurer sur ce trapèze les voyelles anglaises qui en sont absentes. Les questions qui suivent sont là pour vous y aider.

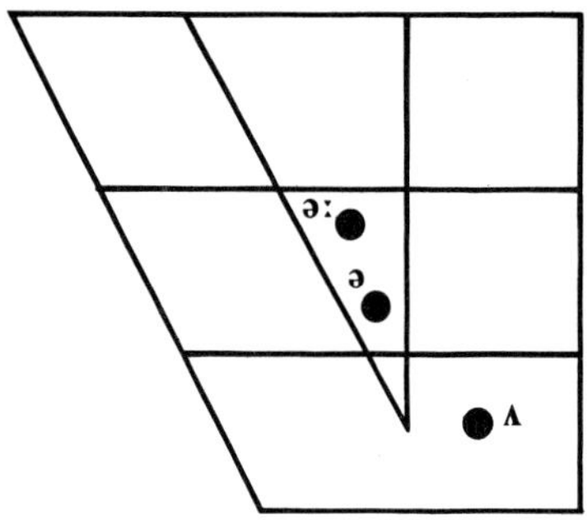

Prononcez **i** (fr. *pipe*), **i:** (angl. *peep*), **ɪ** (angl. *pip*), et placez-les sur la droite **i–ə**. Comment se situe le **ɪ** anglais par rapport à la ligne mi-fermée ?

Placez de la même façon **o** (fr. *côte*), **ɔ** (fr. *cotte*), **ɔ** (angl. *cot*), **ɔ:** (angl. *court*) sur la ligne verticale passant par **u**.

Placez **u** (fr. *foule*), **u:** (angl. *fool*), **u** (angl. *full*) sur la droite **u–ə**.

Comparez le degré d'aperture de **u** (angl. *full*), avec celui de **o** cardinal.

Situez sur le côté oblique du trapèze **e** (fr. *chez*), **e** (angl. *shed*), **ɛ** (fr. *chais*), **æ** (angl. *chat*), **a** (fr. *chatte*).

Comparez **ɑ** (fr. *pâte*), **ɑ:** (angl. *part*). Lequel est le plus antérieur des deux ?

37. Comparez les voyelles cardinales et les voyelles anglaises. La transcription « large » de Jones que vous utilisez pourrait-elle être source de confusions ou d'erreurs pour quelqu'un qui connaîtrait bien la phonétique mais qui connaîtrait mal l'anglais ? Pourquoi ?

Le texte ci-dessous transcrit plus fidèlement la qualité des voyelles anglaises, c'est-à-dire leur place sur le trapèze. Donnez de ce texte, en transcription « étroite », une transcription large classique. Quelles correspondances pouvez-vous établir ? Cette transcription résoud-elle le problème évoqué plus haut ?

ðɛə wɜ: ˈtu: ˈrɛ̣nz əˈpɒn ə ˈtri:
ˈwɪsḷ ənd aɪl ˈkʌm tʊ ˈði:

ə'nʌðɐ 'keɪm ən 'ðɛə wə 'θri:
'wɪsl̩ ənd aɪl 'kʌm tʊ 'ði:
ə'nʌðɐ 'keɪm ən 'ðɛə wə 'fɔ:
jʊ 'ni:dn̩t 'wɪsl̩ 'ɛ̣nɪ 'mɔ:
fɔ: 'bi·ɪŋ 'fraɪtn̩d 'ɒf ðeɪ 'flu:
ən 'ðɛər ɑ: 'nʌn tʊ 'ʃəʊ tʊ'ju:

Donnez la définition du point souscrit, du ou des points qui suivent certaines voyelles, ainsi que de **ɪ** et de **ʊ**.

38. Les voyelles longues et les diphtongues de l'anglais sont traditionnellement transcrites **i:**, **ɑ:**, **u:**, **ə:**, **ɔ:**, **ei**, **əu**, **ai**, **au**, **ɔi**, **iə**, **ɛə**, **uə**. Voici, dans un ordre différent, la transcription étroite de leur premier élément :

ɑ	**a**	**ɪ**
i	**e**	**ɛ**
u	**ɔ**	**ɔ**
ɜ	**ə**	**ʊ**
	a	

Il vous appartient de suppléer, toujours en transcription étroite, soit la glissée, si vous observez un changement de timbre de la voyelle, soit l'indication de longueur si la voyelle est réellement pure.

En réservant le trapèze de droite à la troisième colonne, situez ces voyelles sur les deux schémas ci-dessous. Votre transcription vous donne le point de départ et le point d'arrivée. Vous relierez ces deux points dans le cas des diphtongues par une flèche, comme cela a été fait pour la diphtongue **ai**.

Sur quel schéma se trouvent respectivement (1) les diphtongues centripètes, (2) les diphtongues centrifuges ?

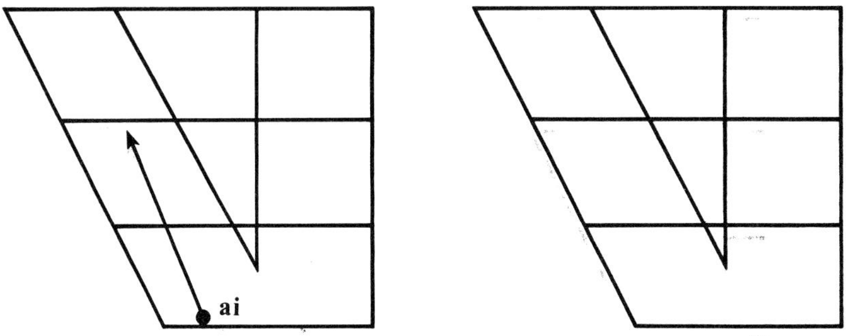

39. Parmi les mots suivants, lesquels admettent une variante non diphtonguée ?

Cure, endure, fluent, lure, poor, sewer, tour.

3

l'analyse phonologique

1. Unités abstraites et unités phoniques

Étant donné trois unités a, b, c, ordonnez-les de toutes les manières possibles (abc, acb, bca, etc.). Quelles sont les séquences qui s'ajoutent aux précédentes si l'on admet aussi les séquences comprenant une et deux unités ?

2. Donnez, pour chacun des ensembles ci-dessous, l'orthographe des mots anglais composés d'un nombre quelconque d'unités phoniques prises dans tous les ordres possibles. Exemple : {**ɑː, k, t**} donne *ah, tar, car, art, arc, cart.*

{**æ, t**}	{**ɔː, s, t**}	{**ɔ, p, s, t**}
{**əu, θ**}	{**ai, l, s**}	{**i, f, l, m**}
{**i, n**}	{**iː, f, r**}	{**ɑː, k, m, s**}
{**ʌ, s**}	{**s, t, iː**}	{**iː, r, t, z**}

3. Pouvoir distinctif des unités phoniques

Quelles sont les unités phoniques qui permettent de distinguer les mots composant chacune des paires suivantes? (Si les mots considérés sont des homophones, on notera ϕ de part et d'autre de la barre oblique.)

l / b	_ / _	_ / _	_ / _
lash / bash	mash / mass	laugh / lark	lift / laughed
_ / _	_ / _	_ / _	_ / _
loan / lawn	missed / mist	none / nun	sang / sung

4. Transcrivez les mots suivants. Soulignez les unités phoniques qui s'opposent à l'intérieur de chaque paire. Peut-il y avoir opposition entre une unité quelconque et l'absence d'unité, qu'on notera ϕ?

light **l ai t**	sought	higher	batch
sigh **s ai** ϕ	ought	my	badge
mast	father	sordid	jacket
mat	mother	solid	racket
ration	ban	riot	frantic
nation	bar	Cypriot	antique
rave	attain	pear	sick
save	obtain	pay	six

5. Phonèmes et paires minimales

Soulignez les mots qui, comme *rate* et *right*, ne diffèrent que par une seule unité phonique, et constituent en cela une **paire minimale**.

1. rate **reit**	2. ladder	3. make	4. salmon
right **rait**	lad	neck	gammon
5. get	6. marble	7. Eugenia	8. dairy
jet	warble	eugenic	daisy
9. Mary	10. climb	11. come	12. table
merry	claim	comb	label
13. heart	14. carriage	15. final	16. busy
heard	marriage	signal	fizzy

Montrez que les mots composant une paire minimale ne doivent de conserver leur individualité qu'au pouvoir distinctif d'une opposition phonique. Les membres de cette opposition seront alors dits « unités phoniques distinctives », ou **phonèmes**.

6. Inventaire des phonèmes de l'anglais

En vous aidant de la liste des phonèmes de l'anglais (p. XIII) et de l'EPD cherchez les 26 mots qui forment chacun une paire minimale avec *bear*.

7. Les mots de cet exercice ne forment pas de paires minimales: on ne peut par exemple passer de *ban* à *bird* en permutant une seule unité. Pourtant, *bad* et *burn* forment tous les deux des paires minimales avec *ban* et *bird*. Trouvez les mots permettant de décomposer les oppositions suivantes en quatre paires minimales.

ban	beat	cast
1. bad burn	2.	3. ... ...
bird	bed	mask
pool	game	comb
4.	5.	6. ... ...
rail	sail	road
dove	thy	plain
7.	8.	9. ... ...
lull	share	plait

De quelles unités phoniques, les séries établies permettent-elles de dire que ce sont des phonèmes de l'anglais? (Exemple: /**i**/ et /**ɔ**/ sont des phonèmes en anglais parce qu'ils sont seuls capables de distinguer **tip** de **tɔp**. En utilisant le test des paires minimales, montrez le caractère phonématique de **i**, **ɑː**, **ɔ**, **ɔː**, **u**, **ʌ**, **ə**, **ɔi**, **əu**, **au**, **iə**, **uə**, **b**, **ŋ**, **f**, **θ**, **ʒ**, **h**, **j**, **w**.

8. Un ou deux phonèmes? (⟶ §2.5)

Les noms et adjectifs anglais de plus de deux syllabes sont normalement accentués

(1) *sur l'avant-dernière syllabe* si elle contient une voyelle longue, une diphtongue ou une voyelle brève suivie de deux consonnes, ex. *antecĕdence*, *complĭance*, *remĕmbrance*;

(2) *sur l'antépenultième* (*ou avant avant-dernière syllabe*) si l'avant-dernière syllabe contient une voyelle brève suivie de moins de deux consonnes, ex. *ridĭculous*.

Appliquez ces règles pour déterminer la place de l'accent dans les mots suivants:

confidence	existence	polygamy	resplendent
decadence	influence	Providence	tetrahedron
dependence	polyandry	repentance	tetrameter

Sachant que les mots *ĭndigent*, *nĕgligent* et *tetrălogy* sont accentués sur l'antépénultième, que pouvez-vous conclure du nombre de phonèmes représenté par le symbole **ʤ**? En quoi les mots *repĕllent*, *vanĭlla*, *commĭttee*, *umbrĕlla*, d'une part, *ĕxcellent*, d'autre part, posent-ils un problème particulier?

9. Sémantique et analyse phonologique

Commentez ce texte de Chomsky qui critique l'utilisation exclusive des critères sémantiques en phonologie:

> [The proposition that "two utterances are phonemically distinct if and only if they differ in meaning"] is false in both directions. From left to right[1] it is falsified by such pairs as "bachelor" and "unmarried man", or, even more seriously, by such absolute synonyms as /ekına̍miks/[2] and /iykına̍miks/[2] ("economics"), "a̍dult" and "adu̍lt", /ræ̍šɨn/[3] and /re̍yšɨn/[3] ("ration"), and many others, which may co-exist even within one style of speech. From right to left,[1] [the proposition] is falsified by such pairs as "bank" (of a river) and "bank" (for savings), "metal" and "medal" (in many dialects), and numerous other examples. (N. CHOMSKY, *Syntactic Structures*, p. 95.)

10. Organisation du système vocalique français

Dans *A Functional View of Language*, A. Martinet présente côte-à-côte le système vocalique de sa femme (A), et le sien propre (B), en **syllabe ouverte**.

(A)

i	**y**	**u**
e	**ø**	**o**
	a	

(B)

i	**y**		**u**
e	**ø**		**o**
ɛ		**ə**	
a		**ɑ**	

Avez-vous l'impression que votre prononciation est plus proche de celle du locuteur (A) ou du locuteur (B)? (Pour répondre, demandez-vous comment vous prononcez les mots *marée*, *marais*, *rat*, *tas*, *haltère*, *haletant*.)

11. Faites-vous une distinction entre la première voyelle des mots *raisonner* ~ *résonner*, *jeunot* ~ *jeûner*, *savon* ~ *bâton*? En fonction de vos observations, donnez, sur le modèle du paragraphe précédent, le tableau de votre système vocalique en syllabe ouverte non finale.

12. Faites-vous une distinction entre la première voyelle des mots *hotte* ~ *haute*, *seule* ~ *meule*, *Anne* ~ *âne*. Donnez le tableau de votre système vocalique en **syllabe fermée**.

---

1. "From left to right": la proposition telle quelle; "from right to left": la proposition réciproque, "two utterances differ in meaning if and only if they are phonemically distinct".
2. EPD: **ˌiːkəˈnɔmiks** [ˌ**ek-**].
3. EPD: **ˈræʃn** (seule prononciation attestée).

13. Appropriation du système phonologique d'une seconde langue

Voici quelques mots anglais suivis de la prononciation française qu'on a pu enregistrer. Quelle en est la prononciation anglaise correcte?

	PRONONCIATION FRANÇAISE	PRONONCIATION ANGLAISE
les Beatles	**bitœlz**	
un steak	**stɛk**	
un mixed-grill	**miksɛd gril**	
les Blue-Bell Girls	**blu bɛl gœrls**	
le new look	**nju luk**	
un milk shake	**milk ʃe:k**	
bye-bye	**baj baj**	
un parking	**parkiɲ**	
très pin-up	**pinœp**	
un flash	**flaʃ**	
un cow-boy	**kɔbɔj**	
Carnaby Street	**karnabi strit**	
on the rocks	**ɔn zœ rɔks**	
un home d'enfants	**om**	

Quels sont les phonèmes anglais qui aboutissent dans la prononciation française à chacun des sons suivants: **i**, **e:**, **ɛ**, **a**, **ɔ**, **o**, **u**, **œ**, **s**, **z**. A quoi correspondent les sons **j** et **r**?

14. Transcrivez le texte suivant en alphabet phonétique. Comment pensez-vous que l'auteur de ce texte aurait prononcé les mots « franglais ».

> We all had a good laugh at the stupid French the other day, trying to "purify" their language by excluding such obviously sensible loan-words as *le marketing* and *le hitparade.*

15. Illustrez de quelques exemples de fautes de prononciation, caractéristiques d'un accent étranger en anglais, ce texte de N. S. Troubetzkoy:

> L'homme s'approprie le système phonologique de sa langue maternelle. Mais s'il entend parler une autre langue, il emploie involontairement pour l'analyse de ce qu'il entend le « crible phonologique » de sa langue maternelle qui lui est familier. Et comme ce crible ne convient pas pour la langue étrangère entendue, il se produit de nombreuses erreurs ou incompréhensions. Les sons de la langue étrangère reçoivent une interprétation phonologiquement inexacte, puisqu'on les fait passer par le « crible phonologique » de sa propre langue. (N. S. TROUBETZKOY, *Principes de phonologie*, p. 54.)

4

phonèmes et allophones

LA NOTION D'ALLOPHONE

1. On trouve en russe les mots suivants où **ɫ** est un **l** dur sombre, et **lj** un **l** clair « mouillé » c'est-à-dire palatalisé.

staɫ	(*il est devenu*) — стал	**stalj**	(*acier*) — сталь
ɫuk	(*oignon*) — лук	**ljuk**	(*écoutille*) — люк
gaɫki	(*les choucas*) — галки	**galjki**	(*les galets*) — гальки

L'opposition **ɫ** ~ **lj** relève-t-elle d'une question d'environnement? Est-elle distinctive? Que dire des sons **ɫ** et **lj** en russe?

En serait-il de même dans une langue où l'on trouverait les mots suivants:

piɫ	**lip**	**fɔ:ɫt**
miɫ	**læp**	**mɔ:ɫt**
tiɫ	**lu:p**	**sɔ:ɫt**

Enoncez les règles de distribution de **l** clair et de **ɫ** sombre dans cette langue. Pourquoi ne peut-on pas trouver dans cette langue des paires minimales telles que **pil** ~ **piɫ**, **lip** ~ **ɫip**, **mɔ:lt** ~ **mɔ:ɫt**? L'opposition **l** ~ **ɫ** est-elle distinctive dans cette langue?

Puisqu'il s'agit, en fait, d'exemples anglais, donnez l'orthographe des mots transcrits. Trouvez au moins une paire minimale par colonne prouvant que le *l* orthographique transcrit un phonème et que les sons [l] et [ɫ] sont ici deux variantes contextuelles ou **allophones** du phonème /**l**/.

2. Depuis la fin du XVe siècle, le coréen possède un alphabet phonologique au lieu d'idéogrammes, et note son seul phonème liquide au moyen d'un signe unique : ㄹ. Un occidental entendra pourtant distinctement un **r** et un **l** dans les mots suivants :

사랑 **saraŋ**	(l'amour)	서울 **sɔul**	(Séoul)

Que sont **r** et **l** par rapport à ㄹ ?

Enoncez, à l'aide des mots suivants, les règles de distribution de **l** et **r**.

arei	(*sous*)	**tal**	(*la lune*)
ir-wɔn	(*unité monétaire*)	**tol**	(*un caillou*)
iri	(*par ici*)	**kul**	(*une orange*)

Vos règles doivent maintenant vous permettre de prononcer les mots coréens qui suivent. On a utilisé pour la transcription du phonème /ㄹ/ la majuscule L. (Le **r** coréen est un "flap" rétroflexe, le **l** est semblable au **l** français.)

haLju	(*méandre*)	**koL**	(*colère*)
phuL	(*herbe*)	**maL**	(*langue*)
siLhɔm	(*expérience*)	**ttaL**	(*fille*)
pjəL	(*étoile*)	**tɔLɔ**	(*un peu de*)
Latio	(*radio*)	**guL**	(*huître*)

Compte tenu de l'adaptation qu'ils ont faite des mots anglais suivants, croyez-vous que les Coréens entendent une différence entre **r** et **l** ?

ratio (radio)	**ramphu** (lamp)
reimon (lemon)	**ringkhu** (rink, link)

3. Le système consonantique du bengali (langue parlée au Bangla Desh et au Bengale occidental autour de Calcutta) comprend, outre les sifflantes et les semi-voyelles, vingt-cinq consonnes occlusives, réparties en cinq classes traditionnellement dénommées gutturale, palatale, cérébrale, dentale et labiale. Leur graphie est indiquée à droite du symbole phonétique.

1		2		3		4		5	
k	ক	c	চ	ʈ	ট	t	ত	p	প
k^h	খ	c^h	ছ	$ʈ^h$	ঠ	t^h	থ	p^h	ফ
g	গ	ɟ	জ	ɖ	ড	d	দ	b	ব
g^h	ঘ	$ɟ^h$	ঝ	$ɖ^h$	ঢ	d^h	ধ	b^h	ভ
ŋ	ঙ	ɲ	ঞ	ɳ	ণ	n	ন	m	ম

De quels sons la liste qui suit vous permet-elle d'affirmer que ce sont des phonèmes ?

kal	কাল	(*temps*)	**k^{h}al**	খাল	(*canal*)
ga	গা	(*corps*)	**g^{h}a**	ঘা	(*blessure*)
cal	চাল	(*riz*)	**c^{h}al**	ছাল	(*la peau, l'écorce*)
ɟama	জামা	(*vêtement*)	**ɟ^{h}ama**	ঝামা	(*briques*)
ʈak	টাক	(*calvitie*)	**tak**	তাক	(*planche*)
ɖaka	ডাকা	(*appeler*)	**ɖ^{h}aka**	ঢাকা	(*Dacca*)
tala	তালা	(*serrure*)	**t^{h}ala**	থালা	(*plat de bois*)
dan	দান	(*cadeau*)	**d^{h}an**	ধান	(*riz sur pied*)
pita	পিতা	(*père*)	**p^{h}ita**	ফিতা	(*ruban*)
bar	বার	(*une fois*)	**b^{h}ar**	ভার	(*poids*)
mata	মাতা	(*mère*)	**mat^{h}a**	মাথা	(*tête*)

Comparez l'écriture du bengali et la transcription phonétique. L'alphabet bengali vous semble-t-il répondre aux exigences d'un alphabet phonétique ?

4. Soulignez dans le premier tableau du §3 les consonnes qui ont un équivalent phonétique en anglais.

spare	**spɛə**	pear	**p^{h}ɛə**	bear	**bɛə**	perambulator	**pə'ræmbjuleitə**
stare	**stɛə**	tear	**t^{h}ɛə**	dare	**dɛə**	titanium	**tai't^{h}einjəm**
scare	**skɛə**	care	**k^{h}ɛə**	gare	**gɛə**	catastrophe	**kə't^{h}æstrəfi**

Que sont, dans le système phonologique de l'anglais, **p t k**, **p^h t^h k^h**, et **b d g** les uns par rapport aux autres ?

NEUTRALISATION DES OPPOSITIONS PHONOLOGIQUES

5. Dans l'orthographe du néerlandais, on note une voyelle brève par un symbole unique, par ex. *a*, et la voyelle longue correspondante en la redoublant : *aa*. Cependant, pour la plupart des voyelles, il n'y a pas de brève en **syllabe ouverte**, et on note alors la voyelle longue au moyen d'un graphème unique. Cette convention d'écriture a-t-elle un caractère phonétique ou phonologique ?

A quel type de voyelle, longue ou brève, a-t-on affaire dans les exemples suivants ?

de naam (*le nom*)	de namen (*les noms*)
de zoon (*le fils*)	de zonen (*les fils*)
het raam (*la fenêtre*)	de ramen (*les fenêtres*)

Sachant que dans les verbes suivants la prononciation du radical ne change pas, donnez l'orthographe des exemples de la colonne de droite :

wonen (*habiter*)	ik w__n (*j'habite*)
leren (*apprendre*)	hij l__rt (*il apprend*)
kopen (*acheter*)	u k__pt (*vous achetez*)

En quoi le verbe *komen* (*venir*) dont la première personne du singulier du présent est *ik kom* est-il irrégulier ?

La voyelle **e** qui fournit des paires telles que *ze* (*elle*), et *zee* (*la mer*), prononcés respectivement **ze** et **ze:** a-t-elle dans ce système phonologique un statut normal ?

6. La coupe syllabique suffit-elle à expliquer l'**alternance e ~ ɛ** dans les mots suivants ?

ɛ : lecteur, estomac, Edmond, hebdomadaire, spectacle, etc.
e : géographie, réussir, égal, léger, sénat, spécialité, etc.

Comment expliquez-vous le passage de **e** à **ɛ** entre l'infinitif et le futur ou le conditionnel dans les exemples suivants.

Céder	Je ne céderai pas au chantage !
Préférer	Je préférerai aller au cinéma.
Sécher	Ça séchera au soleil.
Végéter	Il végétera aussi bien ici qu'ailleurs !

Pourquoi ne prononce-t-on pas en accord avec la graphie les mots *événement*, *papeterie*, *céleri*, *crénelé*, *Saint-Séverin* ?

Pourquoi ne peut-on pas considérer **e** et **ɛ** comme les variantes contextuelles d'un seul et même phonème ?

On dira que l'opposition /**e**/ ~ /**ɛ**/ est **neutralisée**, c'est-à-dire disparaît en syllabe fermée au profit d'un **archiphonème** /**E**/ représentant **e** et **ɛ** et réalisé phonétiquement **ɛ**.

7. On note qu'en russe, certains mots étrangers subissent des changements phonétiques pour s'adapter à la phonologie de la langue. On entend, par exemple, les mots :

Arabe, Madrid, équipage, analyse,
prononcés respectivement :

arap	**madrit**	**ɛkipaʃ**	**analis**

Cependant, au génitif, marqué par la désinence *-a*, on entend:
araba, **madrida**, **ɛkipaʒa**, **analiza**.

Décrivez ce phénomène en utilisant la notion d'archiphonème et de neutralisation.

8. En français, on trouve le plus souvent **ø** en syllabe ouverte, **œ** en syllabe fermée. Tout le monde ne fait pas la distinction entre *jeûne* et *jeune*, *veule* et (*ils*) *veulent* mais il semble que la plupart des locuteurs prononcent différemment les voyelles de *meule* et de *seul*. Peut-on décrire l'opposition **ø** ~ **œ** dans les mêmes termes que l'opposition **e** ~ **ɛ** (→§6)? Pourquoi peut-on parler dans ce cas de système **lacunaire**?

9. Rayez de la liste suivante les séquences phoniques qui ne sont pas attestées en anglais en finale (ex. on trouve **kæts**, mais non ***kætz**). Essayez de dégager les règles expliquant l'absence de certaines séquences. Dans quels cas peut-on parler de lacune, dans quels autres d'**incompatibilité** phonologique?

	SOURDES	SONORES	NASALES
s	**-ps -ts -ks**	**-bs -ds -gs**	**-ms -ns -ŋs**
z	**-pz -tz -kz**	**-bz -dz -gz**	**-mz -nz -ŋz**

5

les traits distinctifs

1. La notion d'opposition binaire

De quelles notions parmi celles qui suivent peut-on prévoir a priori et sans discussion possible le contraire ?

fermé	blanc	rapide	terre (planète)
stylo	presse-papier	table	couché
ombre	aujourd'hui	malade	père
élève présent	cul-de-jatte	rouge	allumé
théorie	avant (temps)	un (1)	acheter

On dira de tout terme dont il existe un contraire qu'il forme avec lui une **opposition binaire**.

2. Parmi les notions ou symboles phonétiques suivants, lesquels vous semblent faire partie d'une opposition binaire ?

avant (espace)	labial	liquide	**a**
nasal	dental	glissée	**t**
sonore	fricative	consonne	**l**

3. Quels mots parmi ceux qui sont énumérés ci-dessous requièrent pour être définis ou classés l'utilisation d'un terme des oppositions qui les suivent ?

1) gâteau 2) papier 3) limace 4) vache 5) honneur 6) coq au vin

a[mâle ~ femelle]	d[cru ~ cuit]
b[vertébré ~ invertébré]	e[majeur ~ mineur]
c[matériel ~ immatériel]	f[objet naturel ~ artefact]

4. A la lumière des exercices précédents, commentez cette citation de N. S. Troubetzkoy : « Deux choses qui ne possèdent aucune base de comparaison, c'est-à-dire aucune particularité commune (par ex. un encrier et le libre arbitre) ne forment pas une opposition » (*Principes de Phonologie*, p. 69).

5. Classez par séries strictement homorganiques les consonnes **p**, **v**, **s**, **m**, **n**, **f**, **t**, **k**, **g**. Quelles caractéristiques articulatoires permettent de distinguer entre eux les membres de chaque série ?

6. Les traits [nasal], [voisé] et [continu]

Pour plus de rigueur et de simplicité dans la présentation, on conviendra de n'utiliser qu'un seul mot affecté du signe positif ou du signe négatif pour désigner chacun des deux termes d'une opposition binaire. Par exemple, au lieu de nasal, on dira [+ nasal] (lisez « nasal » ou « plus nasal »), et au lieu de oral, [− nasal] (lisez « non nasal » ou « moins nasal »).

Reprenez l'exercice du §3 et indiquez le signe des **traits** concernés pour chaque mot.

Trouvez d'autre part la notation correspondant à un son non voisé. Si [+ continu] (en abrégé [+ cont]) désigne les fricatives et les voyelles, quels sons ou quels phonèmes (« segments » dans la terminologie de Chomsky et Halle) seront définis par le trait [− cont] ?

7. Définition des faisceaux de traits distinctifs

Pour définir des ensembles de **segments**, on a le plus souvent besoin de plusieurs traits distinctifs. Il est donc commode de grouper ces traits en **faisceaux**. Un faisceau décrit les seuls segments qui répondent à la fois à tous les traits distinctifs qui le composent. Y a-t-il en anglais des consonnes décrites par les faisceaux suivants, et dans l'affirmative, lesquelles ?

$$1.\ \begin{bmatrix} +\ \text{voisé} \\ +\ \text{cont} \end{bmatrix} \quad 2.\ \begin{bmatrix} +\ \text{voisé} \\ -\ \text{cont} \end{bmatrix} \quad 3.\ \begin{bmatrix} -\ \text{voisé} \\ -\ \text{cont} \end{bmatrix} \quad 4.\ \begin{bmatrix} -\ \text{voisé} \\ +\ \text{cont} \end{bmatrix}$$

$$5.\ \begin{bmatrix} -\ \text{voisé} \\ +\ \text{nasal} \end{bmatrix} \quad 6.\ \begin{bmatrix} +\ \text{cont} \\ +\ \text{nasal} \end{bmatrix} \quad 7.\ \begin{bmatrix} +\ \text{voisé} \\ +\ \text{cont} \\ +\ \text{nasal} \end{bmatrix} \quad 8.\ \begin{bmatrix} +\ \text{voisé} \\ -\ \text{cont} \\ -\ \text{nasal} \end{bmatrix}$$

8. Le trait [sonant]

Que donneraient les règles dégagées au §2.22 si on les appliquait aux phrases suivantes ?

il s' le garde	il s' rase	il s' mouche	il s' nettoie
ça s'huile	il s'ionise	il s'arrête	il s'ennuie

En quoi **m**, **n**, **l**, **r**, **j**, **w**, **ɥ** et les voyelles, dont la prononciation est accompagnée d'un voisement automatique, fonctionnent-ils différemment à la fois des sourdes et des sonores dans les phénomènes d'assimilation en français ?

On est ainsi amené à reconnaître l'existence de deux classes, celle des sonantes notées [+ sonant] (voyelles, glissées, liquides, nasales) et celle des non sonantes notées [− sonant] (occlusives orales, affriquées, fricatives).

En vous référant aux sonagrammes des §7.21–24, montrez le fondement acoustique de cette distinction.

9. Le trait [consonantique]

Chomsky et Halle écrivent à propos du trait [± cons] :

> Consonantal sounds are produced with a radical obstruction in the mid-sagittal region of the vocal tract; non consonantal sounds are produced without such an obstruction [. . .]. The obstruction must be at least as narrow as that found in the fricative consonants. (CHOMSKY et HALLE, *The Sound Pattern of English*, p. 302.)

Le schéma ci-dessous est un palatogramme (trace laissée sur un faux palais par le contact de la langue) correspondant au **l** de angl. *ladder*. Au vu de ce schéma, pouvez-vous dire si les liquides sont [+ cons] ou [− cons] ?

Comparez l'étroitesse du canal de l'air pour **j** (fr. *rouille*) et **ʒ** (fr. *rouge*) d'une part, et pour **w** (angl. *which*) et **β** (espagnol *viajero*) d'autre part. (Le **β** est une fricative bilabiale.) Pourquoi, selon vous, **j** et **w** sont-ils [− cons] ?

10. Le trait [vocalique]

Comparez les deux citations qui suivent :

> It is not possible to make a "fronter" vowel than **i** and if the tongue were raised any higher, the sound uttered would not be a vowel at all. (DANIEL JONES, *The Pronunciation of English*, p. 19.)

> Vocalic sounds are produced with an oral cavity in which the most radical constriction does not exceed that found in the high vowels [i] and [u]. (CHOMSKY et HALLE, *The Sound Pattern of English*, p. 302.)

Quels sons obtient-on quand on dépasse le seuil d'obstruction critique de **i** et de **u** (⟶ §2.27–28) ?

Les traits distinctifs [± cons] et [± voc] permettent de constituer quatre faisceaux différents, à savoir :

$$\begin{bmatrix}-\text{cons}\\+\text{voc}\end{bmatrix}\quad V\quad \text{voyelles (ex. } \mathbf{a}, \mathbf{e}, \mathbf{i}, \text{etc.)}$$

$$\left.\begin{matrix}\begin{bmatrix}+\text{cons}\\-\text{voc}\end{bmatrix} & \text{consonnes vraies (ex. } \mathbf{p}, \mathbf{t}, \mathbf{k}, \mathbf{b}, \mathbf{d}, \mathbf{g}, \mathbf{f}, \mathbf{m}, \text{etc.)}\\ \begin{bmatrix}+\text{cons}\\+\text{voc}\end{bmatrix} & \text{liquides } (\mathbf{l}, \mathbf{r})\\ \begin{bmatrix}-\text{cons}\\-\text{voc}\end{bmatrix} & \text{glissées } (\mathbf{w}, \mathbf{j})\end{matrix}\right\}\; C$$

Que désignent respectivement [+ cons] et [– voc] ?

Comment désigner simultanément les voyelles et les glissées d'une part, les voyelles et les liquides d'autre part ?

TRAITS CONCERNANT LES SEULES VOYELLES

11. Les traits [fermé], [ouvert] et [arrière]

Dans le tableau ci-dessous, trois traits distinctifs, [fermé], [ouvert] et [arrière] déterminent les six voyelles de base de l'anglais. On verra au chapitre 10 que les autres voyelles en sont pour la plupart dérivées grâce à des règles phonologiques.

	[– arrière]	[+ arrière]
$\begin{bmatrix}+\text{fermé}\\-\text{ouvert}\end{bmatrix}$	**i**	**u**
$\begin{bmatrix}-\text{fermé}\\-\text{ouvert}\end{bmatrix}$	**e**	**o**
$\begin{bmatrix}-\text{fermé}\\+\text{ouvert}\end{bmatrix}$	**æ**	**ɔ**

Quelles sont les voyelles définies par chacun des faisceaux suivants ?

1. [– ouvert] 2. [– arrière] 3. [+ fermé] 4. [+ ouvert]

5. $\begin{bmatrix}-\text{ fermé}\\+\text{ ouvert}\end{bmatrix}$ 6. $\begin{bmatrix}-\text{ fermé}\\+\text{ arrière}\end{bmatrix}$ 7. $\begin{bmatrix}-\text{ ouvert}\\-\text{ arrière}\end{bmatrix}$ 8. $\begin{bmatrix}-\text{ ouvert}\\+\text{ arrière}\end{bmatrix}$

Inversement, représentez par un faisceau de traits distinctifs chacun des ensembles de voyelles suivants :

9. {**e, æ, o, ɔ**} 10. {**e, æ**} 11. {**u, o, ɔ**} 12. {**i**}

12. Le trait [tendu]

Dans la transcription qui suit, on s'est servi des signes ¯ et ˘ pour noter respectivement les voyelles tendues et les voyelles relâchées. Comment appelle-t-on les unes et les autres en phonétique articulatoire classique ? (⟶ 2.38.)

ə̆ 'fĭftĭ 'jə̄:r 'ə̄uld 'wŭmə̆n 'kāunslə̆ hŭ 'hĭt ə̆ 'twĕlv fŭt 'hāi 'nə̄u 'ĕntrĭ 'sāin wāil 'drāivĭŋ ə̆ 'dʌ̆bl 'dĕk 'bʌ̆s, hə̆z bĭn 'tə̄uld ðə̆t ʃī:z ə̆ dĭs'grēis tŭ ðə̆ 'tɔ̄:rĭ 'pɑ̄:tĭ. — '*dēilĭ* '*mēil.*

TRAITS CONCERNANT LES CONSONNES

13. Le trait [antérieur]

Prononcez le son **ʃ**. Notez sur la coupe sagittale la région où la distance entre la langue et le palais est la plus faible. Aidez-vous, au besoin, pour mieux la localiser, du procédé indiqué au §2.9. Les consonnes produites en avant de ce point sont dites [+ ant], les autres [– ant].

Comparez le lieu d'articulation de **ʃ** et de **s**. Notez le point d'articulation de **s** sur le schéma. **s** est-il [+ ant] ou [– ant] ?

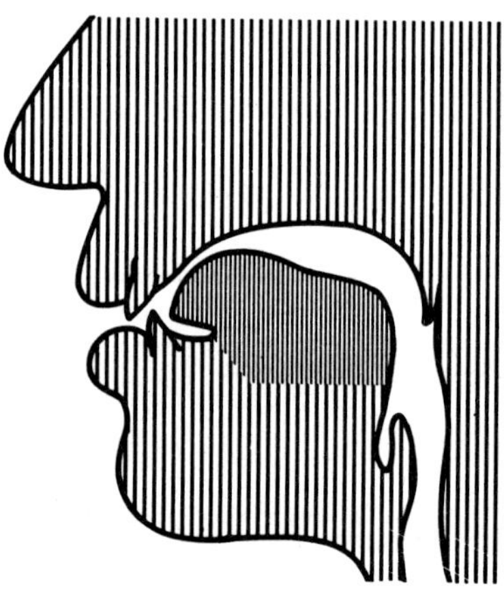

Enumérez les consonnes anglaises [+ ant] produites au moyen
(1) d'une occlusion (passage de l'air complètement bloqué),
(2) d'une constriction (bruit fricatif).

14. Le trait [coronal]

Soulignez dans la liste suivante les consonnes qui vous forcent à déplacer le bout (angl. *tip*) ou le plat (angl. *blade*) de la langue de sa position de repos·(prononciation du **ə**).

p	**t**	**s**	**k**	**l**	**r**
n	**f**	**j**	**w**	**θ**	**ʃ**

Lorsqu'il y a déplacement de l'avant (de la « couronne ») de la langue, les consonnes sont [+ cor], dans la négative [– cor].

Les alvéolaires sont-elles [+ ant] ou [– ant], [+ cor] ou [– cor] ?

15. Le trait [strident]

Mettez les verbes suivants à la troisième personne du singulier du présent. Quelles sont les formes phonétiques de la terminaison après une occlusive. Après quelles consonnes la terminaison est-elle **iz** et non **s** ou **z** ?

to cut	to bleed	to like	to buzz
to laugh	to judge	to seethe	to bug
to wish	to miss	to unearth	to sip
to dab	to love	to reach	to sabotage

Relevez sur les sonagrammes du §7.18 les fricatives qui comportent une composante de bruit au-dessus de 3 000 c.p.s. Ces consonnes sont dites stridentes. En vous servant du trait [strid] et des traits présentés dans les paragraphes précédents, définissez par un faisceau de traits distinctifs les consonnes qui sont suivies de la terminaison **iz** à la troisième personne du singulier.

16. Quelles sont les consonnes anglaises définies par chacun des faisceaux suivants ?

1. $\begin{bmatrix} -\text{ ant} \\ +\text{ voisé} \\ +\text{ cont} \end{bmatrix}$ 2. $\begin{bmatrix} -\text{ ant} \\ -\text{ voisé} \\ -\text{ cont} \end{bmatrix}$ 3. $\begin{bmatrix} +\text{ ant} \\ +\text{ cor} \\ +\text{ cont} \end{bmatrix}$ 4. $\begin{bmatrix} +\text{ ant} \\ -\text{ voisé} \\ +\text{ strid} \end{bmatrix}$

17. Trouvez le ou les traits distinctifs communs aux consonnes de chacun des ensembles suivants :

1. {**m, ð, ʤ, g**} 2. {**f, θ, ʃ, k**} 3. {**v, p, k, ŋ**} 4. {**ð, θ, k, v**}
5. {**ð t, n, s**} 6. {**v, θ, d, m**} 7. {**f, v, ʧ, ʃ**} 8. {**h, k, ŋ, ʧ**}

18. Dans chacun des ensembles de consonnes suivants, on peut trouver plusieurs sous-ensembles de trois consonnes définis chacun par au moins un trait distinctif. Cherchez-les.

1. {**m, n, f, ʃ, ŋ**}
2. {**v, ð, h, k, t**}
3. {**f, v, s, p, ð**}
4. {**θ, d, ʒ, f, n**}

RÔLE DE LA VARIABLE α

19. La variable α

α est une variable à qui on donne successivement la valeur + et la valeur −. Un trait distinctif précédé de la variable α se lit deux fois, la première en remplaçant α par +, la seconde en remplaçant α par −. Par définition, + + et − − donnent +, + − et − + donnent −. Par exemple, si l'on assigne à α successivement ses deux valeurs dans le faisceau $\begin{bmatrix} \alpha \text{ fermé} \\ -\alpha \text{ arrière} \end{bmatrix}$, on obtient (1) $\begin{bmatrix} + \text{ fermé} \\ - \text{ arrière} \end{bmatrix}$ et (2) $\begin{bmatrix} - \text{ fermé} \\ + \text{ arrière} \end{bmatrix}$ qui désignent respectivement (1) {**i**}, et (2) {**o, ɔ**} (⟶§11).

Quelles sont les voyelles désignées par chacun des faisceaux de traits distinctifs suivants ?

1. $\begin{bmatrix} \alpha \text{ fermé} \\ -\alpha \text{ ouvert} \end{bmatrix}$ 2. $\begin{bmatrix} \alpha \text{ fermé} \\ \alpha \text{ ouvert} \end{bmatrix}$ 3. $\begin{bmatrix} \alpha \text{ ouvert} \\ -\alpha \text{ arrière} \end{bmatrix}$ 4. $\begin{bmatrix} \alpha \text{ fermé} \\ -\alpha \text{ ouvert} \\ \alpha \text{ arrière} \end{bmatrix}$

En vous servant de la variable α, désignez d'une part l'ensemble des consonnes vraies et des voyelles, d'autre part l'ensemble des liquides et des glissées.

20. Utilisation de la variable α pour décrire l'opposition de nasalité

Il existe plusieurs systèmes concurrents de traits distinctifs. Le système de Jakobson, Fant et Halle, exposé dans les *Preliminaries to Speech Analysis*, antérieur de quelque seize ans à celui de Chomsky et Halle (*The Sound Pattern of English*) utilisé dans ce livre, présente la particularité de se fonder sur une description acoustique des sons du langage et d'utiliser les mêmes traits pour décrire les voyelles et les consonnes. Ainsi, le trait [± compact] (concentration de l'énergie acoustique) dans le système de Jakobson correspond à [± ouvert] pour les voyelles, et à [∓ antérieur] pour les consonnes dans le système de Chomsky.

JAKOBSON	CHOMSKY	
C V	*C*	*V*
[+ comp]	[− ant]	[+ ouvert]
[− comp]	[+ ant]	[− ouvert]

Parce que la nasalisation tend à affecter les consonnes et les voyelles optimales (⟶ §2.26), les traits distinctifs de Jakobson permettent de décrire de façon élégante et concise l'ensemble des segments entrant dans une corrélation de nasalité en français. Ils seront définis par le faisceau

$$\begin{bmatrix} \alpha \text{ voc} \\ -\alpha \text{ cons} \\ \alpha \text{ cont} \\ \alpha \text{ comp} \end{bmatrix}$$

Donnez successivement à α la valeur + et la valeur −. Cherchez dans le tableau des voyelles françaises (§6.13) celles qui sont définies par le trait [+ ouvert]. Quels sont les phonèmes français désignés par les faisceaux obtenus ?

Comment expliquez-vous que les deux ensembles de phonèmes soient définis par des traits de signe contraire ?

DESCRIPTION D'UN SYSTÈME PHONOLOGIQUE A L'AIDE DES TRAITS DISTINCTIFS

21. Dans *Langage enfantin et aphasie* (p. 129), Jakobson énumère les *nursery forms* qu'on trouve en russe : **mama**, **papa**, **njanja** (la nourrice), **tjotja** (la tante), **djadja** (l'oncle), **baba** (la grand-mère), **djed** (le grand-père). La palatalisation indiquée par le symbole **j** est-elle un trait distinctif ou un trait redondant, c'est-à-dire associé automatiquement à un trait distinctif, dans ce système ? Essayez de définir en termes de traits distinctifs le système phonologique d'un enfant qui n'emploierait que ces sept mots.

6

principes de phonologie générative

1. La formalisation des règles phonologiques

Sachant que la règle (1), A → B / X——Y se lit « A se réécrit B dans le contexte X——Y » (c'est-à-dire « entre X et Y »), ou bien « A devient B entre X et Y », paraphrasez les règles (2) et (3):

(2) C → D / X——

(3) E → F / ——Y

Si l'on ajoute que tout mot commence et se termine par une **borne** de mot (angl. *word boundary*) que l'on représente par le symbole #, ex. # vibration #, paraphrasez la règle (4):

(4) G → H / —— # (ex. coréen **L** → **l** / —— #, → §4.2).

Si le mot est composé de plusieurs **morphèmes**, ceux-ci sont séparés par une borne de morphème (angl. *formative boundary*) que l'on représente par le symbole +, ex. # vibrate + ion #. Paraphrasez la règle (5):

(5) I → J / —— + (ex. angl. **t** → **ʃ** / —— + **ion**).

Sachant que les règles (6a), K → L / ——W, et (6b), K → L / ——Z peuvent être représentées par une règle unique:

(6c) $K \rightarrow L / \text{——} \begin{Bmatrix} W \\ Z \end{Bmatrix}$,

paraphrasez la règle (6c) et expliquez le sens de l'accolade.

Sachant que ϕ se lit « zéro », donnez le sens des règles (7) et (8) :

(7) M → ϕ / X——Y (ex. angl. **t** → ϕ / **s**——**l**, cf. *whistle, castle, apostle*).

(8) ϕ → N / X——Y (ex. angl. ϕ → **i** / **b**——**liti**, cf. *able, ability*).

2. Application des règles au problème du s en français

Dans les exemples suivants, la graphie *s* du français se prononce tantôt **s**, tantôt **z**.

rose	rasoir	aspérité	psychologue
rostres	Rastignac	assez	psaume
oser	caser	misère	observer
ostie	casser	mystère	absolu

Déterminez le contexte X——Y d'application de la règle (1).

(1) **s** → **z** / X——Y

Vous avez peut-être remarqué que la prononciation des mots en *-isme* (*socialisme*, *cubisme*, etc.) varie selon l'origine régionale et selon l'âge du locuteur et qu'on entend tantôt **ism**, tantôt **izm**. Quelle est votre prononciation ? Modifiez la règle (1) de façon à décrire la prononciation **izm**. Servez-vous pour cela de la notation utilisée au §1, règle (6c). Dans le cas où les mots *Israël*, *Islande*, *Islam*, *Isnard* seraient prononcés avec un **z**, quel serait le trait distinctif qui permettrait de désigner le contexte Y ?

3. Simplification des règles

On conviendra dans la formulation des règles de réécriture d'user de toutes les simplifications possibles. Ainsi, si on représente un segment par un faisceau de traits distinctifs (⟶§5.7), on ne répétera jamais, de part et d'autre de la flèche, les traits distinctifs qui restent inchangés.

Pour dire « **s** (en français) se réécrit **z** », on pourrait utiliser la règle (1a) :

$$\text{(1a)}\quad \begin{bmatrix} +\ \text{ant} \\ +\ \text{cor} \\ -\ \text{voisé} \\ +\ \text{cont} \end{bmatrix} \rightarrow \begin{bmatrix} +\ \text{ant} \\ +\ \text{cor} \\ +\ \text{voisé} \\ +\ \text{cont} \end{bmatrix}$$

mais puisque les traits [+ ant], [+ cor] et [+ cont] sont restés inchangés, on préfère utiliser la règle (1b), synonyme, mais plus économique (cinq traits distinctifs au lieu de huit) :

$$\text{(1b)}\quad \begin{bmatrix} +\ \text{ant} \\ +\ \text{cor} \\ -\ \text{voisé} \\ +\ \text{cont} \end{bmatrix} \rightarrow [+\ \text{voisé}]$$

Expliquez et éventuellement simplifiez les règles suivantes valables pour l'anglais.

$$(2)\quad \begin{bmatrix} +\text{ fermé} \\ -\text{ ouvert} \\ -\text{ arrière} \\ -\text{ tendu} \end{bmatrix} \rightarrow \begin{bmatrix} -\text{ fermé} \\ +\text{ ouvert} \\ -\text{ arrière} \\ -\text{ tendu} \end{bmatrix}$$

$$(3)\quad \begin{bmatrix} -\text{ voc} \\ +\text{ cons} \\ -\text{ ant} \\ -\text{ cor} \\ -\text{ voisé} \\ -\text{ cont} \\ -\text{ strid} \end{bmatrix} \rightarrow \begin{bmatrix} -\text{ voc} \\ +\text{ cons} \\ +\text{ ant} \\ +\text{ cor} \\ -\text{ voisé} \\ +\text{ cont} \\ +\text{ strid} \end{bmatrix}$$

$$(4)\quad \begin{bmatrix} -\text{ voc} \\ +\text{ cons} \\ -\text{ ant} \\ -\text{ cor} \\ +\text{ voisé} \\ -\text{ cont} \\ -\text{ strid} \\ -\text{ nasal} \end{bmatrix} \rightarrow \begin{bmatrix} -\text{ voc} \\ +\text{ cons} \\ -\text{ ant} \\ +\text{ cor} \\ +\text{ voisé} \\ -\text{ cont} \\ +\text{ strid} \\ -\text{ nasal} \end{bmatrix}$$

$$(5)\quad \begin{bmatrix} -\text{ voc} \\ +\text{ cons} \\ +\text{ ant} \\ +\text{ cor} \\ -\text{ voisé} \\ -\text{ cont} \\ -\text{ strid} \end{bmatrix} \rightarrow \begin{bmatrix} +\text{ cont} \\ +\text{ strid} \end{bmatrix}$$

$$(6)\quad \begin{bmatrix} -\text{ voc} \\ +\text{ cons} \\ +\text{ ant} \\ +\text{ cor} \\ -\text{ cont} \\ -\text{ nasal} \end{bmatrix} \rightarrow \begin{bmatrix} -\text{ ant} \\ +\text{ cont} \end{bmatrix}$$

$$(7)\quad \begin{bmatrix} -\text{ fermé} \\ -\text{ ouvert} \\ -\text{ arrière} \\ -\text{ tendu} \end{bmatrix} \rightarrow \begin{bmatrix} +\text{ ouvert} \\ +\text{ arrière} \end{bmatrix}$$

$$(8)\quad \begin{bmatrix} -\text{ voc} \\ +\text{ cons} \\ +\text{ ant} \\ +\text{ cor} \\ -\text{ voisé} \\ +\text{ cont} \end{bmatrix} \rightarrow [+\text{ voisé}]$$

4. Le rhotacisme en latin

On observe en latin un phénomène de substitution de **r** à **s** dans les mots de la troisième déclinaison (génitif -is) terminés par **s** au nominatif. C'est ce qu'on appelle le rhotacisme.

genus ~ gener + is
Venus ~ Vener + is
honos ~ honor + is
frigus ~ frigor + is

aes ~ aer + is
rus ~ rur + is
jus ~ jur + is
corpus ~ corpor + is

Complétez le tableau des consonnes coronales du latin. Quels faisceaux désignent **r** et **s**? Donnez la règle phonologique qui décrit le rhotacisme Simplifiez le deuxième faisceau.

	r	l	t	d	s	z
vocalique						
consonantique						
antérieur	+	+	+	+	+	+
coronal	+	+	+	+	+	+
voisé	+	+	−	+	−	+
continu	+	−	−	−	+	+

Posons ici l'existence de deux **niveaux de représentation**. L'un est dit **phonétique**: c'est celui qui transcrit la prononciation effective des mots, et que les règles ont pour charge de produire ou d'expliquer. Mais il y a un substrat arbitraire nécessaire que les règles ne peuvent déterminer, c'est l'individualité phonique des éléments de sens constitutifs des mots. (Voir toutefois §2.26.) Celle-ci trouve sa représentation au niveau dit **phonologique**, ou **sous-jacent**. Ce deuxième niveau de représentation sera d'autant plus simplifié et lointain de la transcription phonétique que davantage de règles à appliquer l'en sépareront.

Quel serait le génitif le plus simple, *genesis* ou *generis*? Quelle est des deux la forme sous-jacente? Quelle position occupent respectivement formes phonétiques et formes sous-jacentes dans les règles formalisées?

5. La troncation en français: étude du phénomène et critique de la description donnée par SCHANE

En français, l'élision et la liaison obéissent à des règles précises. En vous aidant du tableau ci-dessous, cherchez le trait distinctif commun aux segments devant lesquels ces phénomènes se produisent.

	CONSONNE VRAIE	VOYELLE	LIQUIDE	GLISSÉE
ÉLISION	le garçon	l'ami	le loup	l'oie
LIAISON	les garçons	les amis	les loups	les oies

Une autre façon de décrire ces phénomènes serait de considérer que si **s** est prononcé dans *les amis*, tout comme **e** dans *le garçon*, on n'entend ni l'un ni l'autre dans *les garçons* et *l'ami* où ils sont « tronqués ». Schane dans *French Phonology and Morphology* utilise ainsi le terme « troncation » pour désigner à la fois l'élision et *l'absence* de liaison. Devant quels segments n'y a-t-il pas de liaison? Peut-on les définir au moyen d'un trait unique?

Complétez et expliquez les règles de Schane.

(1) $\begin{bmatrix} + \text{voc} \\ - \text{cons} \end{bmatrix} \rightarrow \phi / \text{——} [\ldots\ldots]$

(2) $\begin{bmatrix} - \text{voc} \\ + \text{cons} \end{bmatrix} \rightarrow \phi / \text{——} [\ldots\ldots]$

Quelles doivent être dans ces conditions les formes sous-jacentes de *le* et de *les*? Unifiez les règles (1) et (2) au moyen de la variable α (→§5.19) pour obtenir la règle de troncation en français.

Si on applique la règle de la troncation aux énoncés suivants, obtient-on des énoncés bien formés?

un ami anglais	un piano à queue
une amie anglaise	un voyage accidenté
une autoroute à péage	une partie animée
un fou à lier	un parti apolitique

Critiquez les règles (1) et (2) en fonction de vos conclusions et apportez les modifications ou les restrictions qui s'imposent. (Ce problème sera repris sur un autre point au §14.)

6. Le problème des consonnes rétroflexes en norvégien

On observe en norvégien un phénomène de contact ainsi décrit dans *The Principles of the International Phonetic Association*, p. 27: "When a word ending in **r** is followed by a word beginning with **t**, **d**, **n**, **l** or **s**, **r** is not sounded and the initial consonant of the second word is changed to **ʈ**, **ɖ**, **ɳ**, **ɭ** or **ʂ** respectively." Sans rien savoir d'autre du norvégien, on peut formuler l'hypothèse que ce phénomène affecte ces cinq phonèmes et eux seuls parce qu'ils forment une **classe naturelle** dans cette langue.

Définissez cette classe naturelle hypothétique en termes de traits distinctifs.

La classe ainsi définie comprend en anglais 8 phonèmes et non 5. Quels sont-ils?

Pensez-vous plus vraisemblable:

(1) que l'hypothèse de départ est invalidée par ce que nous avons découvert de la phonologie de l'anglais?

(2) qu'il n'existe pas en norvégien de sons correspondant aux 3 phonèmes supplémentaires de la classe anglaise?

7. L'assimilation en anglais

Les phrases suivantes sont citées par Daniel Jones (*An Outline of English Phonetics*, p. 227) comme exemples d'**assimilations** dans un certain type d'anglais parlé. Donnez l'orthographe de ces énoncés. Quel trait distinctif change de signe au cours de cette transformation, et dans quel contexte? Formulez la règle complète. Combien de fois s'applique-t-elle dans le dernier exemple?

ˈtem ˈminits	**sm ˈpɔːlz**
ail ˈsuːm ˈbriŋ ðəm	**it ˈkɑːmp bi ˈdʌn**

De façon plus générale, comment peut-on expliquer qu'en anglais, parmi toutes les séquences composées d'une nasale suivie d'une occlusive sans borne entre les deux, on ne trouve au niveau phonétique que **mp** (*damp*, *Humpty-Dumpty*, etc.), **nt** (*ant*, *blunt*, etc.) et **ŋk** (*sank*, *bank*, etc.) et non ***np**, ***nk**, ***mt**, ***ŋt** etc.? Complétez la règle suivante où β est une variable indépendante au même titre que α.

$$N \rightarrow \begin{bmatrix} \cdots \\ \beta\ \text{ant} \end{bmatrix} \Big/ \ \underline{\qquad} \begin{bmatrix} \cdots \\ \beta\ \text{ant} \end{bmatrix}$$

8. Donnez l'orthographe des énoncés suivants. Quel est le trait distinctif qui est selon les cas responsable de l'assimilation?

ˌinniˈvidjuəl	**ai ʃud əf ˈθɔːt səu**
əf ˈkɔːs	**wif ˈsent it tu ju**
ˈfaif pəns	**ˈkainnəs**
wiθ ˈθæŋks	**ˈglims**

A quelles consonnes la règle suivante s'applique-t-elle? Quelle est la partie de cette règle qui signifie que l'assimilation est **régressive**?

$$\begin{bmatrix} +\ \text{voisé} \\ +\ \text{cont} \end{bmatrix} \rightarrow [-\ \text{voisé}] \Big/ \ \underline{\qquad} [-\ \text{voisé}]$$

9. Comment prononcez-vous les mots français *iceberg*, *médecine* et *anecdote*? Pourquoi un sujet français connaissant mal l'anglais fait-il une assimilation dans les séquences suivantes? Expliquez par rapport à la règle du §8 pourquoi cette assimilation est fautive. Quelles sont les deux ensembles de segments qui ne peuvent subir d'assimilation régressive en anglais?

iceberg	make-believe	this girl	both John and Mary
like that	anecdote	medicine	take the car!

10. Transcrivez les mots suivants.

walks	begs	ones	once
cats	pads	pulls	pulse
clutched	judged	plays	place
missed	fizzed	purrs	purse

En vous aidant des transcriptions, complétez et expliquez la règle suivante. Quelle est la partie de la règle qui signifie que l'assimilation est **progressive** ?

$$\begin{bmatrix} + \text{cor} \\ + \text{ant} \\ \beta \ \text{strid} \\ \beta \ \text{cont} \\ - \text{sonant} \end{bmatrix} \rightarrow [\alpha \ \text{voisé}] \ / \ [\ldots\ldots] + \underline{\quad} \ \#$$

11. Réécriture phonétique du passé régulier en anglais

Dans *Syntactic Structures* (p. 112), Chomsky donne la règle *grammaticale* de l'accord (ang. *concord*) en anglais :

$$C \begin{cases} \text{S in the context NP sing} \\ \phi \text{ in other contexts} \\ \textit{past} \text{ in any context} \end{cases}$$

Expliquez la règle suivante qui donne la réalisation *phonétique* du morphème Δ (*past* chez Chomsky).

$$\text{(a)} \ \phi \rightarrow \text{i} \ \Bigg/ \begin{bmatrix} + \text{ant} \\ + \text{cor} \\ - \text{cont} \\ - \text{nasal} \\ - \text{sonant} \end{bmatrix} + \underline{\quad} \begin{bmatrix} + \text{ant} \\ + \text{cor} \\ - \text{cont} \\ - \text{nasal} \\ - \text{sonant} \end{bmatrix} \#$$

$$\text{(b)} \ \begin{bmatrix} + \text{ant} \\ + \text{cor} \\ - \text{cont} \\ - \text{nasal} \\ - \text{sonant} \end{bmatrix} \rightarrow [\alpha \ \text{voisé}] \ \Big/ \ [\alpha \ \text{voisé}] + \underline{\quad} \ \#$$

12. Réécriture phonétique de la troisième personne du singulier du présent anglais

Décrivez en termes de traits distinctifs les segments derrière lesquels il y a insertion de **i** à la troisième personne du singulier. Aidez-vous pour ce faire de la liste suivante (→ §5.15).

he catches	he plays	he goes	he whistles
he crashes	he hisses	he judges	he buzzes

En vous fondant sur le modèle de la règle de réécriture de Δ, donnez la règle de réécriture de Σ qui représente la troisième personne du singulier, le génitif et le pluriel anglais.

13. Problème de l'alternance vocalique en français

On peut représenter les voyelles de base du français à l'aide du tableau ci-dessous.

	i	**e**	**ɛ**	**a**	**ɔ**	**o**	**u**
fermé	+	–	–	–	–	–	+
ouvert	–	–	+	+	+	–	–
arrière	–	–	–	+	+	+	+
arrondi	–	–	–	–	+	+	+

Or, on trouve de nombreux cas d'alternances **a** ~ **ɛ**, par exemple:

paternel ~ père
charnel ~ chair
sanitaire ~ sain
maritime ~ mer
mensualité ~ mensuel

Sachant que l'accent en français tombe sur la dernière syllabe et qu'une voyelle accentuée est représentée par le trait [+ acc], donnez les faisceaux f1 et f2 qui définissent respectivement le **a** de *paternel* et le **ɛ** de *père*.

Expliquez la règle:

$$(1) \quad \begin{bmatrix} -\text{ fermé} \\ +\text{ ouvert} \\ +\text{ arrière} \\ -\text{ arrondi} \end{bmatrix} \rightarrow [-\text{ arrière}] \Big/ \begin{bmatrix} \overline{} \\ +\text{ acc} \end{bmatrix}$$

où $\begin{bmatrix} \overline{} \\ +\text{ acc} \end{bmatrix}$ se lit « en syllabe accentuée ».

En vous aidant du tableau et des exemples ci-dessous, établissez une règle (2) parallèle à (1) pour rendre compte de l'alternance **ɔ** ~ **œ** dans les mots suivants:

horaire ~ heure
bovin ~ bœuf
ovipare ~ œuf
rénover ~ neuf
moteur ~ meuvent

	ɔ	**o**	**œ**	**ø**
fermé	–	–	–	–
ouvert	+	–	+	–
arrière	+	+	–	–
arrondi	+	+	+	+

Unifiez maintenant les règles (1) et (2). Vérifiez la règle obtenue (3) sur d'autres cas d'alternances de ces deux types. Auriez-vous le droit d'affirmer que **a** et **ɛ** d'une part, **ɔ** et **œ** d'autre part sont des allophones d'un seul et même phonème ? Justifiez votre réponse.

14. Le statut des glissées en français — nécessité d'ordonner les règles

Transcrivez les mots *miette, suie, Louis*. Quelle règle phonologique permettrait de passer des formes sous-jacentes /**miet**/, /**syi**/, /**lui**/ aux formes phonétiques ? L'orthographe française est-elle sur ce point plus proche de la transcription phonétique ou de la transcription phonologique ?

A quel niveau de description se place Schane lorsqu'il dit qu'il y a liaison et élision devant voyelles et glissées (cf. *les amis, les oiseaux* ⟶ §5) ? Reformulez sa règle pour qu'elle s'applique aux formes sous-jacentes, et non aux formes phonétiques. Appliquez-la aux mots suivants, et déterminez de ce fait si leur segment initial est en forme sous-jacente une voyelle ou une glissée (c'est-à-dire une consonne) :

des ouies	des oies	des whiskys	des ouistitis
des yeux	des yaourts	des yogis	des yankees

Qu'est-ce que les exceptions ont en commun quant à leur origine ? Que peut-on en conclure du statut des glissées en français ? Pourquoi y a-t-il toujours liaison devant les mots commençant par [ɥ] ?

Pourquoi est-il nécessaire d'ordonner les règles phonologiques, et en l'occurrence, de préciser que la règle assignant une forme phonétique définitive aux voyelles sous-jacentes **u**, **y** et **i** ne s'applique qu'après la règle de l'élision et de la liaison ?

L'opposition **pɛj** ~ **pei** (*paye* ~ *pays*) constitue-t-elle un argument suffisant pour affirmer que **j** existe en forme sous-jacente en français ? Quelles règles faudrait-il énoncer pour que /**peie**/ et /**peis**/ soient les formes sous-jacentes de ces deux mots ?

15. Origine du son [ɑ:] en anglais

Dans le tableau des voyelles de base de l'anglais (§5.11), on constate l'absence du « phonème » /**ɑ:**/. En vous aidant des exemples suivants, essayez de dériver **ɑ:** de la séquence **æ** + **r** :

party	darling	Bulgaria	car
parity	daring	Marion	carry
Arnold	barley	barbarian	marry
Aristotle	Ariel	area	Mary

16. La notion de forme sous-jacente: le r sous-jacent en anglais et en suédois

On reproche souvent à la phonologie classique présentée aux chapitres 3 et 4 de ne pouvoir expliquer pourquoi *far* compte deux phonèmes en anglais britannique dans *far from it* et trois dans *far away*. Un autre exemple similaire est celui du suédois: la phonologie classique ne peut expliquer l'absence de **r** phonétique dans *har du?* (as-tu?) et sa présence dans *du har* (tu as).

Parmi les règles présentées au §1, quelles sont celles qui expliquent que les formes sous-jacentes et les formes phonétiques ne comportent pas nécessairement le même nombre d'unités?

On a, pour expliquer l'alternance contextuelle [**fɑ:**] ~ [**fɑ:r**] le choix entre deux solutions: insérer **r** après **ɑ:** devant une voyelle, ou l'effacer devant une consonne. Quelle solution semble indiquer le §15?

A quel niveau de représentation le découpage en phonèmes effectué par la phonologie classique se fait-il?

17. Règles phonologiques et intuition linguistique

Si l'on compare les mots **ˌæliˈgeiʃn** et **ˈæliˌgeitə**, on constate qu'ils ont plusieurs phonèmes en commun et ne diffèrent que par le schéma accentuel (2010 ~ 1020) et la terminaison. Au contraire, **əˈledʒ** (*allege*) n'a qu'un seul phonème en commun avec **ˌæliˈgeiʃn** (le **l**). Pourtant, un Anglais qui n'aurait jamais entendu ou employé les mots **ˌæliˈgeiʃn** et **ˈæliˌgeitə**, mais qui connaîtrait le verbe *allege*, n'hésiterait pas un instant à comprendre que *allegation* est un nom dérivé du verbe *allege* et signifie « the act of alleging », et interpréterait vraisemblablement **ˈæliˌgeitə** comme « one that alleges » (définition du dictionnaire de Webster).

Comment expliquez-vous que le rapport entre des mots qui ont une prononciation assez différente soit immédiatement perçu par l'intuition linguistique des sujets anglais?

Quels moyens imaginer pour faire comprendre à cet Anglais peu amateur de jardins zoologiques que le mot **ˈæliˌgeitə** désigne le cousin du crocodile et non l'auteur de l'acte d'alléguer?

18. Définition phonétique et définition phonologique

a) Pour illustrer la différence entre représentation phonétique et représentation phonologique, Chomsky et Halle proposent d'analyser les deux matrices suivantes (*The Sound Pattern of English*, p. 165):

	(A) *inn*		(B) *inn*	
	i	**n**	**i**	**n**
consonantique	−	+	−	+
vocalique	+	−	0	0
nasal	−	+	0	+
tendu	−	−	−	0
accentué	+	−	0	0
voisé	+	+	0	0
continu	+	−	0	0

La matrice (A), phonétique, contient le même type d'information que les matrices ci-dessus (§4 et 13); en revanche, dans la matrice (B), phonologique, toute information susceptible d'être fournie par les règles est absente et notée 0. La lecture de (B) se fait à la fois verticalement et horizontalement. *Verticalement*, dans la deuxième colonne de (B) par exemple, il n'est pas nécessaire de préciser que le segment $\begin{bmatrix} +\text{ cons} \\ +\text{ nasal} \end{bmatrix}$ est également [+ voisé] puisqu'il n'existe pas de nasale sourde en anglais; on dira que le trait [+ voisé] est un trait redondant. *Horizontalement*, dans la deuxième ligne de (B), première colonne, il est inutile de préciser le signe du trait vocalique puisque le choix se limite à $\begin{bmatrix} -\text{ cons} \\ +\text{ voc} \end{bmatrix}$ et $\begin{bmatrix} -\text{ cons} \\ -\text{ voc} \end{bmatrix}$, et qu'il n'existe en anglais aucun mot commençant par une glissée suivie immédiatement d'une consonne.

Peut-on simplifier encore davantage la matrice phonologique incomplète établie par Chomsky et Halle? Quelles sont les règles nécessaires à son décodage?

b) Même exercice pour les matrices correspondant aux mots *Tom* et *lack*.

	(A) *Tom*			(B) *Tom*		
	t	**ɔ**	**m**	**t**	**ɔ**	**m**
consonantique	+	−	+	0	0	0
vocalique	−	+	−	0	0	0
nasal	−	−	+	0	0	+
tendu	−	−	−	0	−	0
accentué	−	+	−	0	0	0
voisé	−	+	+	−	0	0
continu	−	+	−	−	0	0

	(A) *lack*			(B) *lack*		
	l	**æ**	**k**	**l**	**æ**	**k**
consonantique	+	−	+	+	0	0
vocalique	+	+	−	+	0	0
nasal	−	−	−	0	0	0
tendu	−	−	−	0	−	0
accentué	−	+	−	0	0	0
voisé	+	+	−	0	0	−
continu	+	+	−	0	0	−

Pourquoi chacun de ces mots n'est-il pas le seul à être engendré par la matrice correspondante? Donnez dix mots anglais décrits par le même ensemble de faisceaux de traits distinctifs dans chaque cas.

c) Commentez les matrices de *frantic*. Quelles modifications faudrait-il apporter à la matrice phonologique de *frantic* pour engendrer *trumpet*, *sceptic* et *blanket*?

	(A) *frantic*							(B) *frantic*						
	f	**r**	**æ**	**n**	**t**	**i**	**k**	**f**	**r**	**æ**	**n**	**t**	**i**	**k**
consonantique	+	+	−	+	+	−	+	+	+	0	0	0	0	0
vocalique	−	+	+	−	−	+	−	0	+	0	0	0	0	0
nasal	−	−	−	+	−	−	−	0	0	0	+	0	0	0
tendu	−	−	−	−	−	−	−	0	0	−	0	0	−	0
accentué	−	−	+	−	−	−	−	0	0	0	0	0	0	0
voisé	−	+	+	+	−	+	−	0	0	0	0	−	0	−
continu	+	+	+	−	−	+	−	+	+	0	0	−	0	−

Essayez de constituer vous-mêmes les deux matrices de *slide*:

	(A) *slide*				(B) *slide*			
	s	**l**	**ai**	**d**	**s**	**l**	**ai**	**d**
consonantique								
vocalique								
nasal								
tendu								
accentué								
voisé								
continu								

d) Donnez les quatre mots engendrés par la matrice phonologique (B) ci-dessous. Précisez dans chaque cas ce qui manque à la matrice pour que le mot trouvé soit le seul possible. Complétez la matrice phonétique.

	(A)				(B)			
	.	.	.	.	.	.	.	.
consonantique					0	0	0	0
vocalique					0	–	0	0
antérieur					0	0	0	+
coronal					0	+	0	–
voisé					0	0	0	–
continu					0	0	0	–
nasal					0	–	0	0
strident					+	0	0	0

19. Définition du phonème—rôle des règles phonologiques

A la lumière des exercices précédents, commentez ce texte de M. Halle et S. J. Keyser:

> When linguists say that the phoneme, speech sound, or letter /p/ is found in both *pin* and *spin*, and that it is actualized as an aspirated plosive in the former and an unaspirated plosive in the latter, the /p/ is clearly an abstract entity and not a concrete physical entity. It has therefore been customary for a long time to distinguish between two types of representation, the abstract underlying representation variously called the phonemic, phonological, or morphophonemic representation, and the relatively concrete, surface representation, traditionally called the phonetic representation. The function of the rules is to express formally the relationship between these two representations. (M. HALLE et S. J. KEYSER, "Review of Danielsson" in *Language*, vol. 43, p. 778.)

7

principes de phonétique acoustique

1. Bruit et son

Parmi les objets suivants, quels sont ceux qui produisent un **bruit** ? Peut-on dire des autres qu'ils produisent un **son** ? Vent dans les branches, porte qui grince, flûte, papier froissé, pipeau, enclume, diapason, cloche.

2. Trouvez des exemples de mouvements, dits pour cette raison périodiques, qui se répètent identiques à eux-mêmes à intervalle de temps régulier.

Les tracés ci-dessous représentent le mouvement vibratoire de l'air en fonction du temps pour un son (voyelle anglaise **ɔ:**) et pour un bruit (sifflement de **s**). Lequel des deux correspond à un mouvement périodique ?

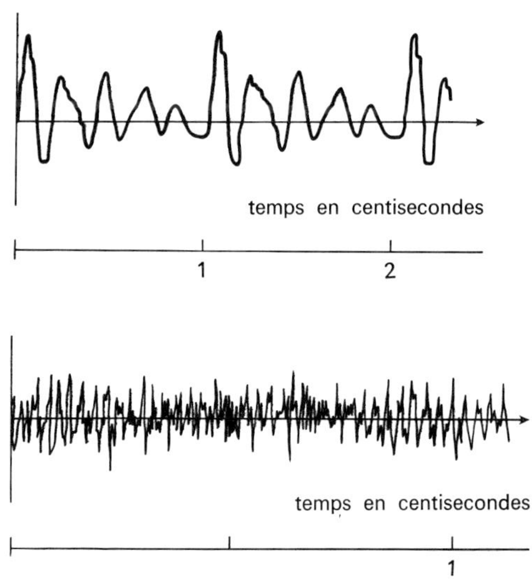

Forme de l'onde sonore de **ɔ:** *(caught)* et de **s** *(hiss)* d'après P. Ladefoged.

3. Caractéristiques d'un mouvement périodique

Fabriquez un pendule en attachant un objet à une ficelle d'un mètre de long. Quel est le temps nécessaire pour que s'accomplissent dix allers-retours du pendule ?

On appellera **période** le temps mis par tout système oscillant (ou vibrant) pour repasser par le même point en allant dans le même sens. Quelle est approximativement la période de ce pendule ? Celle-ci varie-t-elle selon qu'on écarte plus ou moins le pendule de sa position d'équilibre, c'est-à-dire selon l'**amplitude** des oscillations ?

Raccourcissez la ficelle de 50 cm. Cela a-t-il une influence sur la période ?

4. Fréquence de vibration d'une corde

Les tracés suivants ont été obtenus au moyen d'une corde vibrante sur laquelle était fixée une plume encrée. Le papier se déplaçait à la vitesse de 1 m/seconde. 1 cm sur le papier représente donc 1/100 s. Combien de fois la plume est-elle repassée dans le même sens par sa position d'équilibre dans le tracé n° 1 ?

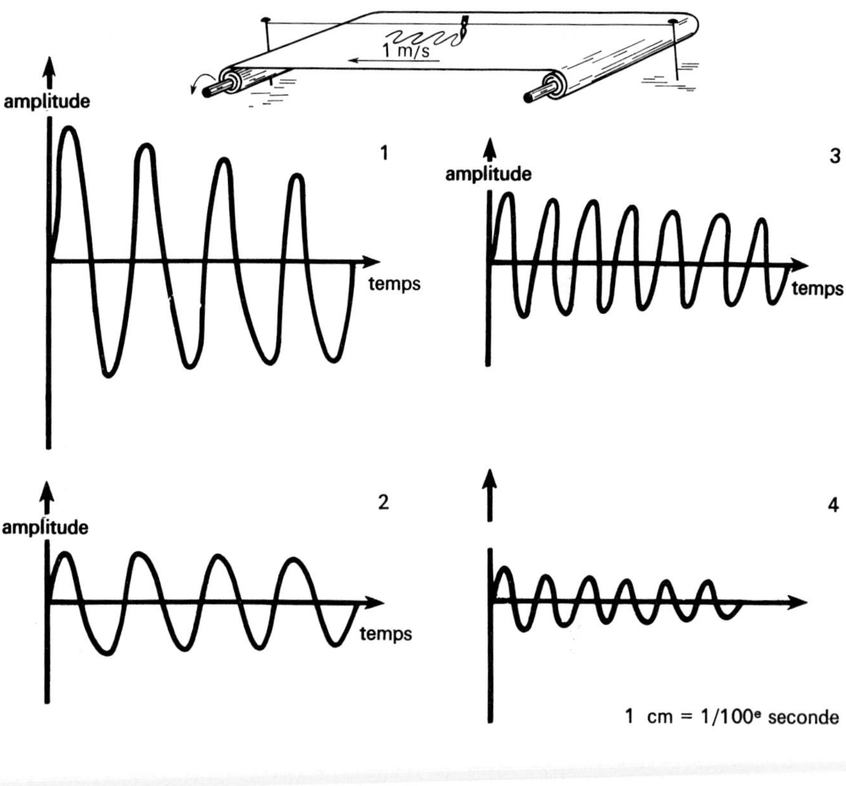

Appelons **fréquence** le nombre de périodes ou cycles accomplis en une seconde. La fréquence se mesure en c.p.s. (cycles par seconde) ou hertz. Calculez pour les quatre tracés la fréquence des vibrations.

L'oreille humaine est sensible aux vibrations dont la fréquence est comprise entre un minimum de 16 c.p.s. (son grave) et un maximum de 20 000 c.p.s. (son aigu). La fréquence des quatre tracés reproduits était-elle audible ?

5. Les sons analysés au paragraphe précédent ont été produits par deux cordes différentes. Le fait que ces cordes aient été pincées fortement (tracés 1 et 3) ou non (tracés 2 et 4) a-t-il influé sur la hauteur des sons produits ? Quel est l'équivalent perceptuel de l'**amplitude** d'une vibration ?

Que fait-on lorsqu'on accorde un violon ou une guitare ? Une fois l'instrument accordé, comment fait-on varier la hauteur des notes ? Quelle différence d'apparence y a-t-il entre les cordes graves et les cordes aiguës ?

6. Les cordes vocales

Les cordes vocales sont deux ligaments élastiques tendus en travers du larynx au niveau de la pomme d'Adam. Elles ont 23 mm de long chez les hommes et 18 mm chez les femmes. Quelle conséquence acoustique cette différence physiologique a-t-elle ?

Le **mingogramme** qui suit représente les variations de la fréquence de vibration des cordes vocales lors de la prononciation de *I sent him a letter — You didn't phone him?* Ces variations, responsables de l'intonation, ont pour limites extrêmes 100 et 150 c.p.s. chez l'homme. Quelles sont-elles dans l'enregistrement proposé ? S'agit-il d'une voix d'homme ou d'une voix de femme ? (On a signalé par un trait continu le contour à prendre en considération.)

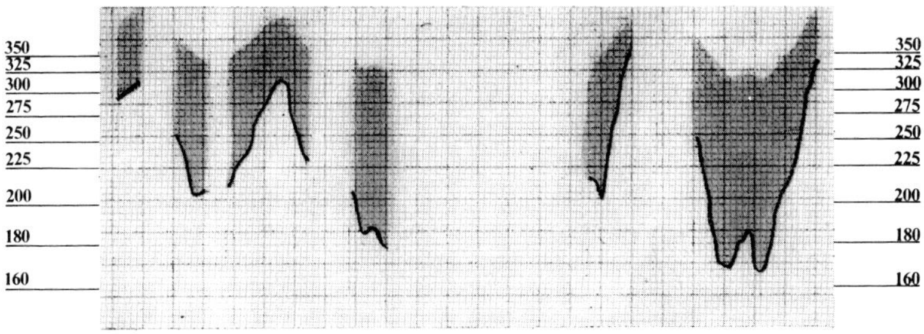

A quoi correspondent les blancs qu'on observe dans le tracé ?

7. Différences de timbre : rôle des harmoniques

« Toute onde périodique de fréquence N peut être décomposée en une somme indéfinie d'ondes sinusoïdales de fréquences respectives N, 2N, 3N, 4N... » (théorème de Fourier). Ces ondes sinusoïdales sont les **harmoniques** du son. En pratique, la plupart des harmoniques ont une amplitude négligeable : les autres, appelés aussi **formants**, sont responsables du **timbre** d'un son musical, ou, s'il s'agit d'une voyelle, de son identité (**a** par opposition à **e** ou **i**, etc.).

Quelle est la période, et par conséquent la fréquence, de l'onde complexe suivante ?

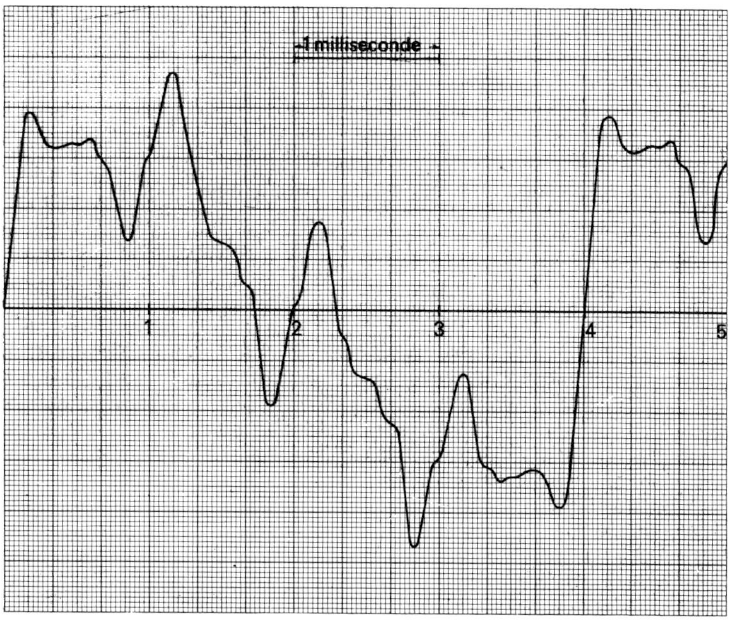

Cette onde est issue de la composition de quatre ondes sinusoïdales (cf. p. 55 en haut). Quelle est leur fréquence respective ? Laquelle, appelée **fréquence fondamentale**, détermine la hauteur du son ?

Vérifiez que l'amplitude de l'onde complexe est à chaque instant la somme des amplitudes, positives ou négatives, des ondes simples.

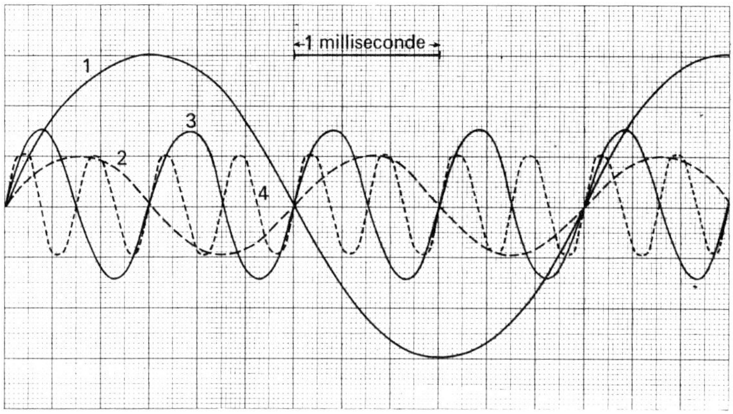

Représentez, comme cela a été fait pour la première, l'amplitude des trois autres sinusoïdes, vous obtiendrez ainsi le spectre de fréquence du son complexe :

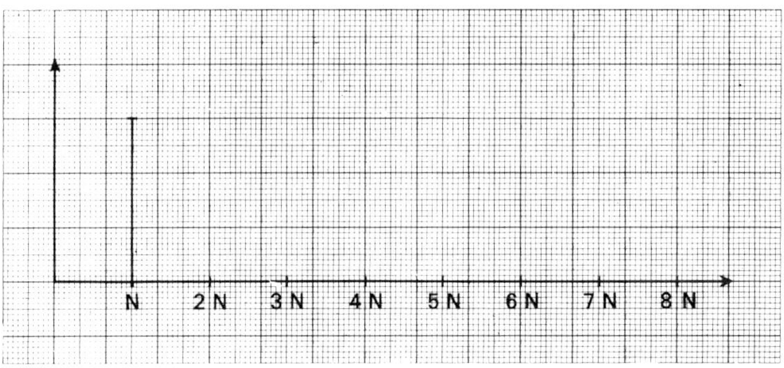

8. La fréquence fondamentale F_0 des sons produits par la voix humaine est précisément la fréquence de vibration des cordes vocales (⟶§6). Les spectres suivants représentent les principaux formants des sons anglais **iː**, **ɔː**, **æ**. Quel processus articulatoire permet de modifier la distribution des formants ?

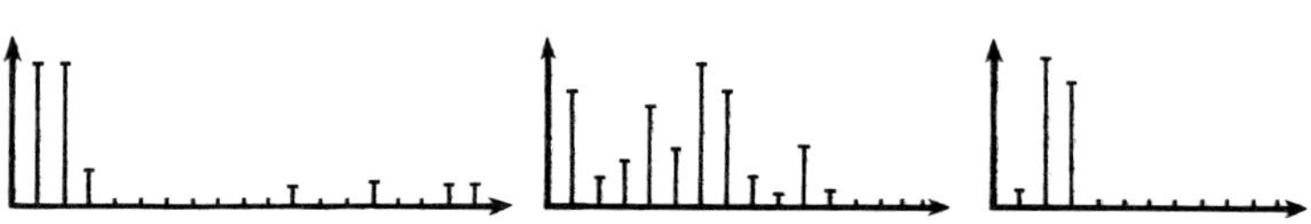

iː **æ** **ɔː**

9. Fonctionnement du sonagraphe

Il existe un type d'oscillographe, le **sonagraphe**, qui permet d'obtenir le spectre acoustique d'une phrase entière à chaque instant de sa production. Son principe de fonctionnement est le suivant:

Un disque magnétique (A) permet, comme sur un magnétophone, de réaliser un enregistrement d'une durée maximum de 2,4 secondes. Une fois l'enregistrement réalisé, on fait tourner le disque à grande vitesse en reproduction. L'appareil comporte en outre un cylindre (B), solidaire du disque, autour duquel est enroulée une feuille de papier spécial. A chaque tour de l'ensemble disque-cylindre un stylet (C) s'élève sur une crémaillère (D), inscrivant successivement sur le papier, en plus ou moins noir selon leur amplitude, toutes les fréquences comprises entre 0 et 8 000 c.p.s.

Sur quel axe le temps figure-t-il?

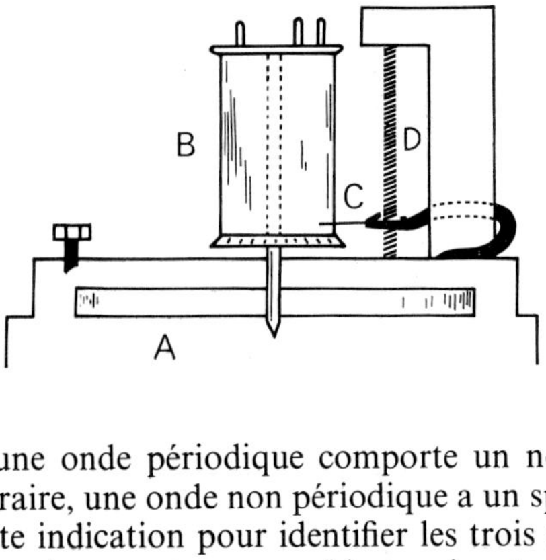

10. Le spectre d'une onde périodique comporte un nombre discret de formants; au contraire, une onde non périodique a un spectre « continu ». Aidez-vous de cette indication pour identifier les trois segments du mot anglais *fin* sur l'enregistrement sonagraphique suivant.

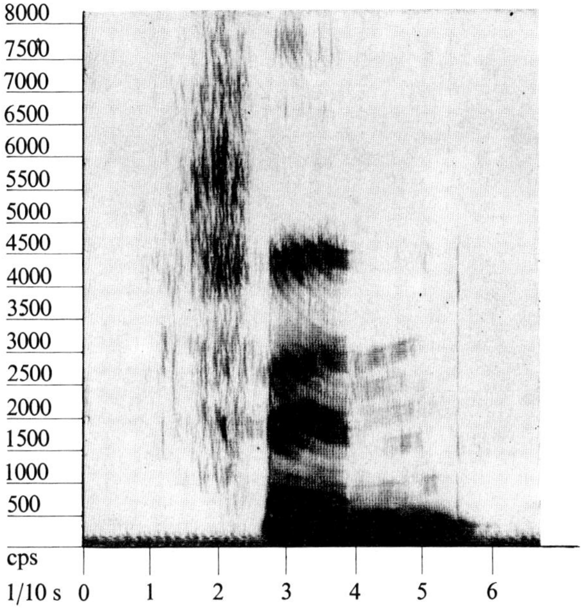

Combien d'harmoniques peut-on compter entre 1 000 et 2 500 c.p.s. à la fin du **i** de *fin*? Déduisez de ce calcul l'écart entre deux harmoniques consécutifs, et par suite la fréquence fondamentale à cet instant. A partir de quelle fréquence peut-on lire des harmoniques distincts? Représentez sur le schéma ci-dessous le spectre de fréquences correspondant à **i**. Dans quelles fréquences **i** compte-t-il des formants?

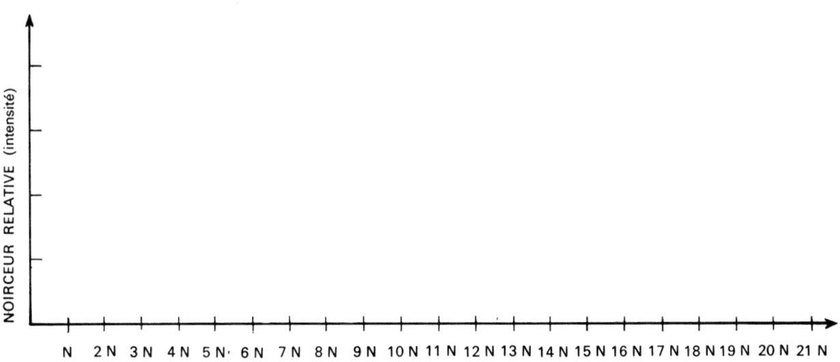

Combien d'harmoniques (même d'amplitude nulle) peut-on compter entre 1 000 et 3 000 c.p.s. au milieu du **n** de *fin*? Quelle est la fréquence fondamentale à cet instant? Qu'en concluez-vous sur l'intonation avec laquelle le mot a été prononcé?

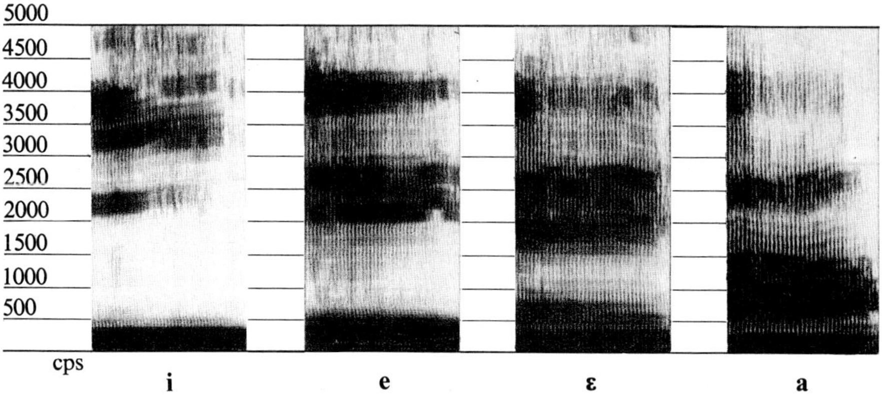

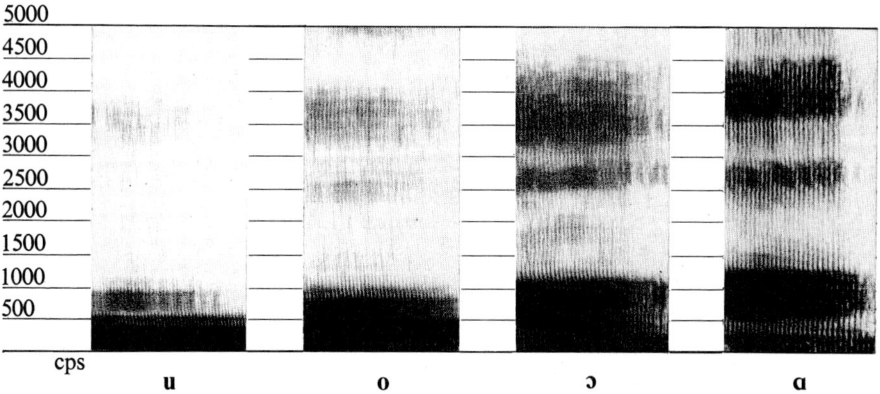

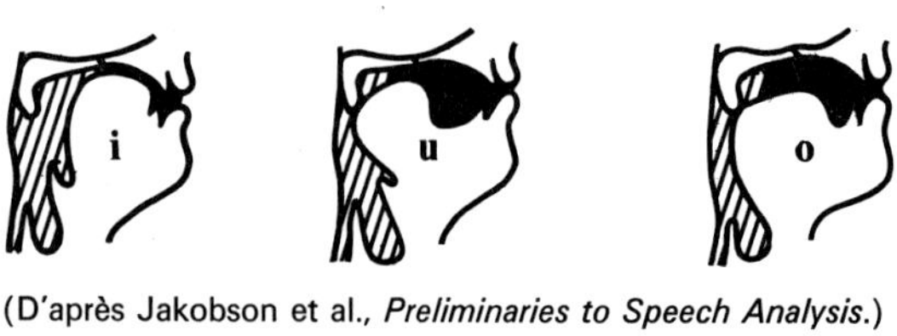

(D'après Jakobson et al., *Preliminaries to Speech Analysis.*)

11. Les voyelles cardinales

En vous aidant des graduations, mesurez sur les sonagrammes des voyelles cardinales les hauteurs respectives de leurs deux premiers formants, F_1 et F_2. (Il arrive que F_1 chevauche partiellement F_0.)

Reportez sur le papier logarithmique les fréquences mesurées, F_2 étant en abscisse, F_1 en ordonnée. Reliez les voyelles entre elles. Quelle figure obtient-on ? Si l'on admet avec P. Delattre que F_1 et F_2 correspondent à deux cavités de résonance (cf. schémas), comment peut-on justifier le rapport entre définition acoustique et définition articulatoire des voyelles ?

	i	**e**	**ɛ**	**a**	**u**	**o**	**ɔ**	**ɑ**
F_1								
F_2								

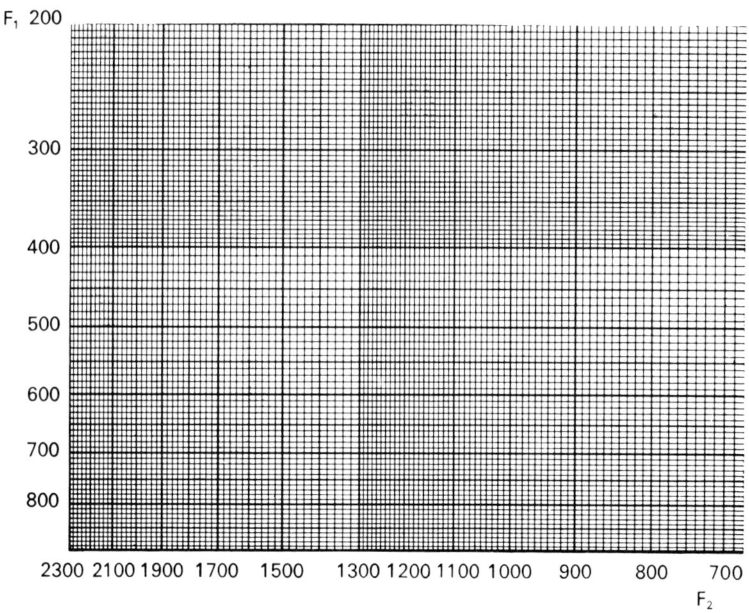

12. Les voyelles anglaises

Mesurez la hauteur des deux premiers formants des voyelles anglaises.

	i:	i	e	æ	ɑ:	ə:	u:	u	ɔ:	ɔ	ʌ	ə
F_1												
F_2												

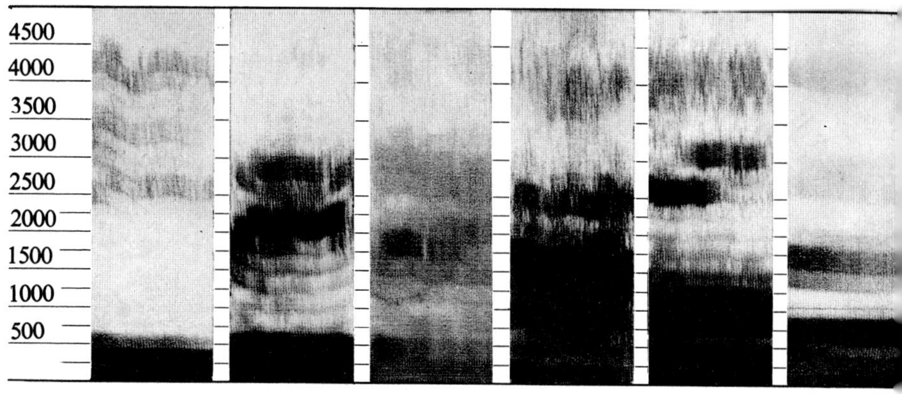

i: i e æ ɑ: ə:

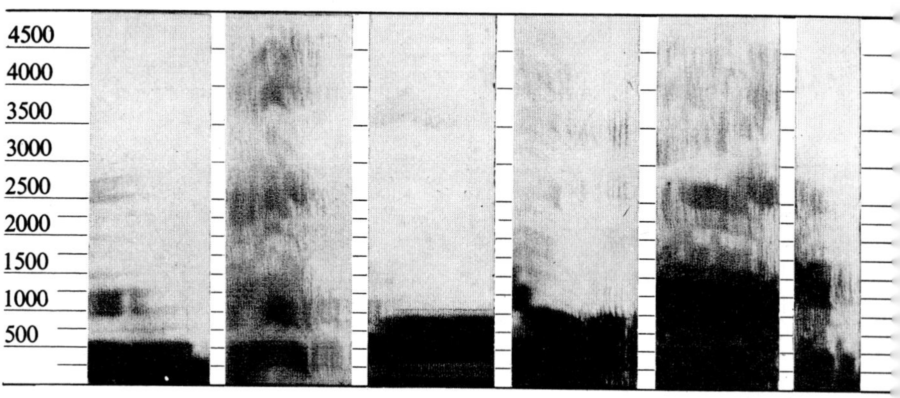

u: u ɔ: ɔ ʌ ə

A quelles voyelles correspondent les spectres de fréquences qui suivent ?

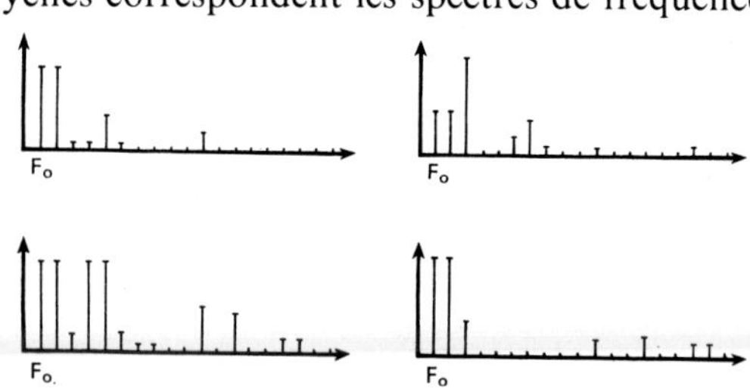

13. Les diphtongues

Commentez cette citation de A. C. Gimson (*An Introduction to the Pronunciation of English*, p. 128): "In advanced RP, there may be little or no vocalic glide in the fully long allophone, e.g. *day*, *game*."

Mesurez la fréquence des formants caractéristiques des diphtongues **ei**, **ai** et **ɔi**. Comparez les formants de la glissée avec ceux de **i**.

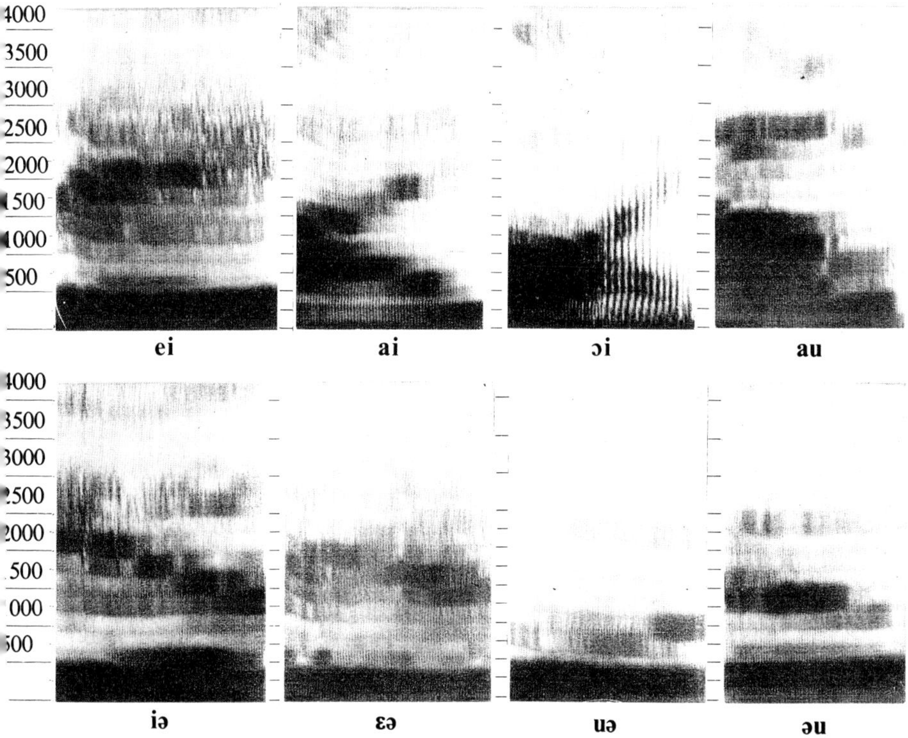

14. Essayez de déterminer approximativement par la mesure de ses formants quelle a pu être la variante utilisée pour **ai** parmi celles qui sont représentées sur le trapèze ci-contre. (Cf. A. C. Gimson, *An Introduction to the Pronunciation of English*, p. 130.)

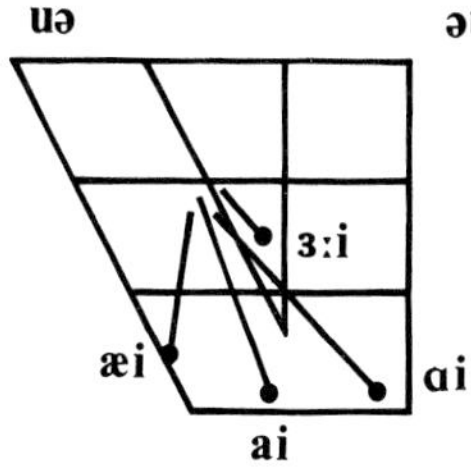

15. Le premier élément de la diphtongue **əu** est-il acoustiquement plus proche de **ə** ou de **o** cardinal ?

16. Mesurez les formants au départ et à l'arrivée de **iə**, **ɛə** et **uə**. Les résultats concordent-ils avec ceux du §12 ?

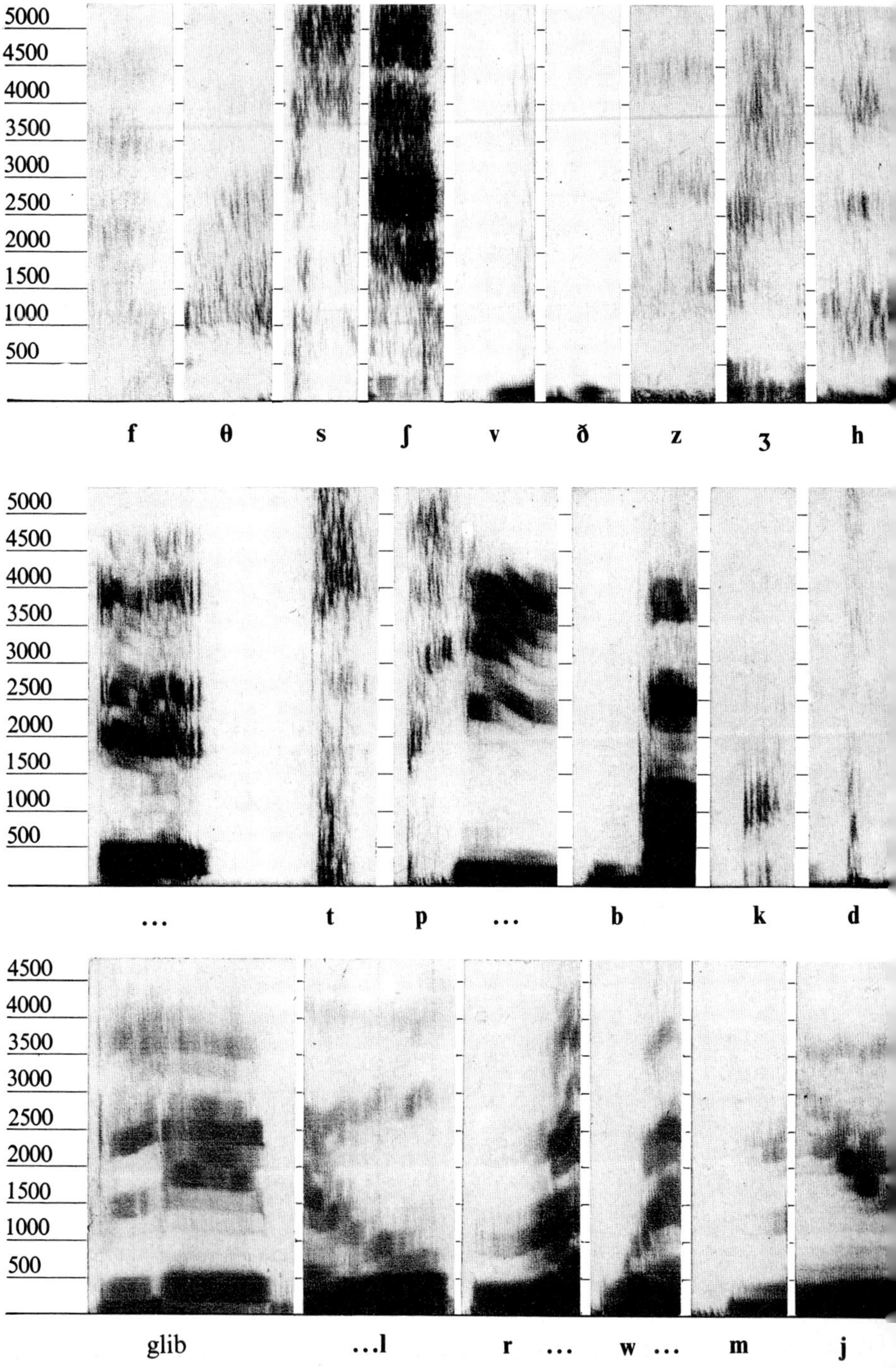
5000
4500
4000
3500
3000
2500
2000
1500
1000
500
f θ s ʃ v ð z ʒ h
… t p … b k d
glib …l r … w … m j

17. Les fricatives (*première ligne*)

Que représente la barre qu'on observe à la base de la série voisée ? Abstraction faite de la question de voisement, les termes de « fortes » (angl. *fortis*) et de « douces » (angl. *lenis*) vous semblent-ils appropriés pour désigner respectivement les consonnes sourdes et les consonnes sonores ?

18. Pour quelles fricatives constate-t-on des fréquences supérieures à 3 000 c.p.s. ? Pour Jakobson, ces consonnes sont [− grave], c'est-à-dire aiguës. Quel est le trait distinctif qui les définit dans le système de Chomsky et Halle adopté dans ce livre ?

19. Les occlusives (*deuxième ligne*)

Identifiez respectivement le premier et le dernier segment des sonagrammes 1 et 2.

Les trois phases d'une occlusive sont (1) la mise en place, (2) la tenue, et (3) le relâchement (⟶ §2.6). Identifiez ces trois phases sur le premier sonagramme.

20. Quelle phase de l'occlusive est visible dans le deuxième sonagramme ? Qu'est-ce qui distingue les deux dernières phases de **p** et de **b** ? Le sonagramme 5 représente le dernier segment de **bəːd**. En quoi diffère-t-il de **b** initial ? Est-il pour autant semblable à **t** final ?

21. Liquides, glissées, nasales (*troisième ligne*)

On remarque chez les enfants anglais une confusion fréquente de **r** et de **w**. Ils diront indifféremment **trein** et **twein**, par exemple. Mesurez le point d'arrivée des formants de **r** et de **w**. A quoi tient la différence de timbre qu'on entend entre eux ?

22. Les sonagrammes 1 et 2 représentent le mot *glib* et la fin du mot *well*. Identifiez chacun de ces segments. Voit-on la plosion du **b** ? Mesurez la fréquence des trois premiers formants du **l** de *glib* et du **ɫ** de *well*.

23. Qu'est-ce que les deux glissées **w** et **j** ont en commun ?

24. Quelle phase typique des occlusives est absente des nasales ?

Les voyelles, les glissées, les consonnes nasales et les liquides sont toutes considérées comme [+ sonant] (⟶ §5.8). Qu'ont-elles en commun du point de vue acoustique ?

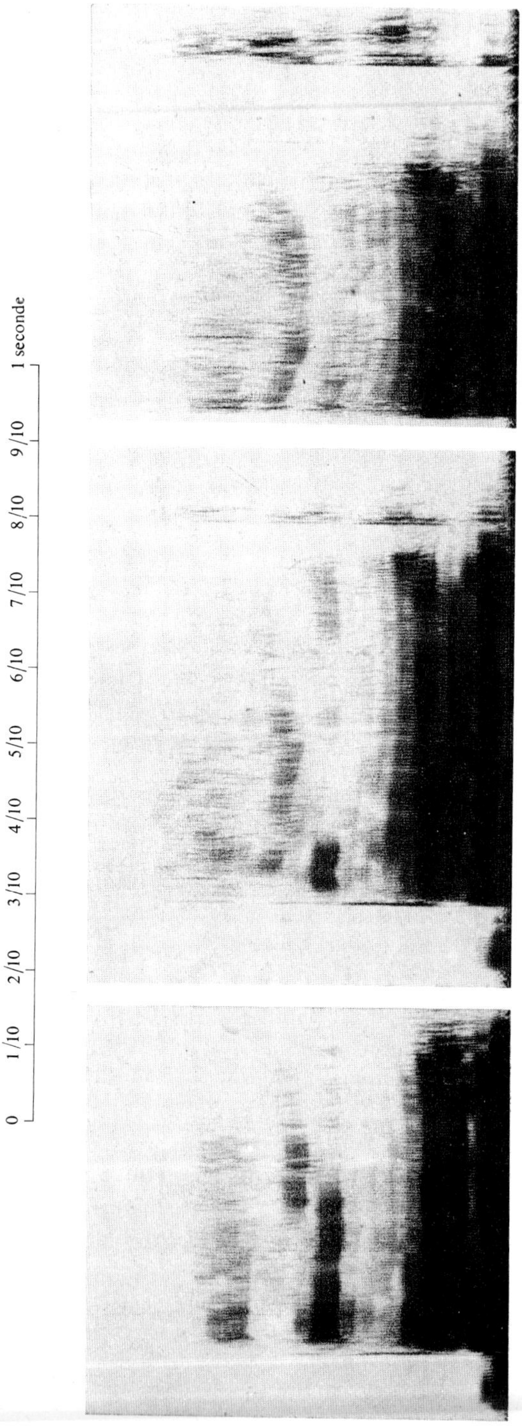

25. Longueur des voyelles et environnement consonantique

Mesurez la longueur des voyelles dans les mots ci-dessus: **bar**, **bard**, **art**. Quelles conclusions peut-on tirer du résultat?

Have you got a family?

The shop's closed.

26. Comparez les différentes fricatives présentes sur les deux sonagrammes ci-dessus. Lesquelles comportent une forte concentration d'énergie dans les hautes fréquences? Comment se manifeste le trait [+ coronal] dans le spectre acoustique?

27. Enumérez les quatre réalisations dévoisées de consonnes habituellement voisées qui ont lieu ici. Déterminez-en le contexte.

Transcrivez ces deux phrases en faisant correspondre chaque segment acoustique avec le symbole phonétique qui le représente.

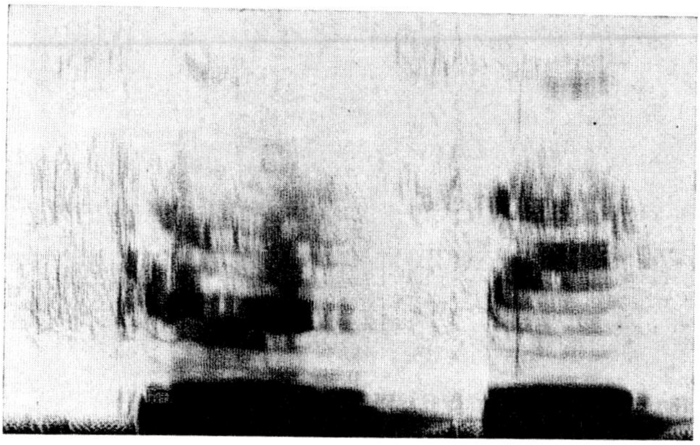

28. Quel mot figure sur le premier sonagramme, *Virginia*, *engineer*, *influence*, ou *fluency* ? Où sont les fricatives ? Identifiez le(s) **i**. Mesurez les formants de **n**, p. 57. Où se trouve(nt) le(s) **n** ici ? Vous devez maintenant pouvoir dire de quel mot il s'agit.

29. Identifiez sur le deuxième sonagramme les segments de la phrase *the door's locked.*

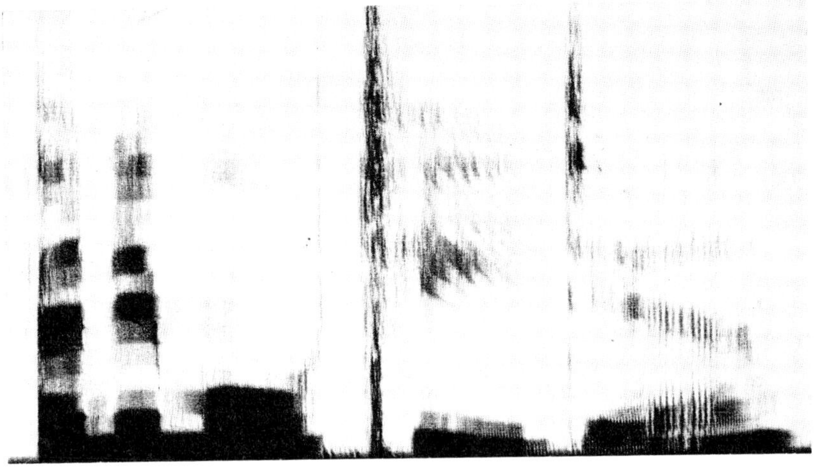

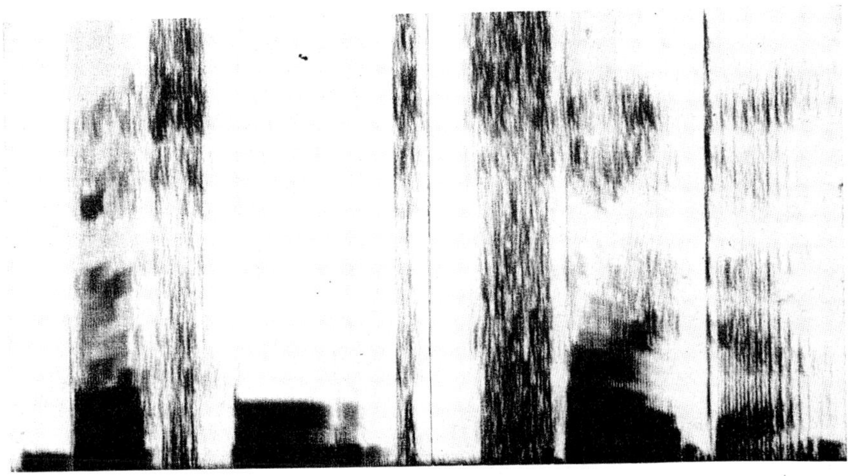

30. Essayez d'interpréter le premier sonagramme en vous aidant de la transcription partielle suivante : **en-m-t-d-ə**.

31. En vous aidant du deuxième sonagramme, donnez la transcription phonétique de la phrase enregistrée en opérant un choix parmi les sons proposés pour chaque segment :

m		**t**		**θ**	**f**	**iə**		
p	**ɔ**	**p**	**l**	**t**	**s**	**ei**	**d**	**ə**
b		**k**		**d**	**ð**	**ai**		

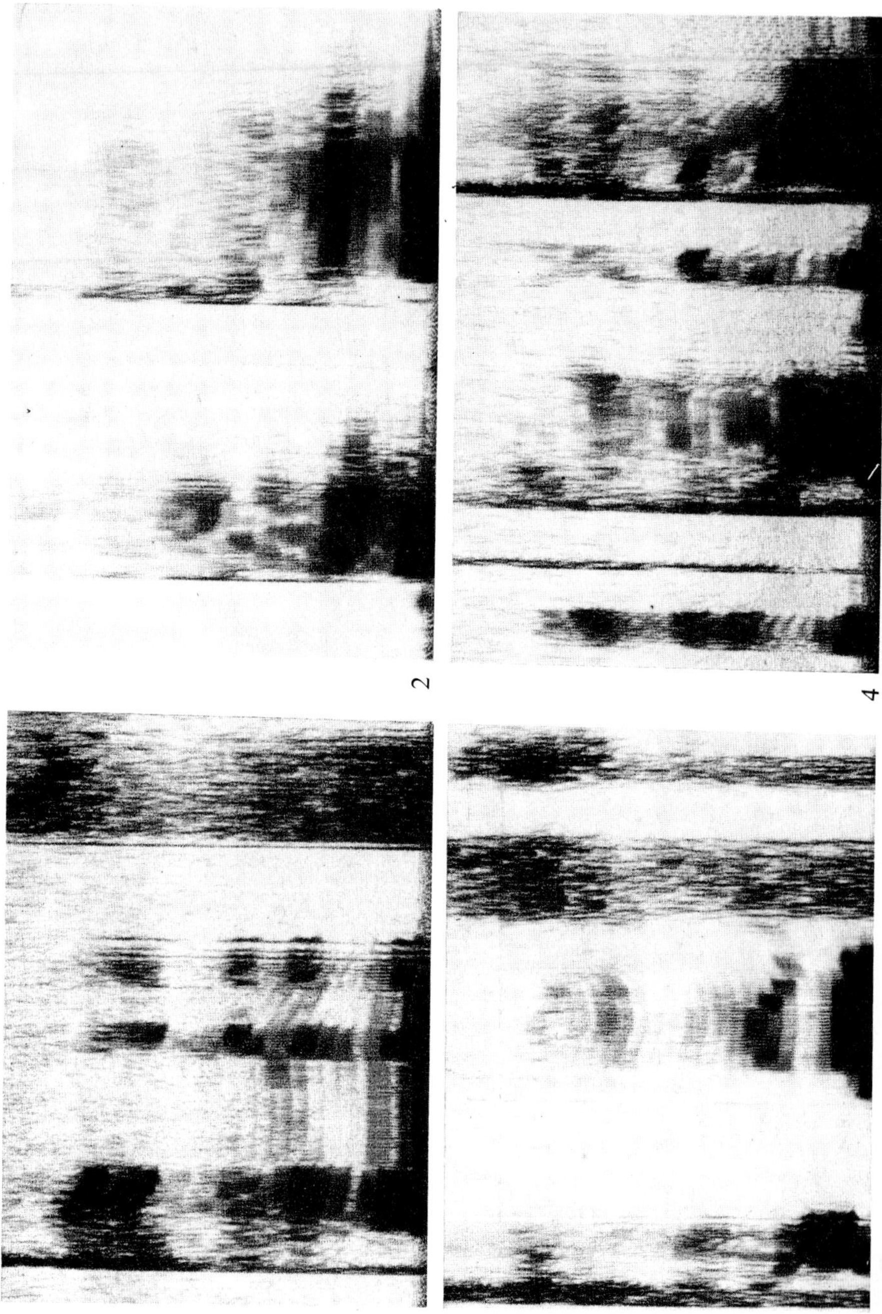
2
4
1

5

32. L'assimilation (⟶§6.7–8)

Les enregistrements ci-dessus sont ceux de (1) *ten minutes*, (2) *doctor*, (3) *topmost*, (4) *it can't be done*, (5) *it's the last time I do it*. Interprétez-les en repérant les voyelles. Y a-t-il des segments consonantiques qui n'aient pas d'image acoustique ? Comment expliquez-vous ce phénomène ?

Classez les assimilations observées selon qu'il y a ou non déplacement du point d'articulation. Donnez, en ce qui concerne les consonnes, la transcription phonétique étroite des cinq mots ou phrases proposés.

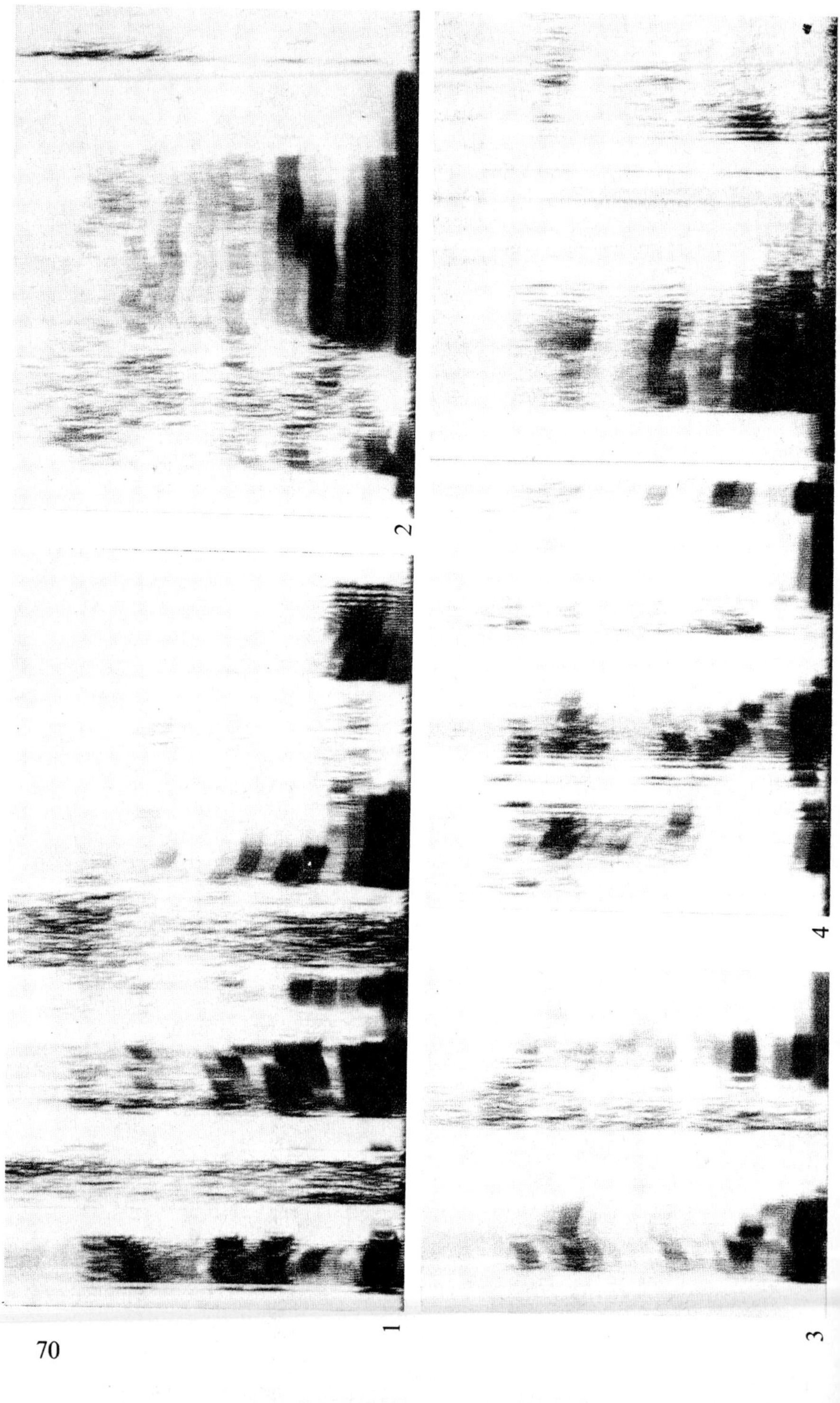
1
2
3
4

Textes. 1. It's ever so hot. 2. . . . . 3. Open. 4. He opened the door. 5. He asked me if he could make a phone call.

33. Où se trouvent, et comment sont réalisés les **t** dans (1). A quoi correspond la deuxième plage de silence ?

34. Le mot correspondant à (2) comprend 6 phonèmes. Par quel type d'occlusive se termine-t-il ? Forte ou douce ? Coronale ou non ? Quel est le segment qui précède ? (Cf. 3 et 4). Par quel type de consonne commence le mot représenté ? Identifiez les voyelles et le segment qui les sépare.

35. Transcrivez les textes 3 et 4. Adaptez ensuite votre transcription à la phrase telle qu'elle a été effectivement prononcée.

Identifiez chacun des segments de (5).

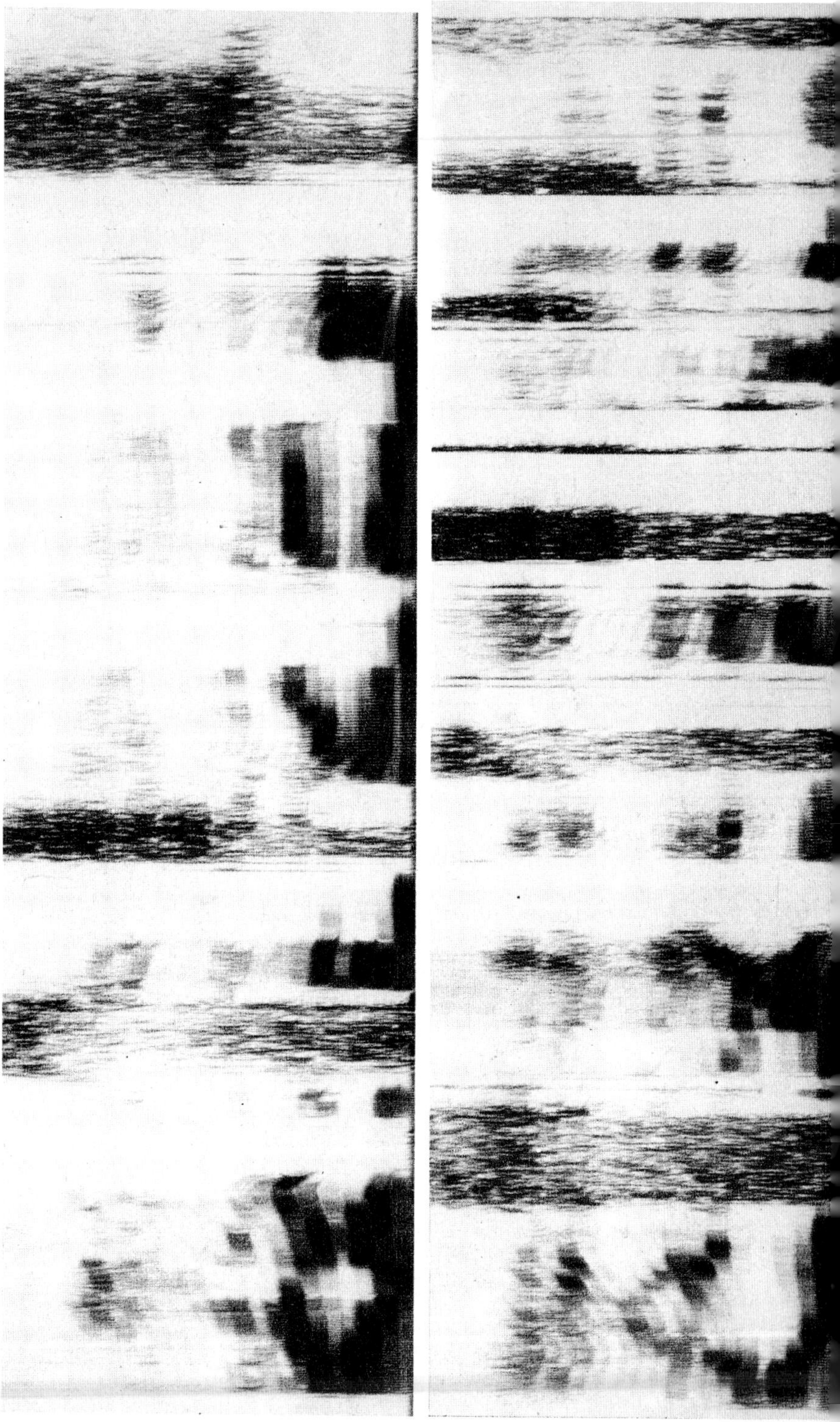

3 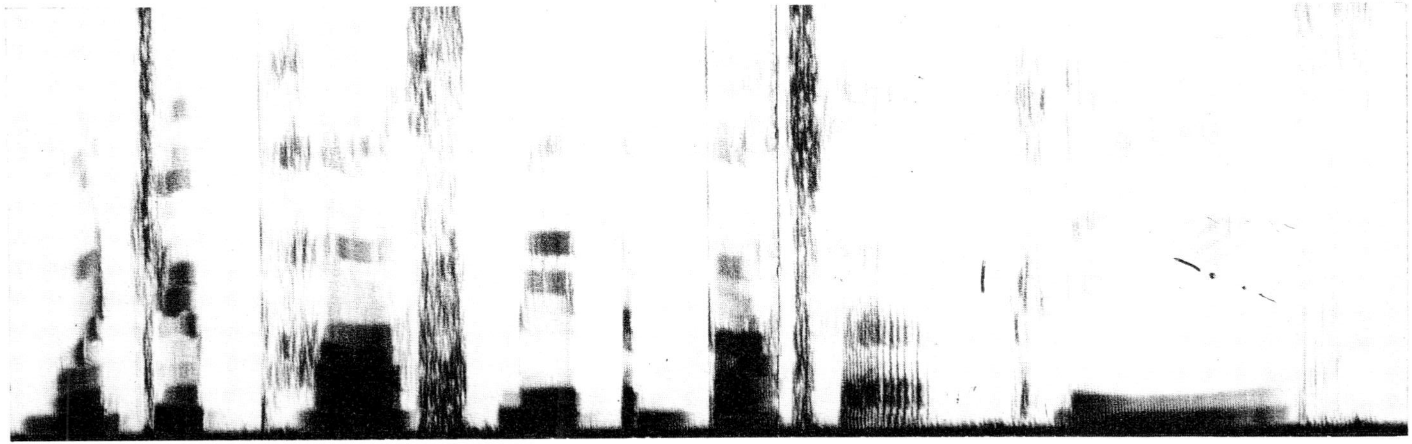

1. I like the sunshine very much.
2. I used to like those thatched cottages.
3. Would you pass me the butter please?

36. Interprétez les sonagrammes ci-dessus.

8

la phonétique historique

1. La méthode comparative en linguistique historique

Les consonnes des séries horizontales suivantes ont-elles des caractéristiques articulatoires communes ?

concept	LATIN	ANGLAIS	RUSSE		ÉGYPTIEN CLASSIQUE	
deux	duo	two	**dva**	(два)	**sennu**	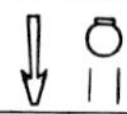
trois	tre-s	three	**tri**	(три)	**xemetu**	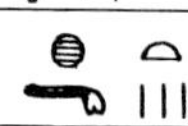
père	pater	father	**otjets**	(отец)	**it**	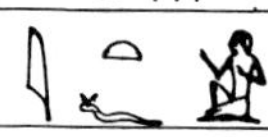
mère	mater	mother	**matj**	(мать)	**mut**	
fils	fili-us	son	**sɨn**	(сын)	**sa**	
fille	fili-a	daughter	**dotʃj**	(дочь)	**set**	
frère	frater	brother	**brat**	(брат)	**sen**	
sœur	soror	sister	**sistra**	(сестра)	**senet**	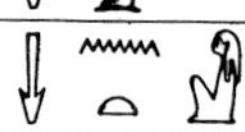
maison	dom-us	house	**dom**	(дом)	**per**	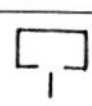
jardin	hort-us	garden	**sad**	(сад)	**xenet-ʃe**	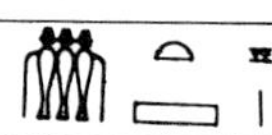
pied	ped-em	foot	**noga**	(нога)	**red**	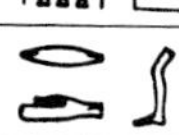
froid	gelid-us	cold	**xolodno**	(холодно)	**qebeb**	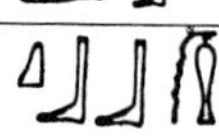

Affectez du signe + chaque case contenant un mot présentant une parenté phonétique indiscutable avec un de ses voisins (séries horizontales); utilisez le signe – si vous ne découvrez aucune parenté phonétique entre les consonnes d'un mot et celles des autres mots de la même série; utilisez le signe 0 si vous ne pouvez pas trancher. En tout état de cause, justifiez votre choix.

Au terme de cette analyse, faites le total des +, des –, et des 0 (colonnes verticales).

Que pouvez-vous conclure du résultat obtenu ? (On ne tiendra pas compte des désinences casuelles du latin dans cet exercice.)

2. Les désinences verbales du présent en latin et en russe

Quelles sont les caractéristiques communes aux désinences du présent des verbes signifiant « voir » en latin et en russe ?

	LATIN	RUSSE
voir	vid-ere	**vid-jetj**
je vois	vid-eo	**viʒ-u**
tu vois	vid-es	**vid-iʃj**
il voit	vid-et	**vid-it**
nous voyons	vid-emus	**vid-im**
vous voyez	vid-etis	**vid-itje**
ils voient	vid-ent	**vid-jat**

3. Les mutations consonantiques du germanique : (1) Loi de GRIMM

Le français, l'anglais, le russe ainsi que la plupart des langues de l'Europe et certaines langues de l'Inde ont une lointaine origine préhistorique commune responsable des ressemblances phonétiques que présentent d'une langue à l'autre, et en dehors de tout phénomène d'emprunt, certains mots apparentés par le sens. Les grammairiens du XIXe siècle se sont employés à reconstituer la langue mère, l'indo-européen, en comparant les langues vivantes et les langues mortes attestées par des documents écrits. Ils ont découvert que l'indo-européen comptait trois séries d'occlusives orales, une série sourde, une série sonore et une série sonore aspirée; chaque série comptait quatre consonnes, une labiale, une apicale, une vélaire et une vélaire arrondie.

A l'aide des traits [ant], [cor], [arrondi], [voisé] et [aspiré], décrivez à votre tour le système des occlusives indo-européennes.

Le tableau ci-dessous, établi d'après les travaux du linguiste allemand Jacob Grimm (1787–1863), montre les correspondances entre le latin et l'anglais. Sachant que **h** en latin et en anglais s'est prononcé **x** en italique et en vieil-anglais, langues dont le latin et l'anglais moderne sont issus, expliquez à l'aide de règles phonologiques l'évolution du consonantisme indo-européen en latin et en anglais.

INDO-EUROPÉEN	LATIN	ANGLAIS
occlusives sourdes →	occlusives sourdes	fricatives sourdes
p	**p** pedem	**f** foot
t	**t** tres	**θ** three
k	**k** cornu	**h** horn
occlusives sonores →	occlusives sonores	occlusives sourdes
b	**b** verber	**p** warp
d	**d** duo	**t** two
g	**g** ager	**k** acre
occlusives sonores aspirées →	fricatives sourdes	occlusives sonores
$\mathbf{b^h}$	**f** frater	**b** brother
$\mathbf{d^h}$	**f** rufus	**d** red
$\mathbf{g^h}$	**h** hospitem	**g** guest

TABLEAU DU FONCTIONNEMENT DE LA LOI DE GRIMM AVEC LES CORRESPONDANCES EN LATIN.

Les vélaires arrondies (**kw**, **gw**, $\mathbf{gw^h}$) ne sont pas représentées.

En vous aidant du tableau de correspondances ci-dessus, cherchez en anglais moderne des mots qui ont une même origine mais dont l'évolution n'a pas suivi le même chemin. Exemple: *foot* et *pedestrian* sont l'un et l'autre dérivés d'un mot indo-européen signifiant le pied, mais *foot* vient de l'indo-européen par l'intermédiaire naturel du germanique alors que *pedestrian* est un emprunt tardif au latin. Complétez le tableau ci-contre en vous aidant d'un dictionnaire étymologique ou du *Concise Oxford Dictionary*.

EMPRUNT AU LATIN (OU AU FRANÇAIS)	FONDS GERMANIQUE
pedestrian paternal people	foot ....
....	three thumb thirst
century cardinal canine	....
reverberate	....
cordiality dual decimal	....
....	cold kin acre
....	brother bear (verbe) bite
....	deed red
horticulture hospitality ϕ anserine	....

4. Les mutations consonantiques du germanique : (2) Loi de VERNER

Dans la plus ancienne langue germanique connue, le gotique, le mot père se dit *fadar* (cf. latin : *pater*) ce qui constitue une exception à la loi de Grimm puisque le mot frère se dit **broθar** (Cf. latin : *frater*). Se fondant sur le témoignage du sanscrit, le linguiste danois Karl Verner (1846–1896) a montré que cette irrégularité n'était qu'une apparence.

INDO-EUROPEEN		SANSCRIT		LATIN		GOTIQUE (4e siècle)		VIEIL-ANGLAIS (9e siècle)	
V́tV	**bhrā́ter**	*V́tV*	**bhrā́tar**	t	**frā́ter**	θ	**brṓθar**	ð	**brṓðor**
VtV́	**pətér**	*V̆tV́*	**pitár**	t	**pắter**	d	**fádar**	d	**fǽder**

TABLEAU ILLUSTRANT LE FONCTIONNEMENT DE LA LOI DE VERNER.

V désigne une voyelle,
V́ une voyelle accentuée,
V̄ une voyelle longue et
V̆ une voyelle brève.

L'hypothèse de Verner est que le sanscrit a conservé la place de l'accent indo-européen et que la mutation consonantique du germanique a précédé le déplacement de l'accent de la seconde à la première syllabe. La présence de **d** dans **fadar** s'expliquerait donc ainsi : les fricatives sourdes du germanique (**f**, **θ**, **x**) ont été conservées telles quelles quand la syllabe précédente portait l'accent (d'où le gotique **broθar**) mais elles ont été transformées en occlusives sonores dans les autres cas (d'où le gotique **fadar**).

Donnez la loi de Verner sous la forme d'une règle phonologique.[1]

---

1. Le fait qu'on ait en anglais moderne **ð** dans *father* et dans *brother* est le résultat d'une évolution ultérieure propre à l'anglais. La trace de la loi de Verner se retrouve dans la distinction que fait l'allemand entre *Vater* et *Bruder*.

5. Les fricatives en vieil-anglais

En vieil-anglais, l'opposition de sonorité dans le cas des fricatives a un caractère phonétique mais non phonologique. [**v**, **f**], [**ð**, **θ**] et [**z**, **s**] existent comme variantes combinatoires de trois phonèmes. La variante sonore apparaît entre deux phonèmes sonores à l'intérieur d'un mot, la variante sourde dans les autres cas.

[**fæst**]	(= fast)	~	[**dri:van**]	(= to drive)
[**θɔn**]	(= than)	~	[**ɔ:ðər**]	(= other)
[**sendan**]	(= to send)	~	[**bɔ:zum**]	(= bosom)

Exprimez cette alternance sous forme de règle phonologique. Cette description est-elle valable pour l'anglais contemporain ?

6. Le grand changement vocalique

Outre les diphtongues que nous ne considérons pas ici, le moyen-anglais tardif (XVe siècle) comprend les voyelles suivantes :

voyelles tendues		voyelles relâchées	
i:	**u:**	**i**	**u**
e:	**o:**	**e**	**o**
ɛ:	**ɔ:**	**æ**	
ɑ:			

Les voyelles tendues sont déterminées par quatre traits distinctifs. On peut les représenter, comme les voyelles de base du français (⟶§6.13) sur le tableau ci-dessous.

	i:	**e:**	**ɛ:**	**ɑ:**	**ɔ:**	**o:**	**u:**
fermé	+	–	–	–	–	–	+
ouvert	–	–	+	+	+	–	–
arrière	–	–	–	+	+	+	+
arrondi	–	–	–	–	+	+	+

Au XVIe siècle, le système des voyelles relâchées est le même mais le système des voyelles tendues accentuées a considérablement évolué. On peut rendre compte de ce phénomène appelé le **grand changement vocalique** (angl. *Great Vowel Shift*) au moyen de cinq règles ordonnées.

$$(1)\quad \phi \rightarrow \begin{bmatrix} +\ \text{voc} \\ -\ \text{cons} \\ +\ \text{fermé} \\ \alpha\ \text{arrière} \end{bmatrix} \Bigg/ \begin{bmatrix} +\ \text{voc} \\ -\ \text{cons} \\ +\ \text{tendu} \\ +\ \text{fermé} \\ \alpha\ \text{arrière} \end{bmatrix} \text{———}$$

$$(2)\quad \begin{bmatrix} +\ \text{tendu} \\ +\ \text{accent} \\ \alpha\ \text{fermé} \\ -\ \text{ouvert} \end{bmatrix} \rightarrow [-\alpha\ \text{fermé}]$$

$$(3)\quad [-\ \text{ouvert}] \rightarrow [-\ \text{tendu}] \, / \text{———} \begin{bmatrix} +\ \text{voc} \\ -\ \text{cons} \end{bmatrix}$$

$$(4)\quad \begin{bmatrix} +\ \text{tendu} \\ +\ \text{accent} \\ \alpha\ \text{arrière} \\ \alpha\ \text{arrondi} \end{bmatrix} \rightarrow [-\ \text{ouvert}]$$

$$(5)\quad [+\ \text{ouvert}] \rightarrow [-\ \text{arrière}]$$

Expliquez le sens de ces règles au moyen d'une paraphrase et complétez le tableau ci-dessous.

XVe SIÈCLE	**i:**	**e:**	**ɛ:**	**ɑ:**	**ɔ:**	**o:**	**u:**
	↓						
règle (1)	**i:i**						
	↓						
règle (2)	**e:i**						
	↓						
règle (3)	**ei**						
règle (4)	↓						
règle (5)							
XVIe SIÈCLE	**ei**						

(La règle (1) transforme **i:** en **i:i**, la règle (2) transforme **i:i** en **e:i**, la règle (3) transforme **e:i** en **ei**, les règles (4) et (5) ne s'appliquent pas à **i:**. La voyelle **i:** du XVe siècle aboutit à **ei** au XVIe siècle.)

Vérifiez vos résultats d'après la prononciation des mots qui suivent. On conviendra d'interpréter la combinaison des glissées vocaliques **i** et **u** avec la voyelle qui précède comme une diphtongue. Donnez dans les deux dernières colonnes la prononciation et l'orthographe actuelles.

	ORTHOGRAPHE EN MOYEN ANGLAIS	PRONONCIATION			ORTHOGRAPHE ACTUELLE
		moyen anglais	XVIe siècle	XXe siècle	
i:	time	**ti:m**	**teim**	**taim**	time
e:	mete	**me:t**	**mi:t**		
ɛ:	clene	**klɛ:n**	**kle:n**		
ɑ:	name	**nɑ:m**	**nɛ:m**		
ɔ:	stoon	**stɔ:n**	**sto:n**		
o:	goos	**go:s**	**gu:s**		
u:	hous	**hu:s**	**hous**		

7. Fondements historiques de certains phénomènes d'alternances

En moyen-anglais, l'antépénultième subit un relâchement, c'est-à-dire devient [− tendu]. Ainsi **he:ven**, (le ciel), donne au pluriel **hevenes** à cause du nombre des syllabes. On observe un phénomène comparable en anglais contemporain, mais au problème de tension, s'ajoute un problème de qualité vocalique. Sachant que **u** est devenu **ʌ** en anglais au XVIIe siècle dans la plupart des contextes (⟶ §10.5) et à lumière des conclusions du §6, comment expliquez-vous les alternances suivantes ?

1 agile ~ agility
divine ~ divinity
sublime ~ sublimity
2 extreme ~ extremity
austere ~ austerity
severe ~ severity
3 inane ~ inanity
compare ~ comparative
4 provoke ~ provocative
verbose ~ verbosity
5 renounce ~ renunciation
profound ~ profundity

8. Anglais élisabethain : transcription et discussion d'un extrait de *Jules César* de SHAKESPEARE

Le passage suivant est une transcription phonétique de *Jules César* de Shakespeare (discours de Marc-Antoine, acte III, scène 2, v. 78 à 97) dans la prononciation restituée qu'en donne Daniel Jones (*The Pronunciation of English*, p. 210). Essayez de retrouver l'orthographe originale de Shakespeare. Étudiez les principales différences phonétiques entre l'anglais de la Renaissance et l'anglais contemporain. Qu'est-ce qui a le plus évolué de l'orthographe ou de la prononciation ?

ˈfrɛndz, ˈroːmənz, ˈkɤntrimɛn, ˈlɛnd miː juːɹ ˈiːɹz ;
əi ˈkɤm tu ˈbɛri ˈseːzəɹ, ˈnɔt tu ˈprɛːz him.
ði ˈiːvil ðat mɛn ˈduː ˈlivz ˈaftəɹ ðɛm ;
ðə ˈguːd iz ˈɔft inˈtaːrid wið ðɛːɹ ˈboːnz ;
ˈsoː lɛt it ˈbiː wið ˈseːzəɹ. ðə ˈnoːbl *ˈbrjuːtəs
haθ ˈtoːld juː ˈseːzəɹ waz amˈbisiəs ;
if it ˈwɛːɹ soː, it waz ə ˈgriːvəs ˈfɔːlt,
and ˈgriːvəsli həθ ˈseːzəɹ ˈansəɹd it.
ˈhiːɹ, ɤndəɹ ˈleːv əv ˈbrjuːtəs and ðə ˈrɛst —
fɔɹ ˈbrjuːtəs iz ən ˈɔnərəbl man ;
ˈsoː aːɹ ðɛː ˈɔːl, ˈɔːl ˈɔnərəbl mɛn —
ˈkɤm ˈəi tu ˈspeːk in ˈseːzəɹz ˈfjuːnərəl.
hiː waz məi ˈfrɛnd, ˈfɛːθfəl ənd ˈʤɤst tu *miː ;
bɤt ˈbrjuːtəs ˈsɛz hiː waz amˈbisiəs,
and ˈbrjuːtəs iz ən ˈɔnərəbl man.
hiː haθ brɔːt ˈmɛni ˈkaptivz ˈhoːm tu *ˈruːm,
huːz ˈransəmz did ðə ˈʤɛnərəl ˈkɔfəɹz ˈfil ;
did ˈðis in ˈseːzəɹ siːm amˈbisiəs ?
ˈhwɛn ðat ðə ˈpuːɹ həv ˈkrəid ˈseːzəɹ həθ ˈwɛpt ;
amˈbisjən ʃuːd biː ˈmɛːd ɔv ˈstaːɹnəɹ stɤf.

9. Quelques exemples d'emprunts récents au français en anglais

Recherchez dans l'EPD la prononciation des mots suivants :

barrage	massage	gendarme
garage	message	gender
image	sabotage	general
marriage	village	genre

Qu'est-ce que la prononciation nous suggère de l'origine et de l'histoire de chacun de ces mots ?

9

l'accent de mot

1. Commentez ce texte d'André Martinet:

> L'**accent** est la mise en valeur d'une syllabe et d'une seule dans ce qui représente, dans une langue déterminée, l'unité accentuelle. Dans la plupart des langues, cette unité accentuelle est ce qu'on appelle couramment le mot. (A. MARTINET, *Éléments de linguistique générale*, p. 89.)

2. Accent et intonation

Les schémas ci-dessous reposent sur des conventions qu'on retrouvera au chapitre 13 (l'intonation). Les gros points représentent les syllabes accentuées, les petits points, les syllabes inaccentuées. Le signe ◥ désigne une syllabe accentuée sur laquelle une chute sensible de la voix se produit. Ces huit schémas correspondent aux mots *telephone*, *centrally*, *buy*, *kitchen*, *disastrous*, *incredible*, *ventilation* et *allow*. Donnez à chacun sa légende en vous aidant de cette remarque de Georges Faure: « Ce qui assure le plus haut degré de perceptibilité de la syllabe dite accentuée est très souvent un élément d'ordre tonal » (« Contribution à l'Étude du statut phonologique des structures prosodématiques » in Léon et al., *Analyse des faits prosodiques*).

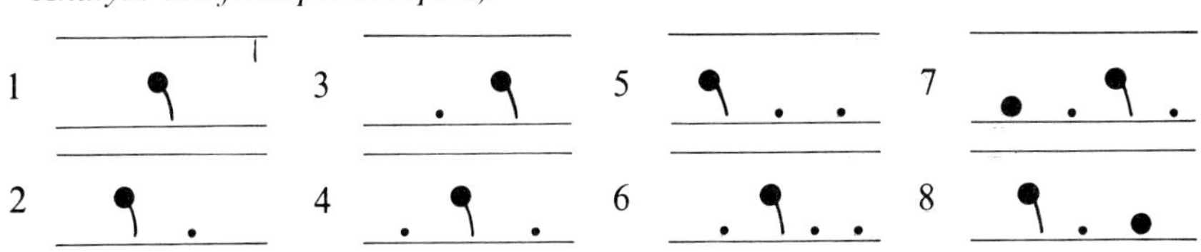

3. Systèmes de notation[1]

On conviendra d'appeler *accent primaire* un accent entraînant une variation de hauteur et *accent secondaire* un accent n'en entraînant pas. Déduisez des schémas ci-dessous la valeur des signes ˈ et ˌ utilisés par Daniel Jones dans l'*English Pronouncing Dictionary.*

ˌintəˈnæʃənl	**ˌkɔntrəˈdikʃn**	**ˌfʌndəˈmentl**	**inˌtə:priˈteiʃn**

4. Voici maintenant pour les mêmes mots un autre système de notation (L. GUIERRE, *Drills in English Stress-Patterns*). Quel avantage présente-t-il lorsqu'il ne s'agit pas de transcriptions phonétiques ?

ínternătional   cóntradĭction   fúndamĕntal   intérpretătion

5. Il peut être commode de chiffrer les degrés d'accent de la manière suivante : syllabe inaccentuée = 0 ; accent secondaire = 2 ; accent primaire = 1.

Donnez le schéma accentuel chiffré de chacun des mots suivants (ex. verticality : 20100).

ˌdʒenəˈræliti	**ˌsimbəlaiˈzeiʃn**	oríginălity	súpposĭtion
əˌsəusiˈeiʃn	**ˌʌndəˈstænd**	cúriŏsity	ínartĭculate

Quels schémas accentuels a-t-on trouvé jusqu'à présent dans les mots de 2 et 3 syllabes ?

6. Place de l'accent secondaire

Quand l'accent primaire est précédé de deux syllabes, c'est la première qui porte l'accent secondaire, et cela même dans les dérivés : ex. combĭne → cómbinătion. (Cf. L. GUIERRE, *Drills in English Stress-Patterns*, p. 13.)

Quand l'accent primaire est précédé de plus de deux syllabes, un accent secondaire se substitue dans le dérivé à l'accent primaire de la forme de base : ex. jŭstifý → jústificătion, contĭnue → contínuătion.

1. On admettra les implications réciproques suivantes :
voyelle pleine ↔ syllabe accentuée (accent 1 ou 2)
voyelle réduite ↔ syllabe inaccentuée (accent 0). → glossaire à **réduction** et §10.38–40.
Par souci de simplicité nous n'avons retenu que deux degrés d'accentuation outre l'accent nul. Toute voyelle non réduite ne portant pas d'accent primaire reçoit donc un accent secondaire. On n'hésitera pourtant pas à noter un accent tertiaire lorsqu'un mot comporte plus de deux syllabes non réduites. Comparez *justify* (1 2) → *justification* (2 1) et *symbolize* (1 2) → *symbolization* (2 3 1) où **ai** reçoit l'accent 3.

Appliquez ces règles pour déterminer, le cas échéant, la place de l'accent secondaire dans les mots suivants. Notez éventuellement les variations vocaliques et consonantiques entre la forme de base et le dérivé.

apprŏve	chăracter	inăugurάte	persŏnifẏ
approbătion	characterĭstic	inaugurătion	personificătion
condĕmn	imprŏper	intĕrpret	indĕmnifẏ
condemnătion	improprĭety	interpretătion	indemnificătion

7. Quelles combinaisons différentes de 0 et 2 avez-vous trouvées pour les syllabes qui précèdent l'accent primaire ? La première syllabe des mots suivants est-elle réduite ou non ? Accentuée ou non (⟶ note p. 84) ?
Quelles caractéristiques présente-t-elle pour échapper à la règle qui veut qu'au voisinage d'un accent 1 on ne trouve que des accents 0 (cf. L. GUIERRE, *Drills in English Stress Patterns*, p. 13) ?

identity	temptation	eccentric	narcotic
vibration	Montana	executive	sarcastic
librarian	taxation	Rexona	morbidity
hydraulic	campaign	martini	organic
hygienic	captivity	narcissus	Norwegian

8. L'analyse morphologique des mots

Étant donné la définition suivante du morphème, expliquez en quoi celui-ci se distingue du mot (L. BLOOMFIELD, *Language*, p. 161) :

> A linguistic form which bears no partial phonetic-semantic resemblance to any other form, is a *simple* form or *morpheme*. Thus, *bird, play, dance, cran-, -y, -ing* are morphemes.

9. Quels sont dans le texte suivant, les mots qui peuvent être considérés comme composés de plusieurs morphèmes ? Faites l'analyse de ces mots en distinguant les préfixes et les suffixes.

> To restore security to the economic system, Western bankers and governments will have to ensure that they are imposing reasonable repayment terms on developing countries, terms that will not provoke revolution or chaos.

10. Suffixes forts et suffixes faibles

Les mots suivants, terminés par *-ic/-ics, -ity* et *-ion,* présentent-ils une régularité accentuelle ?

prophetic	phonetics	equality	delegation
alphabetic	dynamics	domesticity	federation
sympathetic	mathematics	perspicacity	compilation

Quels suffixes pouvez-vous ajouter aux mots *respect, comfort, arbitrary, embarrass, happy, critic* pour former des dérivés ? En quoi les suffixes que vous venez de dégager se distinguent-ils globalement du point de vue accentuel de *-ic, -ity* et *-ion* ?
On conviendra d'appeler suffixes forts ceux qui déterminent la place de l'accent, et suffixes faibles ceux qui sont sans influence de ce point de vue.

11. Les suffixes *-ic/-ics* (→ §10.26)

Donnez le schéma accentuel chiffré des mots suivants (→ §5).

generic	optimistic	automatic	numismatics
ceramic	pessimistic	systematic	apologetics
italic	electronic	orthoepic	pyrotechnics
terrific	atomistic	realistic	metaphysics
mechanic	embryonic	humoristic	economics

Dans le dictionnaire de Jones, 1 696 mots d'après les calculs de L. GUIERRE suivent la règle pour 16 mots qui ne la suivent pas, dont les seuls courants sont *Arabic, arithmetic, catholic, lunatic, politics, rhetoric.* En quoi ceux-ci se distinguent-ils des précédents ? Quel est le rendement de la règle ? Que se passe-t-il quand on adjoint à ces mots les suffixes *-al* et *-ism* ? Comparez *catholic* et *catholicism, politics* et *political.*

12. Les suffixes *-ity/-ety* (→ §10.25)

Donnez le schéma accentuel des mots suivants.

generality	notoriety	solidarity	unanimity
infidelity	impropriety	disparity	proximity
liability	anxiety	serenity	regularity
integrity	variety	vicinity	sincerity

13. Séquences de deux suffixes

Tous les suffixes, forts ou faibles, que nous avons vus jusqu'à présent sont inaccentués. Comment expliquez-vous que dans certains des mots suivants, l'accentuation tombe sur un suffixe ? Lorsque deux suffixes forts se suivent, quel est celui qui détermine la place de l'accent ?

aestheticism	criticism	lyricism	atomicity
apostolicism	elasticity	physicist	grammaticality
authentically	electricity	romantically	logicality
classicism	italicize	romanticism	technicality

14. -*ish*, suffixe ou terminaison ? (→ §10.27)

-*ish* ne joue pas le même rôle accentuel selon qu'il fait partie d'un adjectif ou d'un verbe. Dans quel cas est-il fort? Faut-il dans ce cas parler de suffixe ou de terminaison?

bo͝okish	yĕllowish	extĭnguish	pŭblish
elĕvenish	sĕlfish	dimĭnish	vărnish
răkish	squărish	pŭnish	admŏnish

Expliquez l'accentuation des mots suivants:

astonishingly	establishment	imperishable	punishment
coquettish	extinguisher	nourishment	ravishing
diminish	famished	publisher	rowdyish

15. Le suffixe -*ion* (→ §10.22–23)

Donnez le schéma accentuel des mots suivants. Le suffixe -*ion* est-il fort ou faible?

deception	pavilion	provision	profession
contraption	confection	section	intuition
direction	ammunition	division	satisfaction
oblivion	attraction	supervision	supposition

L. Guierre (*Drills in English Stress-Patterns*, p. 32–51) remarque qu'on retrouve ce schéma accentuel avec un grand nombre de suffixes et de terminaisons.

idiom	idiot	proficient	sufficient
omniscience	familiar	trivial	Russia
artificial	righteous	calcium	elysium
piteous	gorgeous	plenteous	vitreous

Quelle parenté ont-ils entre eux et avec -*ion*? Comment se prononce la voyelle qui suit *i* et *e* dans ces suffixes? Expliquez ce que désignent les symboles utilisés dans la règle provisoire suivante:

$$V \rightarrow [\text{accent } 1] \;/\; \_\_\_ \left\{ \begin{matrix} i \\ e \end{matrix} \right\} V(C)\ \#$$

16. Que faut-il ajouter à la formule précédente pour qu'elle rende compte de l'accentuation des mots suivants?

annual	Jaguar	eventual	insinuate
sensuous	tenuous	factual	influence

17. Les mots suivants doivent-ils être considérés comme des exceptions à la règle de *-ion ?*

(1) lion, giant, via, liar, riot, pious...
(2) alliance, compliant, decrial, defiant, denial, espial...
(3) Corea, Corean, European, idea, ideal, mausoleum, museum...
(4) dandelion, spiritual.

18. Quantité syllabique et accentuation en latin

Dans les mots latins, la place de l'accent dépend de la **quantité** de la syllabe, qui peut être schématisée ainsi :

une syllabe est	(1) **longue**	(2) **brève**
(a) **par nature** si elle contient :	une voyelle longue (mālum = pomme) ou une diphtongue (cǣlum = le ciel)	une voyelle brève non suivie de deux consonnes (mălum = le mal)
(b) **par position** si elle contient :	une voyelle suivie de deux consonnes (ērgo = donc)	une voyelle suivie d'une autre voyelle (monĕo = j'avertis)

Règles d'accentuation :

(1) dans les mots de deux syllabes, l'accent tombe sur l'avant dernière syllabe (*déus*, *Róma*) ;

(2) dans les mots de plus de deux syllabes, l'accent tombe sur l'avant-dernière syllabe si elle est longue (*lătínus*, *Cēntáurus*, *dēléctus*) et sur l'antépénultième si l'avant-dernière syllabe est brève (*dómĭnus*).

Dans le texte suivant, seules ont été notées les syllabes longues ou brèves par nature. Indiquez la longueur des autres syllabes. Accentuez ensuite les mots en fonction de ces règles. (Les voyelles entre parenthèses ne se prononcent pas.)

Nunc ăgĕ, rēs quŏniām dŏcuī nōn possĕ creārī
Dē nīlō, nĕqu(e) ĭtēm gĕnĭtās ād nīl rĕvŏcārī,
Nē quā fortĕ tămēn coeptēs diffīdĕrĕ dictīs,
Quōd nĕquĕunt ŏcŭlīs rērūm prīmordiă cernī,

Accipe praeterea quae corpora tute necessest
Confitear(e) ess(e) in rebus nec posse videri.[1]
(LUCRÈCE, *De Natura Rerum*, I, 265–270.)

19. Quantité syllabique et accentuation en anglais: pénultième et antépénultième

Lorsque l'accentuation d'un mot en anglais n'est pas déterminée par la présence d'un suffixe fort, les règles d'accentuation sont très proches de celles du latin (⟶ §18). L. Guierre propose la règle suivante :

> When the letter i is the only vowel in the penultimate syllable of a root-word and is followed by a single consonant i is pronounced [i] (lax [i] as in sit) and the stress pattern is / – 200/ [c'est-à-dire / – 100/ dans le système de notation que nous avons adopté où, comme chez Chomsky et Halle (*The Sound Pattern of English*) 1 note l'accent primaire, 2 l'accent secondaire, etc.].
>
> When, however, i is pronounced [ai] or [iː] in the penultimate syllable, the stress-pattern is /– 20/ [c'est-à-dire /– 10/ dans notre livre]. (L. GUIERRE, *Drills in English Stress-Patterns*, p. 79.)

Dans les exemples suivants, on a indiqué la voyelle tendue par un macron, trait horizontal suscrit, comme en latin. Appliquez les règles du §18 pour accentuer ces mots:

pronominal	reprīsal	ballerīna	reality
intelligent	original	America	citizen
discīple	terminus	envīron	horīzon
appendicītis	unanimous	martīni	mosquīto

20. En vous aidant des exemples suivants, voyez si les règles du §19 peuvent être étendues aux autres voyelles:

u	*o*	*a*	*e*
formula	personal	Galapagos	ephemeral
tribūnal	anecdōtal	complācent	antecēdent
cherubim	arrogant	Canada	belligerent
illūmine	Verōna	Gloriāna	mediēval
regular	innocent	massacre	courtesy

1. Eh bien, puisque j'ai enseigné que les choses ne peuvent être créées à partir de rien, et qu'une fois créées elles ne peuvent retourner au néant, de peur que tu viennes toutefois à mettre en doute mes propos parce que les éléments premiers ne peuvent être saisis par les yeux, admets en plus qu'il est des corps dont tu dois convenir qu'ils existent sans qu'on puisse les voir.

21. Les mots suivants se prononcent et s'accentuent différemment selon que leur avant-dernière syllabe est longue ou brève. Donnez les deux variantes de chacun de ces mots:

Helena	epsilon	doctrinal	marital
environ	sonorous	ibidem	precedent

22. Indiquez la place de l'accent primaire dans les mots suivants. Notez l'avant-dernière syllabe du signe ¯ si elle est longue, et du signe ˘ si elle est brève. On se souviendra qu'une syllabe peut être longue « par position » (→§18 et §3.8). Etudiez le rapport entre la longueur de l'avant-dernière syllabe et l'accentuation. En quoi les suffixes *-al, -ous, -ent/ence, -ance,* ne répondent-ils pas strictement à la définition des suffixes faibles ? Permettent-ils, à l'instar des suffixes forts, de déterminer sans autre considération l'accentuation du mot dont ils font partie ?

dialectal	magnanimous	indulgent	importance
fraternal	amorphous	dependence	decadence
autumnal	desirous	influence	existence
municipal	ridiculous	innocence	confidence
approval	momentous	providence	reluctant
architectural	anonymous	resplendent	consistence

23. Quantité syllabique et accentuation: dernière syllabe

Chomsky et Halle proposent la règle suivante:

(1) lorsque la dernière syllabe d'un mot comporte une voyelle tendue, c'est elle qui porte l'accent primaire;

(2) lorsque c'est possible, c'est-à-dire quand le mot comporte plus de deux syllabes, l'accent primaire remonte de deux syllabes, et un accent secondaire prend la place de l'ancien accent primaire.

Appliquez la partie (1) de la règle aux mots suivants:

generate	marmalade	anecdote	create
stultify	inaugurate	martingale	police
multiply	Marmaduke	solidify	canoe
demonstrate	pedigree	Isocrates	translate

Appliquez maintenant la partie (2) de la règle lorsque c'est possible pour obtenir la prononciation réelle.

Lorsqu'un mot a une avant-dernière syllabe longue *et* que sa dernière syllabe contient une voyelle tendue (ex. : *anecdote, demonstrate*) est-ce la règle du §22 ou celle du §23 qui s'applique ? Pourquoi ?

24. Accentuation des mots de deux syllabes

Donnez l'accentuation des mots suivants.

city	picture	leopard	essay
venom	habit	dentist	fellow
Hellen	cousin	remnant	oboe
carry	powder	challenge	satire
cedar	rapid	insect	tribune
cellar	Jacob	verdict	facile
helmet	spirit	complex	tribute
level	courage	compost	borrow

Quelle règle semble se dégager de la liste de mots proposés ci-dessus ? En quoi est-elle complémentaire de la règle du §23 ? En quoi est-elle contradictoire ? Essayez, grâce aux mots qui suivent, de lever cette contradiction en précisant les causes de leur accentuation particulière.

narrate	dictate	decree	career
migrate	debate	trustee	canteen
gyrate	relate	bamboo	baboon

25. Dans les exemples suivants le préfixe est tantôt inaccentué, tantôt accentué. A quoi tient la différence ?

to record	~	a record	to object	~	an object
to conduct	~	a conduct	to permit	~	a permit
to export	~	exports	to contrast	~	a contrast
to insult	~	an insult	to rebel	~	a rebel

En vous fondant sur les deux listes suivantes, dites si la règle qui tend à se dégager du modèle *to record ~ a record* peut être considérée comme générale :

(1) the abuse, the accord, the account, the address, the advice, the affair, the affront...

(2) to conquer, to differ, to envy, to injure, to offer, to promise, to suffer...

26. Vrais et faux préfixes

Y a-t-il une base sémantique à la distinction entre « vrais » préfixes (préfixes ayant une accentuation propre), et « faux » préfixes (préfixes dépourvus d'une accentuation propre) ? Quelle est le degré d'autonomie du mot racine dans les deux cas ?

prepaid	~	prepare	depopulation	~	deposit
reconsider	~	recession	unnatural	~	unless
abnormal	~	absolve	disembarkment	~	distinction
extrasensory	~	extrapolate	antisocial	~	antithesis

27. Constructions savantes

L. Guierre (*Drills in English Stress-Patterns*, p. 116–121) appelle *learned constructions* les mots anglais d'origine savante construits essentiellement à partir de racines grecques comme :

(1) ănalógue, ŏrthodóx, phŏtográph, tĕlephóne, etc.
(2a) cĕremony, chĭrománcy, ŏrthodóxy, etc.
(2b) amŏrphous, cathĕdral, épidĕrmis, etc.
(2c) anălogous, photŏgraphy, telĕphonist, etc.

Il considère que ces mots sont composés de deux éléments A et B, et éventuellement d'un troisième élément C. Par exemple, *photŏgraphy* peut être analysé en *photo-* (élément A), *-graph-* (élément B), et *-y* (élément C). A et B sont des quasi-morphèmes rarement utilisés isolément mais qui se combinent pour former une « construction savante ». C est une terminaison liée (*-al*, *-ence*, *-ent*, *-er*, *-is*, *-ism*, *-ist*, *-ize*, *-ous*, *-y* et quelques autres — ⟶ §22).

Analysez selon ces critères les mots suivants : *hĕxagon*, *hexăgonal*, *theŏlogy*, *ăgony*, *amŏrphous*.

28. Règle (1) : mots composés des éléments A et B

Les mots construits sur le modèle A + B sont accentués sur la *première* syllabe de l'élément A. Exemple : *tĕlegráph*.

Appliquer cette règle pour accentuer les mots suivants.

photograph	orthodox	pentagon	bibliophile
telephone	antonym	ideograph	saxophone
analogue	autocrat	diagram	dinosaur

29. Règle (2) : mots composés des éléments A, B et C

Règle (2a). Si l'élément B est l'un des quasi-morphèmes suivants, *-arch-*, *-dox-*, *-gog-*, *-gor-*, *-leps-*, *-manc-*, *-mon-*, *turg-*, *-type*, l'accent reste sur la première syllabe de l'élément A.

Exemple : *cătegory*.

Appliquez la règle (2a) pour accentuer les mots suivants.

ceremony	demagogy	catalepsy	anarchy
chiromancy	oligarchy	alimony	liturgy
orthodoxy	allegory	heterodoxy	pedagogy

Règle (2b). Si l'élément B est l'un des quasi-morphèmes suivants, *-andr-*, *-derm-*, *-hedr-*, *-morph-*, *-ram-*, *-saur-*, *-zo-*, l'accent primaire tombe sur l'élément B.

Exemple : *pánorăma*.

Appliquez la règle (2b) pour accentuer les mots suivants:

thesaurus	protozoon	polyandry	anthropomorphism
tetrahedron	amorphous	cathedral	plesiosaurus

Règle (2c). Dans tous les autres cas, les mots composés des éléments A + B + C sont accentués sur la dernière syllabe de l'élément A. Exemple: *telĕgraphy*.

Appliquez la règle (2c) pour accentuer les mots suivants:

phonology	symphony	anachronism	psychology
philosophy	antagonism	analogous	pentameter
agony	Antigone	idolater	astronomy

Expliquez la place de l'accent dans le nom *Christopherson*. Que peut-on dire du suffixe *-son*?

30. Donnez le schéma accentuel des mots suivants et expliquez la place de l'accent en fonction des règles de ce chapitre.

photograph, photography	demagogue, demagogy
synthesis, antithesis	dinosaur, thesaurus
anachronism, anachronistic	antagonism, Puritanism
antinomy, parsimony	ceremony, ceremonial
parenthesis, parenthetical	pachyderm, epidermic

31. Intérêt des règles d'accentuation des constructions savantes

Soit le corpus suivant: A = *photo-*, *micro-*, *tele-*; B = *-graph-*, *-scope-*, *-phone-*; C = *-al*, *-er*, *-y*. Calculez empiriquement ou en appliquant les règles arithmétiques le nombre de mots que l'on peut théoriquement former avec ces neuf éléments. Quelles sont les constructions effectivement attestées en anglais?

Sachant qu'il y a au moins une cinquantaine d'éléments A très productifs, environ 25 éléments B, et une dizaine de terminaisons liées (éléments C) importantes, que ces différents éléments jouissent d'assez larges possibilités combinatoires effectives, l'étude des règles d'accentuation dégagées par L. Guierre vous semble-t-elle rentable d'un point de vue pratique?

En revanche, pensez-vous que l'on puisse avoir l'intuition du concept de construction savante sans connaître le moindre rudiment de grec?

Y a-t-il une différence du point de vue des règles d'accentuation entre *photograph* et *justify*, *monopoly* et *velocity*, *amorphous* et *desirous*?

32. Accentuation des mots composés

Expliquez clairement par une glose en anglais ou une traduction française la différence entre (1) et (2). (On n'a pas noté l'accentuation des mots non composés qui suivent les règles de ce chapitre, § 1 à 31, et de l'accent de phrase ⟹ § 12.3–8 « Calcul de l'accent de phrase ».)

(1)	(2)	(1)	(2)
a bŭllfight	a bull elephant	a blŭebóttle	a blue bottle
grŏwing-páins	growing children	a slĕeping-cár	a sleeping beauty
a Frĕnch téacher	a French teacher	a tŏy fáctory	a toy factory

33. Traduisez en français les mots composés suivants et donnez-en le schéma accentuel. Quelle est la règle d'accentuation des mots composés ?

a booking-office	a drawing-board	a flying-officer	a mowing-machine
a boxing-match	a drawing-pin	a hearing-aid	a reading-desk
a burying-place	drinking-water	a hiding-place	a rowing-boat

34. Cherchez dans l'EPD l'accentuation des mots suivants. En quoi se distinguent-ils des précédents ?

first-class	one-eyed	country-house	Westminster Abbey
downstairs	narrow-minded	week-end	Windsor Castle
north-west	lawn-tennis	coca-cola	Trafalgar Square

35. Transcrivez et accentuez les mots suivants. Quel rapport peut-on établir entre leur sens et leur schéma accentuel ?

dreamland	gasman	Suffolk	Oxford
Ireland	gentleman	Greenwich	Farnborough
blackboard	frying pan	Salisbury	Portsmouth
cupboard	saucepan	Birmingham	Lancashire

36. Récapitulation

Commentez l'accentuation des mots dans le texte suivant.

> Resistance to English is widespread, especially in France. "Linguistic integrity" is something of a passion for the French. Former President Georges Pompidou, a non-English-speaking intellectual, made such stonewalling efforts a national priority in the mid-1970s. "We must not let the idea take hold that English is the only possible instrument for industrial, economic and scientific communication", Pompidou said. He set up government committees to abolish Anglicisms and to invent suitable alternatives. In official documents "hot money" turned into *capitaux fébriles,* "jumbo jet" became *gros-porteurs* and "fast food" *prêt-à-manger.* The public often sticks to the English original. But occasionally one of the new words wins the field: *informatique* has successfully replaced "data processing".

10

la phonographématique

LE SYSTÈME ORTHOGRAPHIQUE DE L'ANGLAIS

1. Prononciation des voyelles orthographiques simples

En vous limitant aux syllabes accentuées, étudiez la correspondance entre voyelles graphiques et voyelles phonétiques dans le petit poème suivant.

Pigs in the thicket, catch 'em, Dickie,
Dogs in the fox-traps, lock 'em, Johnny,
Cats in the pantry, pinch 'em, Andy,
Hens in the kennel, get 'em, Micky,
Ducks and their ducklings, run, lads, run.

A quel type de syllabe a-t-on affaire ? (→ §3.10–12)

2. En vous fondant sur ce que vous avez découvert au paragraphe précédent, relevez parmi les mots suivants ceux qui illustrent une correspondance régulière entre l'orthographe et la prononciation. Donnez la prononciation des autres.

match	yacht	climb	England	chill	ham
bell	hint	pretty	island	mist	set

3. Relevez, parmi les mots suivants, ceux qui se prononcent avec la voyelle ɔ. Vous semble-t-il possible de formuler une règle qui explique les autres prononciations ?

hot	don't	comb	moth	whom	pot	mother	colour
only	pond	both	womb	nothing	collar	bother	dozen

4. Jusqu'au XIIIe siècle les mots qui ont pris en anglais moderne les formes *sun* et *son* ont la même orthographe, *u*. Vers 1250, le *u* est remplacé par *o* dans la plupart des mots au voisinage de *m, n, v* et *w*.

Ce changement peut-il s'expliquer par des caractéristiques (phonologiques ? graphiques ?) que *m, n, v* et *w* auraient en commun ? Que pensez-vous des orthographes fantaisistes *luv* (pour *love*) et *guv* (abréviation de *governor*) ?

5. Parmi les mots qui suivent, cochez ceux qui se prononcent avec **ʌ**. Pouvez-vous étendre la liste des mots cochés ? Des mots non cochés ?

ambush	bully	cuckoo	pulley	Putney
bulb	bush	cupboard	pulpit	Putnam
bulge	bushel	cushion	pulpy	puzzle
bulk	bust	cut	punk	ruffle
bull	bustle	full	push	sum
bullet	butch	pudding	puss	shut
bulletin	butcher	puddle	put	shuttle
bullion	cuckold	pull	putt	sugar

Classez ces mots dans le tableau ci-dessous en fonction de l'environnement phonique dans lequel se trouve la voyelle. Que peut-on conclure lorsque, sur la ligne horizontale, les deux cases sont occupées ? Lorsqu'une seule case est occupée ?

	Prononciation			Prononciation	
Environnement	**ʌ**	**u**	Environnement	**ʌ**	**u**
b__ll			*p__ll*		
b__lC			*p__lC*		
b__sh			*p__sh*		
b__C			*p__C*		
c__C			*sh__C*		
f__ll			*C__C*		

6. Prononciation des voyelles orthographiques complexes

Combien y a-t-il de voyelles dans l'alphabet latin ? Combien y a-t-il de voyelles phonétiques en anglais ? Comment appelle-t-on les voyelles phonétiques qui sont représentées par les voyelles simples de l'alphabet latin ? Étudiez d'après le texte suivant, les solutions graphiques retenues pour représenter les voyelles tendues.

Little Brown Jeanie
Toiled at the Goat and Queenie.
For drink she brewed her stout,
The food she had about
Was fish, flesh, and fowl,
Plenty, and nothing foul.
But the fruits of her toil,
She could never enjoy.

The lawyers and the thieves
Would give her much to grieve.
She sighed and sighed again
For not a penny would remain
Till one day Jeanie
Went up to town
And married a sailor.

7. Dans quelle mesure a-t-on le droit d'affirmer que *y* et *w* sont des variantes graphiques de *i* et *u* ? Quel est le principe général de distribution ? Y a-t-il des exceptions ?

rain/ray neutral/new house/how faun/law boil/boy veil/convey

8. En vous fondant sur ce que vous avez découvert au §6, relevez dans la liste suivante les prononciations régulières de *ee, ea, ie* (→ §18).

sea	meat	neat	sweet	chief	sieve	please	mean
feel	beast	streak	sweat	fiend	friend	pleasure	meant

9. En vous fondant sur ce que vous avez découvert au §6, relevez dans la liste suivante les prononciations régulières de *ai.* La graphie *ei* est-elle assimilable à *ai, ie* (→ §8) ou à aucune des deux ?

say	eight	main	key	ceiling	deceive	plait	prey
said	height	quay	grey	receipt	neither	straight	leisure

10. Vérifiez la validité des correspondances graphie-phonie découvertes au §6 sur les mots suivants.

right	load	stew	cool	toy
fight	soap	fruit	root	join
light	toad	Europe	zoom	Joyce

Vérifiez la prononciation de *broad, abroad, sew, build, buy, Stuyvesant, blood, flood, tortoise.* Qu'est-ce qui justifie l'utilisation de la graphie *ui/uy* dans *guild, guide* ou *guy* ?

11. La graphie *ou/ow* correspond à diverses prononciations dans les mots proposés. Quelles sont celles qui sont anormales pour un digraphe ? Y a-t-il d'autres mots en *ou* qui illustrent la prononciation représentée dans la dernière colonne ? Est-ce que l'environnement phonique permet de prévoir une prononciation différente dans les deux premières colonnes ?

how	low	courage	knowledge	wound
clown	own	southern	could	you
howl	bowl	country	should	youth
row	bow	young	would	soup

12. Vérifiez la validité de la correspondance graphie-phonie découverte au §6 sur les mots suivants.

law	haul	austral	autistic
caught	taught	automatic	Hawks

Vérifiez la prononciation des mots suivants : *cauliflower, Lawrence, sausage, draught, aunt, laugh, Saudi Arabia.*

13. Transcrivez les mots suivants.

thought	ought	plough	enough	thorough	hiccough
cough	brought	though	through	drought	slough

14. Prononciation des consonnes orthographiques

Admettons en général que le nom des consonnes graphiques anglaises donne la clef de leur prononciation (par exemple : *m* → **em** → **m** ; *p* → **pi:** → **p**, etc.). Quelle règle (graphique ou phonétique) pourrait rendre compte de la double prononciation de *c* dans les mots suivants ? Essayez de faire la liste des autres graphies possibles de **k** et **s** respectivement.

cat	circle	cape	cup	collar	cigar
coat	cider	scarf	ceiling	once	cute

15. Peut-on étendre la règle précédente à l'alternance **g/ʤ** observée pour le *g* graphique ?

gender	age	get	got	giant	germ
gallant	gear	giddy	again	agent	goat

LES RÈGLES DE TENSION ET DE RELÂCHEMENT

16. Les règles de tension

Comparez la prononciation des mots suivants. Isolez la cause du phénomène constaté et son effet. Trouvez d'autres exemples de cette transformation.

lack	them	lick	dot	duck
lake	theme	like	dote	duke

En quoi des mots comme *have, give, live, gone* d'une part, *lose, prove, move* d'autre part, sont-ils exceptionnels ? En quoi des mots tels que *come, some, love,* sont-ils *doublement* exceptionnels ?

17. Que faut-il modifier dans la règle trouvée au paragraphe précédent pour qu'elle rende compte de mots aussi divers que les suivants.

tiny	pony	lazy	metre	tuna	coca-cola
noble	able	acre	Sony	Cato	zebu

Des mots tels que *body, city, copy, study, menu, any, many, bury, busy,* sont-ils tous exceptionnels au même degré ?

18. Essayez d'identifier *tous* les mots dont voici la prononciation.

meid	**meil**	**greit**	**jeits**
veil	**beil**	**breik**	**'reigən**
mein	**seil**	**steik**	**'beiti**

Classez les mots trouvés selon les critères suivants :

(1) Il existe une règle de correspondance indépendante du contexte entre l'orthographe et la prononciation (→ §1–15) ;

(2) Il existe une règle de transformation qui s'applique à un contexte donné (→ §16) ;

(3) La relation graphie-phonie est propre au mot donné.

Dans (1) et (2) la relation entre l'orthographe et la prononciation est définissable en compréhension (par une propriété commune aux éléments de l'ensemble considéré). Dans (3) la relation entre l'orthographe et la prononciation n'est définissable qu'en extension (par énumération des éléments de l'ensemble considéré). Expliquez.

19. Quel est dans l'alphabet anglais le nom des lettres suivantes : *A, E, I, O, U*? Transcrivez-le en alphabet phonétique. Comparez cette prononciation avec celle de ces mêmes lettres en syllabe fermée. En quoi observe-t-on un phénomène parallèle à celui décrit par la règle du *e* muet ? (→ §16)
Au vu de mots tels que *so, no, me, my, hi fi, Ku-(Klux-Klan)*, pouvez-vous isoler la cause de cette transformation ? Suffit-il de dire qu'il s'agit de syllabes accentuées ?
En quoi la lettre *a* se comporte-t-elle différemment des autres dans ce cas particulier (cf. *cinema, Papa, spa,* etc.) ?

20. Quelle différence de contexte permet d'expliquer que l'on ait **ʌ** dans certains des mots ci-dessous, et **u:** dans les autres ? S'agit-il d'une différence au niveau phonétique ou phonographématique ?

supper	music	number	subtle
super	mussel	numerous	futile

21. Les mots suivants illustrent les sources de la voyelle phonétique **u:**. Quels sont les différents cas où la glissée **j** ne précède pas **u:** ?

Euston	fool	stew	grew	chew	illusion
U.S.	pool	stool	prudent	'flu	salute
loop	pewter	rude	suit	slew	illumine
few	funeral	bruise	June	clue	Lewis

22. Il existe une règle accentuelle (→ §9.15) qui place l'accent primaire sur la syllabe précédant une terminaison du type : $\left\{\begin{matrix} i \\ e \\ u \end{matrix}\right\} V\ (C)$.
Identifiez ces terminaisons dans les mots qui suivent, et soulignez la syllabe accentuée.

saviour	radium	ratio	maniac
senior	media	legion	chameleon
initial	idiot	trivial	linear
notion	atrocious	associate	ocean
union	alluvial	dubious	Julius

Quel type de voyelle phonétique laissait prévoir l'orthographe dans les syllabes que vous avez soulignées ? Formulez la règle qui donne la prononciation observée. Essayez de déterminer le contexte précis d'application de cette règle en fonction des exemples qui suivent :

obvious	graduate	passion	gaseous
odious	gradient	patience	aqueous
infectious	fatuous	procession	contagion
penitential	courageous	galleon	region
contraction	extenuate	luscious	parochial

23. Notez, dans la liste suivante, les exceptions à la règle de tension dégagée au paragraphe précédent. Que pensez-vous de cette remarque d'un speaker de la BBC, "You still hear Kenya said Keen-ier instead of the now official Ken-ya" ? La prononciation **ˌaiˈteiljən** pour *Italian,* notée dans le *Webster* comme "chiefly dialectal or substandard or disparaging" va-t-elle à l'encontre des règles phonologiques ?

chariot	Transylvanian	nation	precious
onion	ration	national	Daniel
companion	Rumanian	fashion	Bohemian
Armenian	Spaniard	spaniel	deletion
discretion	special	congenial	ceremonial
Iranian	colonial	precious	oration

24. Vérifiez la validité de la règle selon laquelle « lorsqu'une voyelle accentuée est suivie d'une autre voyelle, la voyelle accentuée est tendue », en l'appliquant aux mots suivants.

lion	heroic	stoic	pliable	poet	anxiety
variety	archaic	neon	fluent	society	Buick

25. Les règles de relâchement

Sachant que l'antépénultième est normalement une relâchée en anglais, donnez des dérivés en *ity* ou *-ative/-itive* des mots suivants (⟶ §9.12).

obscene	profane	humane	futile	provoke	brief
serene	compare	derive	vain	repeat	chaste

26. Cherchez les mots dont sont dérivés les adjectifs en *-ic* ci-dessous. Le suffixe *-ic* a-t-il uniquement un rôle accentuel (⟶ §9.11) ?

mimic	metric	tonic	scenic
biblic(al)	spheric	Platonic	hygienic
typic(al)	static	cyclonic	Hellenic
classic	volcanic	conic(al)	phonemic

Inversement, dérivez des adjectifs en *-ic* des noms suivants.

bibliophile	telemetre	telescope	photograph
phagocyte	atmosphere	telephone	panorama

Dans quelle mesure les terminaisons des mots proposés ci-dessous sont-elles comparables ? Quelle voyelle résiste à leur influence relâchante ? Pourquoi ?

habit	unit	gelid	profit	avid	comic
critic	panic	lucid	scorbutic	acid	deposit

27. Accentuez les mots suivants selon que *-ish* y est terminaison forte ou suffixe faible (⟶ §9.14). Dans quel cas peut-on trouver des voyelles tendues devant *-ish* ? Dans quel cas n'en trouve-t-on jamais ? Que faut-il conclure de *-ish*, outre son rôle accentuel ?

polish	punish	establish	Jewish
Polish	flourish	publish	embellish
diminish	Danish	popish	Swedish
swinish	vanish	demolish	Flemish

TRANSFORMATIONS INDIVIDUELLES DES VOYELLES

28. Le prononciation normale de *a* en syllabe fermée étant **æ**, peut-on préciser grâce aux mots suivants dans quels contextes particuliers *a* se prononce **ɑ:** ?

ask	last	daft	nasty	father
bask	mast	draft	drastic	rather
past	vast	raft	bastard	bath
fast	cast	shaft	basket	path

Quel est le statut des oppositions *sample* ~ *lamp, demand* ~ *land, past* ~ *bombast, pass* ~ *lass/mass* en RP ?

29. Quelles règles permettraient d'expliquer les diverses transformations de **æ** dans les mots suivants. Dans quels cas y a-t-il effacement du **l** ? Que penser de mots tels que *Albert, alcohol, Alfred, salmon* ?

ball	ballot	calm	psalm	palsy
tall	tally	balm	half	salt
fall	fallow	palm	calf	talk

30. Formulez les règles qui donnent les diverses prononciations de *a* dans les mots suivants.

France	strange	waste	arrange
change	advance	dance	taste

Peut-on étendre certaines de ces règles pour rendre compte de la prononciation de mots tels que *demand, example, grant, answer, plant, Cambridge, angel, ancient* ? Que concluez-vous ?

31. Transcrivez les mots suivants. Par combien de phonèmes diffèrent-ils deux à deux ? Posons, comme le suggère l'orthographe, que la voyelle de départ est **æ** dans tous les cas. Précisez le contexte général dans lequel **æ** → **ɔ**.

what	wash	want	wander	was	quad	squander
that	lash	pant	gander	gas	clad	scandal

Vérifiez la prononciation des mots *wag, waggon, wax, whack, whang.* Modifiez la règle pour tenir compte de ces dernières observations.

32. Quelle est la prononciation de la lettre *o* dans les mots qui suivent ? Essayez de trouver d'autres mots de chaque type. Pour quels contextes croyez-vous raisonnable d'établir une règle ?

old	folk	poll	most	ghost	both
told	roll	toll	post	gross	quoth

33. Parmi les mots suivants, quels sont ceux qui contredisent la règle de correspondance *oo* = **u:** (→ §6) ? S'agit-il toujours d'exceptions ?

loop	good	look	soot	hood	nook
moon	took	foot	shoot	soon	stood
food	wood	pool	loom	wool	too

34. Les contextes **-nt** et **-nd** ont-ils pour effet de tendre systématiquement la voyelle qui les précède ?

pond	can't	font	cant	lent	won't
find	stand	demand	grant	bend	mind
fund	don't	mint	grind	hunt	flint

TRANSFORMATIONS DES VOYELLES DEVANT **r**

35. Précisez dans quel contexte **æ** → **ɑ:** devant **r̀**. Pourquoi n'obtient-on pas ce résultat dans *Mary* ou *hare* ? En quoi *are* est-il exceptionnel ?

far	harp	parrot	part	market
tar	cart	carry	car	parking

Peut-on reporter cette analyse dans le cas de **ɔ** devant **r** ?

for	force	lorry	or	corgi
nor	torn	horror	form	border

36. Comment les voyelles *i, e* et *u* se prononcent-elles normalement en syllabe fermée (⟶ §1) ? Au vu des mots suivants, montrez quelle transformation commune elles subissent, et dans quel contexte. Les exceptions en sont-elles dans tous les dialectes ?

mirth	prefer	curt	sermon	lurk	sergeant	fir
fern	fur	clerk	circle	terminal	sir	stir

37. Quelles altérations de la prononciation attendue les mots ci-dessous ont-ils subi ? Vous retrouverez cette prononciation en remplaçant le **r** par une autre consonne.

our	air	fire	care	era	store	mare
cure	near	poor	boar	more	story	hear

Que peut-on conclure réciproquement de la valeur des digraphes *ea* et *ou* dans les mots suivants : *early, earth, learn, heart, bear, pear, swear, court, pour, journal* ?

LA RÉDUCTION VOCALIQUE

38. Donnez le schéma accentuel des mots suivants (⟶ §9.5). Relevez les voyelles phonétiques que l'on trouve sous accent 0. Dégagez les règles qui permettent de passer de la voyelle relâchée attendue à la voyelle inaccentuée correspondante.

atom	responsibility	excellent	attain
atomic	horrible	chatted	policy
phenomenon	beautiful	chattered	medium
Columbia	secluded	pavilion	industry

39. Établissez d'après les mots suivants le système de passage des voyelles tendues aux voyelles inaccentuées correspondantes.

mother	mirror	surprise	deliberate
standard	perhaps	examine	palace
determine	village	communist	extra

Normalement seules les voyelles tendues représentées dans l'orthographe par une voyelle simple sont susceptibles de réduire. On remarque toutefois que certains digraphes sont inaccentués et produisent des voyelles réduites. Sont-elles conformes au système de correspondance découvert ?

fountain	Britain	Dartmouth	tortoise	courageous
foreign	journey	notorious	colour	curtain

40. Il semble raisonnable de supposer que tout morphème a une forme phonologique fixe (⟶ §6.17). Pourquoi ne peut-on pas dériver la prononciation des mots en italique de celle des mots en IPA dont ils sont morphologiquement issus ?

histəri	*historic*	**mægnət**	*magnetic*
airəni	*ironic*	**dipləumə**	*diplomatic*
simfəni	*symphonic*	**ʤiɔgrəfi**	*geographic*

Modifiez la transcription des formes de départ de façon à rendre la dérivation possible. Quelles règles faut-il alors donner pour obtenir la réalisation phonétique de chacun de ces mots ? (⟶ glossaire à **alternance**). Quel est de ce point de vue l'intérêt de l' « orthographe phonétique » dont on a donné un échantillon au §1.19 ?

TRANSFORMATIONS DES CONSONNES

41. Cochez dans la liste suivante les mots dont le *h* n'est pas prononcé.

hot	heir	history	honest	exhibit
inherit	habit	historical	hour	whistle
ghost	ahead	exhaust	honour	perhaps

42. Peut-on formuler une règle de distribution de **θ** ~ **ð** à l'initiale en termes morphophonologiques ? La règle vaudrait-elle dans les autres contextes ? Quel serait le statut de mots tels que *Thames, both* ou *smooth* ?

thick	that	with	other	atheist
than	throat	moth	Athens	scathe
thatch	through	oath	mother	weather

43. Transcrivez les mots suivants et étudiez la prononciation de *x*.

fix	exhibit	excess	relaxed	xenophobe
fox	execute	xerox	Xanadu	exhibition
exile	example	expect	exotic	examine

44. Étudiez les règles de sonorisation de **s** intervocalique d'après les exemples suivants. Comment traiter les cas de *dessert, possess* et *scissors* ?

misery	porpoise	disappear	a house
purpose	paradise	misunderstand	to house
thousand	comparison	disown	a use
desert	resemble	disease	to use

45. Transcrivez les mots suivants. Énoncez une règle simple déterminant les rapports entre les lettres *s, c, t,* et les phonèmes **ʃ** et **ʒ**.

discussion	mansion	pressure	treasure
division	mission	provincial	usual
condition	illusion	pleasure	tradition
assure	excursion	patient	revision

Comparez la prononciation des mots *oblivion* et *manure*. Déduisez de votre réponse la cause de la palatalisation subie par les mots *discussion, condition,* etc. d'une part, et *assure, pressure,* etc. d'autre part.

46. Le **r** s'efface en anglais britannique standard devant consonne et en fin de mot, mais en séquence le **r** final est parfois rétabli lorsque le mot suivant commence par une voyelle. Par analogie, un **r** excrescent, non inscrit dans l'orthographe, s'entend parfois dans le même contexte. Expliquez et commentez les transcriptions suivantes.

ˈʤæfər ˈɔrinʤiz	**ðə ˌfiləˈdelfjər ˈɔːkistrə**
ðə ˈpuər ən ðə ˈritʃ	**ai ˈsɔːr it ˈtuː !**
ˈwɔts ði ˌaiˈdiər əv it ?	**ðə səˈnɑːtər in ˈef**

47. Effacement des consonnes

Étudiez d'après les mots suivants les incompatibilités à l'initiale.

Ptolemy	psychology	mnemonic	knock	gnat
psalm	pneumatic	knowledge	knavish	gnarl

48. Quelles sont les règles d'effacement des consonnes en finale ?

autumn	damn	hymn	solemn	bomb
autumnal	damnation	hymnal	solemnity	bombard

49. Transcrivez les mots suivants. Caractérisez **ŋ** en termes articulatoires. En quoi peut-on considérer **ŋ** comme une réalisation contextuelles de **n** ?
g s'efface-t-il dans les mêmes conditions que **n** et **b** au §48 ?

sing	singer	hanger	longer	monger
singing	finger	hunger	longest	ringing

50. Dans quelles conditions y a-t-il effacement des consonnes dans les mots suivants ?

hustle	hasten	sign	debt	half
castle	listen	reign	doubt	calm
thistle	chestnut	paradigm	subtle	talk

PRONONCIATION DES MOTS ÉTRANGERS

51. L'accentuation et la prononciation des mots suivants, grecs et latins d'origine, s'écartent-elles des règles générales de l'anglais ?

phoenix	Aesop	Penelope	crisis	ibidem
Berenice	Tacitus	chaos	Euphues	Achylles

52. L'accentuation et la prononciation des mots suivants, italiens, espagnols, etc. d'origine, s'écartent-elles des règles de l'anglais ?

tomato	tobacco	cello	spaghetti	desperado
casino	Romeo	chianti	Veronese	Mexico
allegro	sostenuto	Botticelli	Mafia	Madrid

53. L'accentuation et la prononciation des mots suivants, français d'origine, s'écartent-elles des règles de l'anglais ?

blasé	fatigue	ballet	unique	garage
sauté	gauche	coup	buffet	café
suède	faux-pas	roulette	amateur	chauffeur

54. Le texte suivant donne quatre prononciations différentes du prénom *Irène :* la prononciation anglaise régulière, une prononciation dans laquelle *Irène* est assimilé à un mot grec (cf. *Berenice*), une prononciation qui en fait un prénom français (cf. *Hélène* prononcé comme *Elaine*), enfin une prononciation fantaisiste qui suggère une orthographe différente de *I,r,e,n,e.* Transcrivez et expliquez.

'I am Aunt Irene,' Aunt Irene told the girl who stood before her in the doorway. 'Pronounced "Irene" to rhyme with "serener", rather than "Irene" to rhyme with "insane", or "Irene" to rhyme with "teeny weeny", or "Irene" to rhyme with "unseen".'
'Yes,' said Valentine.
'I expect my sister told you,' said Aunt Irene.
'Yes,' said Valentine.

11

l'accent de phrase : 1. formes pleines et formes réduites

1. Grammaire et lexique

Peut-on énumérer exhaustivement les mots qui commutent avec « la » dans le contexte —— *voiture a été volée hier soir* ?

Peut-on énumérer de la même façon les mots qui peuvent apparaître dans le contexte *la* —— *a été volée hier soir* ?

On appelera **mot grammatical** tout mot qui fait partie d'une **classe fermée**, et **mot lexical**, tout mot qui fait partie d'une **classe ouverte**.

Lorsqu'on dit que *her, him, it*, etc., et *Jane, Smith, Stripy*, etc., peuvent commuter dans le contexte *leave* —— *alone*, le « etc. » a-t-il la même valeur dans les deux cas ?

2. Rangez les mots suivants en deux groupes selon qu'ils sont grammaticaux ou lexicaux. Pourquoi, selon vous, appelle-t-on quelquefois les premiers *structure words* et les seconds *content words* ?

when	with	think	heavy
lamp-post	notion	at	above
aerial	animal	what	could

3. Classez les mots grammaticaux attestés dans le texte ci-dessous en fonction des catégories suivantes : 1) auxiliaires (y compris les modaux et *to be* copule) ; 2) prépositions ; 3) adjectifs possessifs, pronoms ; 4) conjonctions ; 5) déterminants.

> I've exaggerated if I've given the impression that fishing was the *only* thing I cared about. Fishing certainly came first, but reading was a good second. I must have been either ten or eleven when I started reading — reading voluntarily, I mean. At that age it's like discovering a new world. (GEORGE ORWELL, *Coming Up for Air*.)

4. Les modalités de la réduction phonétique (⟶ § 10.28–31)

Étant donné, dans une première approximation, la règle générale « dans une phrase anglaise, seuls les mots lexicaux sont accentués », transcrivez et accentuez les phrases suivantes.

> Politics is supposed to be the art of the possible.
> Shakespeare was the greatest dramatist of his time.
> At the sight of them, she shrugged her shoulders.

5. Comment se prononcent les mots *of*, *for*, *and*, *a*, *that*, *the*, *be*, *he*, *to*, *an*, *Saint* quand ils sont isolés ? Quels changements ont-ils subi dans le texte transcrit ci-dessous ? Pourquoi ?

> **ˈmembər əv ˈpɑːljəmənt fə *ˈdiːl ən *ˈdəuvə, mistə ˈpiːtə ˈriːz, ˈhæz ə ˈpaip ˈdriːm ðət ˈwʌn ˈdei ðə ˈbritiʃ ˈrɔiəl ˈfæmili wil bi ˈemprəz əv ˈjuərəp — hi ˈtəuld ˈðis tu ən eksˈplænətri ˈmiːtiŋ ɔn ðə ˈkɔmən ˈmɑːkit in sn ˈdʒɔːdʒiz ˈhɔːl, ˈdiːl, ɔn ˈfraidi. — *ˈiːst ˈkent ˈməːkjuri.***

6. Étendons provisoirement à toute syllabe inaccentuée même si elle constitue un mot à elle seule les conclusions des § 10.28–31. Prévoyez ce que sera le noyau vocalique des syllabes sous accent 0 dans le texte suivant.

> A man accused of being drunk and disorderly in Stevenage Town Centre and of stealing three purses from Littlewoods told Stevenage magistrates that he thought he was in the library stealing books — *Stevenage Gazette*.

7. Soulignez les mots grammaticaux du texte ci-contre. Retrouvez leur orthographe, et donnez le cas échéant leur forme pleine. Daniel Jones (*An Outline of English Phonetics*, p. 126) propose de distinguer trois sortes de différences entre forme pleine et forme réduite : 1) changement vocalique 2) suppression d'un son (voyelle ou consonne) 3) abrègement de la voyelle. Classez les formes réduites de ce texte en fonction de ces distinctions.

ə *ˈʧeltnəm ˈmæʤistrit, misiz ˈsu:zn ˈiŋgrəm ˈhə:d ə ˈfifti ˈjə:r ˈəuld ˈmæn ˈkleim ðət hi ˈhæd tə ˈbeg fə ˈmʌni tə ˈbai ˈfu:d. ʃi ˈtuk ˈtu: ˈʃiliŋz ən ˈsiks pəns frəm hə ˈpə:s ən ˈhændid it tu ə pəˈli:smən, ˈɔ:dəriŋ ðə diˈfendənt tə bi ˈput ɔn ə ˈbʌs tə *ˈglɔstə. ‘wi ˈdəunt ˈwɔnt ˈbegəz ˈhiə,’ ˈʃi sed. — *ˈsʌndi ˈtaimz mægəˈzi:n.*

8. En vous aidant de la liste des formes réduites (pp. XIV–XV), cherchez les sous-classes grammaticales qui ne sont pas affectées par la réduction.

On remarque que dans plusieurs catégories morphologiquement homogènes certains mots réduisent et d'autres non. Cherchez les sous-classes *phonétiques* qui ne sont pas affectées par la réduction.

9. Les formes de *have*

Pourrait-on réduire indifféremment toutes les formes de *have* dans les phrases suivantes? Dans quelle mesure les formes réduites obtenues dépendent-elles du contexte?

1. I have been there before.
2. I have to be there before he comes.
3. They have launched a new spacecraft.
4. The Americans have launched a new spacecraft.
5. It has got green legs.
6. It has green legs!
7. He has a friend coming to-night.
8. Jane had done the cooking beforehand.

10. Les formes de *be*

J. D. O'Connor écrit: "When *has*, *have*, *had* are full verbs they should always be pronounced **hæz**, **hæv**, **hæd**", (*Better English Pronunciation*, p. 119). Cette règle est-elle valable pour *am*, *are*, *is*, *was* et *were*? Comme précédemment, vous commenterez le degré et la forme de la réduction opérée.

1. I am a music lover.
2. We are happy to meet you.
3. We are going out.
4. We are quite interested.
5. They are all the same.
6. They were all the same.
7. She is a general practitioner.
8. She was a famous actress in her time.
9. They were screaming their heads off.

11. Les formes de *do*

Commentez les différentes formes phonétiques de *do* et de *does*, verbes pleins (lexicaux) et auxiliaires.

1. Does he play football on Saturday?
2. Do you know him?
3. Do be quiet, please!
4. Could you do me a favour?
5. Will that do?
6. I have got to do the lawn.

12. Les modaux

Commentez la réalisation phonétique des modaux dans les phrases suivantes:

1. I shall be pleased.
2. I will go on my own.
3. I would help if I could.
4. I should think so.
5. He must be there by two o'clock.
6. He must be there by now.
7. He may drop us a note.
8. He might agree.
9. They ought to be in bed.
10. You can have the other one.
11. No one could tell.

13. Adverbes et prépositions

Peut-on créer de nouveaux adverbes en français et en anglais? Comment? Peut-on de la même façon créer de nouvelles prépositions? Que peut-on en déduire de leur appartenance respective à une classe ouverte ou fermée? Montrez que les auxiliaires sont accentués à la forme négative dite contractée et expliquez pourquoi.

14. Comparez l'accentuation des adverbes et des prépositions dans les phrases suivantes:

1.	He turned off the road.	He turned off the light.
2.	He jumped over the fence.	He ran over a dog.
3.	I saw him pass by my window.	He was passed by in the race for promotion.
4.	He turned down the road.	He turned down the gas.
5.	Come on your own!	Come on!
6.	He is running in the park.	He is running in his new car.
7.	It shouldn't be taken in large doses.	I am not to be taken in by your fine words.

15. Quelques cas de non réduction due au contexte

Expliquez les différentes prononciations des prépositions en vous reportant à ce qu'en dit R. Kingdon: "Weak pronunciations (except **tu**) are not used when the preposition comes at the end of a phrase or sentence, or in other words when they are not followed by the word they govern" (*The Groundwork of English Intonation*, p. 198).

1. Who is it for? — It's for your mother.
2. Where are you from? — I am from Bristol.
3. Do you want to join us? — Oh! yes! I'd love to.
4. Where are you going to? — I'm going to that sherry party.
5. What's it made of? — Isn't it made of plastic?
6. What were you looking at? — Oh! I was looking at this man here.

Pourriez-vous expliquez de la même manière les oppositions entre forme réduite et forme pleine dans les auxiliaires des phrases suivantes:

7. Will you go to the motor-show? —Of course I will!
8. I'd go if I could. — I would, too.
9. I can play squash. — Can you?
10. Who is Mr. C. J. Dunn? — I am. — This way, please!
11. Do you speak any other languages than English? — I do. I have a good knowledge of Hopi.

16. A quoi est liée la conservation de la forme pleine dans les phrases suivantes?

Everybody likes people to laugh *with* them, not *at* them.
— Do you speak English? — I *am* English.

17. Pronoms et adjectifs possessifs

Analysez le comportement des pronoms et des adjectifs possessifs dans le texte suivant.

Betty refused to have more tea and Mrs Sunbury saw she was glad to get rid of the cup. "I expect they have their meals in the kitchen," she said to herself. Then Herbert lit a cigarette.

"Give us a fag, Herb," said Betty. "I'm simply dying for a smoke."

Mrs Sunbury didn't approve of women smoking, but she only raised her eyebrows slightly.

"We prefer to call him Herbert, Miss Bevan," she said. "I'm sorry you don't like the name my son was given at his baptism." (W. SOMERSET MAUGHAM, *The Kite*.)

18. Le problème de *that*

Commentez la prononciation de *that* dans les phrases suivantes :

1. This is the house that Jack built.
2. I said that you were a friend of mine.
3. That means it's very good.
4. It's like that.
5. And that's that.
6. In that case you win.

En vous aidant des exemples qui suivent, pouvez-vous étendre vos conclusions à l'ensemble des démonstratifs d'une part, et à l'ensemble des conjonctions de l'autre ?

1. These people are just hopeless.
2. I'd rather have those.
3. The waiter slammed down a knife and fork.
4. As far as I know, Milton was born in London.
5. It's good but I don't like it.
6. Tell me if you can.
7. Tell me where you go.

19. L'article

Étudiez les formes de l'article d'après le texte suivant :

> Temperamentally, I am an individualist. Professionally, I am a writer, and my books emphasize the importance of personal relationships and the private life, for I believe in them. (E. M. FORSTER.)

20. *Some* et *any*

Étudiez les rapports entre la forme phonétique de *some* et *any* et la catégorie grammaticale du nom qu'ils déterminent (« indénombrable » ou « continu » comme *water* ~ « dénombrable » ou « discontinu » comme *part*).

1. Where can I get some water ?
2. I want some information about the trip.
3. Would you like some more tea ?
4. I didn't like the film but I enjoyed some parts of it.
5. Some people came while you were out.
6. England exports more scientists than any other country in the world.
7. Some books are good, most are rubbish.
8. Do you think he'll come ? — Some hope!
9. Some fool has parked his car just outside the gate.
10. Any handbook of phonetics will help.
11. Have you got any handbooks of English phonetics ?
12. Some rats are bigger than cats.

21. Relatifs et interrogatifs

Comparez l'accentuation des pronoms relatifs et des pronoms (et adverbes) interrogatifs.

1. Who wrote *The Comedy of Errors*?
2. Can you believe that it's the same man who wrote *Hamlet* and *The Merry Wives of Windsor*?
3. When will you understand that this is not a joke?
4. The time will come when you'll be sorry for your sins.
5. Why are you so fussy about it?
6. What have they done to the wallpaper?
7. Look what they have done to the wallpaper!

12

l'accent de phrase: 2. hiérarchie des accents

1. De l'accent de mot à l'accent de phrase

Comptez jusqu'à cinq en anglais, d'abord lentement en détachant chaque chiffre, ensuite à une cadence plus rapide et plus naturelle. Que se passe-t-il dans l'un et l'autre cas dans la prononciation de chaque mot, et en particulier lors de la prononciation du chiffre *five*?

2. Après avoir indiqué — si besoin est — sur quelle syllabe chacun des mots suivants supporte une variation de hauteur, donnez le schéma accentuel de ces mots. Représentez leur schéma intonatif sur le modèle du §9.2.

colander	refrigerator	father	considered	packets
potatoes	has	basic	excessive	carry
marmalade	automatic	comment	velocity	government
expensive	defroster	concerned	all	health warning

Quelle modification le schéma intonatif de ces mots a-t-il subi une fois qu'ils sont réunis, comme ci-dessous, pour constituer des phrases? Y á-t-il des mots qui échappent à cette modification? Lesquels? Quelles conclusions générales peut-on tirer sur le comportement mélodique des mots en séquence?

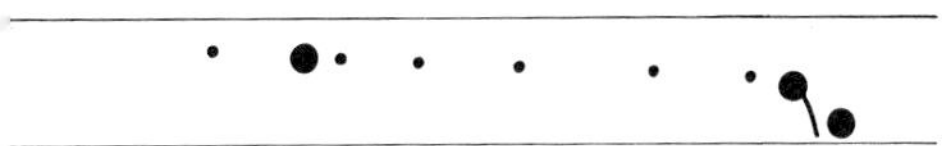

re's the colander for the potatoes.

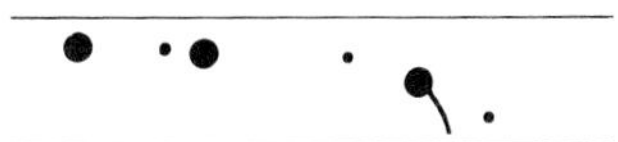

Marmalade's expensive.

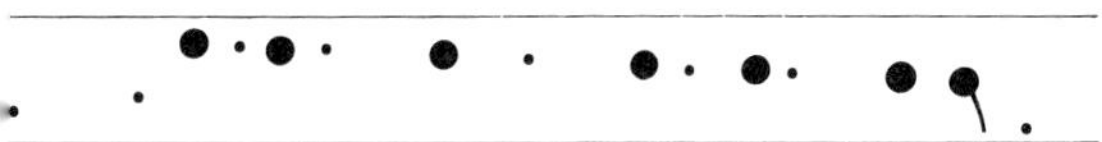

er refrigerator has an automatic defroster.

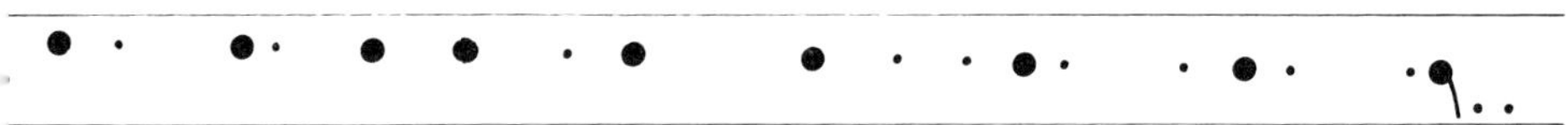

father's basic comment concerned what he considered excessive velocity.

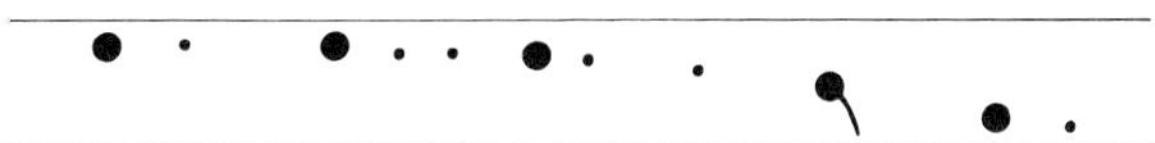

l packets carry a Government health warning.

3. Calcul de l'accent de phrase

Alors que tout mot lexical prononcé isolément supporte une variation de hauteur, il n'y a de variation que sur le dernier élément lexical de chaque séquence dans la chaîne parlée. Il est donc important de savoir comment sont constituées ces séquences. Soulignez parmi celles qui suivent, celles qui vous paraissent des subdivisions naturelles de la phrase *Father Christmas has brought John a blue bike.*

John a blue	John a blue bike	a blue bike	Christmas has brought
has brought	Father Christmas	John	has brought John

Vérifiez que les séquences que vous avez soulignées correspondent bien à un terme utilisé dans l'arbre ci-dessous (groupe nominal, verbe, etc.), ou, d'un point de vue plus technique, qu'elles sont directement dominées par un nœud de cet arbre.

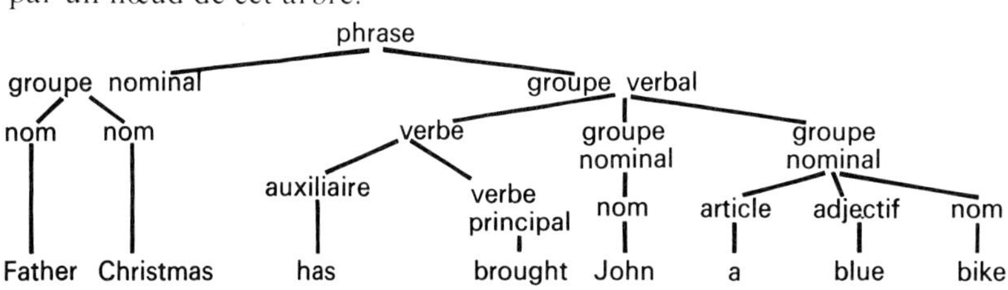

4. Indiquez par un trait horizontal les recompositions naturelles successives réalisables à partir des éléments lexicaux des phrases suivantes. On ne tiendra pas compte des éléments grammaticaux qui sont traités au chapitre précédent et qui ne jouent aucun rôle dans le calcul de la hiérarchie de l'accent de phrase.

Exemples: The naughty children have lost their way.

(1) ——— ——— —— ——
(2) —————— ——————
(3) ————————————

Jane's singing a new song.

(1) ——— ——— ——— ———
(2) ——— ——— ——————
(3) ——— —————————
(4) ————————————

All oboe players are said to be crazy.
John, Rodney and his brother spent their honeymoon in Venice.
Philemon and Titus went on a package tour to Antwerp.
Christopher's bought a bar of plain chocolate.

5. Avant de s'intégrer à la phrase, tout mot lexical est porteur d'un accent primaire que nous noterons par le chiffre 1 (→ §9.5).

Règle de l'accent nucléaire. Dans toute nouvelle séquence réalisée par la recomposition de la phrase, l'accent 1 situé le plus à droite, ou accent nucléaire, affaiblit d'un degré les accents avec lesquels il vient d'être mis en présence (1 devient 2, 2 devient 3, etc.). Le domaine d'application de la règle est à chaque étape indiqué par le trait horizontal comme il est d'usage en phonologie générative.

Exemple: the naughty children have lost their way.

(1) 1 1 1 1
(2) 2 1 2 1
(3) 3 2 3 1

Calculez le degré des accents dans les séquences suivantes.

1. 1 1
2. 2 3 1 1
3. 4 3 2 1 1
4. 3 4 2 1 2 3 1

Expliquez en fonction de ces règles pourquoi le schéma accentuel d'un groupe nominal (adjectif + nom) est l'inverse du schéma accentuel d'un nom composé (comparez *a bulldog* et *a big dog*) (→ §9.32–36).

6. En utilisant le modèle de recomposition qui vous est donné, calculez l'accentuation des phrases suivantes :

Mum and Dad have gone to a film

_____ _____ _____ _____

___________ ___________

____

Go to South Africa at fully inclusive prices

___ _____ _____ _____ _______ _____

___ ___________ ___________ _____

___ ___________ _________________

____

7. Recomposez les éléments lexicaux des phrases suivantes et donnez le schéma accentuel correspondant.

1. John has left.
2. The lion killed the man.
3. The man killed the lion.
4. Peter's book was stolen.
5. Peter's looking for his book.
6. Mary likes Victorian silver.

8. Cherchez quelques énoncés correspondant aux schémas suivants: 21, 3231, 2431, 23451. *Exemple* : 21 : John's book; Peter's gone.

9. Accent nucléaire et accent contrastif

Comme dans l'exercice 7, appliquez la règle de l'accent nucléaire pour déterminer la hiérarchie des accents dans les phrases suivantes.

1. John has three children.
2. The post-office[1] is round the corner.
3. The doctor is away.
4. Our Rover two-thousand is fitted with an automatic gear-box.[1]

1. Quand, dans une nouvelle séquence, l'accent primaire d'un mot composé se trouve être l'accent 1 situé le plus à droite, son accent secondaire n'est pas dégradé; le processus de dégradation accentuelle s'applique, en effet, solidairement aux deux parties du composé. Cette règle vaut pour tous les mots comportant dans le lexique un accent secondaire.

10. Quelle modification phonétique pourrait-on / devrait-on apporter aux phrases de l'exercice précédent pour qu'on puisse les employer dans les contextes respectifs suivants ?

1. Not many people have three children nowadays. — ....
2. I don't know about the telephone exchange, but ....
3. ...., but you can see his assistant.
4. I'm surprised yours isn't,........

Le fait que l'accent nucléaire tombe sur *children* dans *John has three children* signifie-t-il pour autant que le sens de la phrase soit : "John has three children, (not three kittens)" ? Des contours accentuels engendrés par application de la règle de l'accent nucléaire et de ceux qui sont utilisés ci-dessus dans les phrases à compléter, lesquels sont marqués, autrement dit, quels sont ceux qui apportent une information supplémentaire ?

11. Soit la profession de foi suivante :

I am your Conservative candidate. I am 26 years old, and have a charming wife and a very lively Boxer dog...sincerely, James Gascoyne-Allen.

En utilisant le vocabulaire de ce texte, imaginez ce que pourrait être la réplique de Mr. Gascoyne-Allen à chacune des phrases ci-dessous. Exemple : "Mr. Gascoyne-Allen is the Liberal candidate". Réplique de Mr. Gascoyne-Allen : "I'm the *Conservative* candidate".

1. Mr. Gascoyne-Allen is our new Conservative M.P.
2. Mr. Gascoyne-Allen is just another has-been!
3. Mr. Gascoyne-Allen has a bitchy wife.
4. Mr. Gascoyne-Allen has a charming mistress.
5. Mr. Gascoyne-Allen has a very fierce Boxer dog.
6. Mr. Gascoyne-Allen has a very lively Alsatian.
7. Our Conservative candidate is Mr. Gascoyne-Pelham.

12. Si l'on doit distinguer entre accent nucléaire noté 1 et accent contrastif noté 1 +, lequel doit-on utiliser, et où doit-on le placer pour que la phrase *A pint of beer a day keeps the doctor away* soit une réplique plausible à chacune des phrases suivantes ?

1. No beer today, you had one last night!
2. Only a half of bitter for you, dear!
3. What's the saying about people drinking a pint a day?
4. Why can't we drink wine like the French?

13. Nous proposons d'ajouter à la règle de l'accent nucléaire une nouvelle règle, celle de l'accent contrastif, qui détermine successivement les opérations suivantes :

a) Affecter d'un accent contrastif noté 1+ le mot qu'on veut mettre en valeur, cela dès le début du **cycle transformationnel**.

b) Appliquer la règle de l'accent nucléaire aux seules séquences qui ne contiennent pas d'accent 1+.

c) La présence d'un accent 1+ dans une séquence entraîne dans l'ordre l'affaiblissement d'un degré de tous les autres accents de la séquence, puis, comme la règle de l'accent nucléaire, le passage à la séquence immédiatement inférieure.

Appliquez les parties **a** et **b** de la règle de l'accent contrastif aux phrases suivantes pour qu'elles signifient respectivement "Sally looks tired, but in fact, she isn't," et "Margaret has asked John to come but she hopes he won't".

Sally looks very tired   Margaret has asked John to come

Vous devez obtenir $\underline{1}$ $\underline{1+}$ $\underline{2\quad\quad 1}$ et $\underline{1}$ $\underline{1+}$ $\underline{1}$ $\underline{1}$

Appliquez maintenant la partie **c** de la règle jusqu'à épuisement des transformations possibles. Le contour obtenu correspond-il à la réalité ?

Refaites le même exercice en donnant aux phrases analysées le sens "the others look all right, but *Sally* looks tired," et "Margaret has asked *John* to come, not Peter".

14. La délexicalisation

Les mots entre parenthèses peuvent-ils, dans les phrases suivantes, commuter avec d'autres mots ? Peuvent-ils recevoir un accent contrastif ? Pourquoi ?

1. Would you like (to go) to the pictures ?
2. He shouldn't (take) advantage of his position.
3. He's (set) fire to his own house.
4. What an outstanding (piece) of news !
5. Could you (pass) the butter ?
6. I bet you (left) your purse in the telephone box !
7. It took me three weeks (to read) *War and Peace*.

Si ces mots étaient affectés d'un accent 1 au début du cycle transformationnel, quel serait leur degré d'accentuation à la fin ?

On constate qu'ils sont souvent moins accentués que ne le laisse prévoir le mécanisme des règles. L'hypothèse selon laquelle l'accentuation d'un mot dans une phrase est proportionnelle à la quantité d'information qu'il véhicule permet-elle d'obtenir un schéma accentuel plus réaliste? Est-elle a priori compatible avec le calcul de l'accent de phrase? Quelle solution suggère le terme de délexicalisation? Distinguez les cas de délexicalisation dus au contexte et ceux qui sont dus à la situation.

15. Deux enregistrements professionnels de la pièce d'Oscar Wilde, *The Importance of Being Earnest,* présentent le même phénomène de désaccentuation partielle de certains mots, signalés ici par le signe ˌ. Quelle est la cause de ce phénomène?

[Gwendolen et Cecily découvrent qu'elles sont toutes les deux fiancées à un dénommé Ernest Worthing.]
Gwendolen. Now I know that you are Mr Worthing's ward, I cannot help expressing a wish that you were—well, just a little older than you seem to be— and not quite so very alluring in appearance. In fact, if I may speak candidly.
Cecily. Pray ˌdo! I think that whenever one has anything unpleasant to say, one should always be quite ˌcandid.
Gwendolen. Well, to speak with perfect ˌcandour, Cecily, I wish that you were fully forty-two, and more than usually plain for your ˌage [...].
Cecily. Oh, but it is not Mr Ernest ˌWorthing who is my guardian. It is his brother—his elder ˌbrother.
Gwendolen. Ernest never mentioned to me that he had a ˌbrother. [...] If the poor fellow has been entrapped into any foolish promise, I shall consider it my duty to rescue at once, and with a firm hand [...].
Cecily. Do you suggest, Miss Fairfax, that I entrapped, ˌErnest into an enˌgagement? How dare you? This is no time for wearing the shallow mask of manners. When I see a spade, I call it a ˌspade.
Gwendolen. I am glad to say that I have never seen a ˌspade. It is obvious that our social spheres have been widely different.

16. Variations accentuelles

Étudiez les possibilités de variations accentuelles dans les phrases suivantes.

1. Fifteen shillings is seventy-five new pence.
   Fancy that, she is only fifteen!
2. The poet Andrew Marvell joined the first Earl of Carlisle on a diplomatic mission to Muskovy.
   Diplomatically, the situation is critical.
3. The sardine sandwiches were delicious, but the tomatoes were all overripe.
   Overripe fruit gets squashed easily.
   I love sardines.

13

l'intonation[1]

ORGANISATION INTERNE DU GROUPE DE SOUFFLE

1. Accent primaire suivi de syllabes accentuées

Une fois appliquées les règles d'accentuation (→ §12.3–13), la séquence terminale obtenue est composée d'un accent primaire, de syllabes accentuées et de syllabes inaccentuées; ces dernières sont celles qui n'ont jamais reçu d'accent 1 au cours du cycle transformationnel (mots non lexicaux). Dans les phrases ci-dessous, on a souligné la syllabe qui porte l'accent primaire. Notez la 1+ ou 1 selon que l'accent est contrastif ou non. Si l'on appelle **queue** toutes les syllabes qui suivent celle qui porte l'accent primaire, dans quels cas constatez-vous que la queue comporte des syllabes accentuées? Peut-on toujours retourner à un contour accentuel de base où la queue ne comporterait pas de syllabes accentuées?

1. Do you feel like going to the pictures tonight?
2. Can you play cricket on a football ground?
3. I owe him twenty-three pounds.
4. It didn't take her long to write a book.
5. Try the newsagent in Victoria Road, then.
6. I'd prefer a cup of coffee, if you don't mind.
7. Did you go to the pillar-box five minutes ago?

1. Tous les exemples de ce chapitre figurent sur la bande magnétique.

2. Le groupe de souffle

On appelle **groupe de souffle** (angl. *breath-group, sense group* ou *word group*) l'unité intonative. Le groupe de souffle est une suite de mots qu'on prononce sans reprendre haleine ; il coïncide, en général, avec la phrase ou avec ses constituants immédiats, groupe nominal (NP), groupe verbal (VP), etc. C'est en fait le groupe de souffle qu'interprètent les règles du calcul de l'accent de phrase. On appelle **noyau** (angl. *nucleus*) la syllabe qui porte l'accent primaire du groupe de souffle.

Dans le texte suivant, séparez les groupes de souffle au moyen de barres verticales comme nous l'avons fait dans la première ligne. Soulignez le noyau.

De quels moyens typographiques un auteur dispose-t-il pour suggérer au lecteur l'intonation d'un texte ?

| "You haven't been drinking, | have you?" |
"You can see I haven't. Why should you care, anyway?"
"I know how long Council meetings last. An hour at the most."
She frowned. "You look as if you've been with a woman. You smell of it somehow."
"I've told you. I've been at the meeting all evening. I came straight home."
"You look like a cat that's swallowed the cream," she said. "Do you think I'm a fool?"
I stood up. "I'm tired. Good night, Susan."
"Wait," she said. "There's something you'd better know. Sybil phoned today."
"What? Has she found out something?"
"No. But she'll suspect something soon. We can't keep on avoiding them."
"*I* can." I sat down again.
"Joe, if you could see your face! It's full of hate."
"What the bloody hell do you expect?"
(JOHN BRAINE, *Life at the Top*.)

3. Les constituants du groupe de souffle

Divisez, s'il y a lieu, les phrases ci-dessous en groupes de souffle. Entourez le noyau. Soulignez les syllabes accentuées.

1. I can never remember his phone number.
2. I just can't find my purse.
3. I bet you left it in the telephone box.
4. Why not go to Sloane Square by underground, and *then* walk down King's Road?
5. Tell me!
6. Mr. Johnson will be here presently.
7. Why did you switch on the immersion heater?
8. If you want to get there by six o'clock, you'd better leave early in the morning.
9. They were astonished to see him back after two years.

Outre le noyau obligatoire, un groupe de souffle comprend un certain nombre d'éléments facultatifs. On appellera:

— **tête** la partie du groupe de souffle qui commence avec la première syllabe accentuée et se termine juste devant le noyau,

— **avant-tête** l'ensemble des syllabes inaccentuées qui précède la tête, ou, si celle-ci est absente, le noyau.

— **queue** l'ensemble des syllabes qui suit le noyau (→ §1).

Cherchez ces divers éléments dans les groupes de souffle que vous avez définis.

4. Cherchez le noyau et les syllabes accentuées des phrases suivantes. Les signes utilisés sont en gros les *tone marks* (fr. signes mélodiques) de J. D. O'Connor et G. F. Arnold, *Intonation of Colloquial English*, second edition. Quels sont ceux qui servent à signaler 1) le noyau, 2) la 1ère syllabe accentuée de la tête, 3) une syllabe accentuée autre que les deux précédentes?

1. ˌTell him she's ˳not aˋvailable.
2. Are you ˏsure?
3. I ˌhaven't ˳seen you for ˋages!
4. ˌNot ˳very ˏlong.
5. ˈDon't ˏshout.
6. ˈHow ˊmuch did he °say it °was?
7. ˈHadn't we °better °wait for °him ˏhere?
8. I ˌdidn't ˋrealize he ˳wasn't ˳taking me ˳home.

5. Interprétation des mingogrammes

Les **mingogrammes** représentent les variations de la fréquence fondamentale (fréquence de vibration des cordes vocales) responsables de l'intonation (→ §7.6). Faites se correspondre tracés et segments phoniques. Essayez de prononcer les phrases en respectant autant que possible l'intonation enregistrée. (Comme précédemment, on a signalé par un trait continu le contour à prendre en considération.)

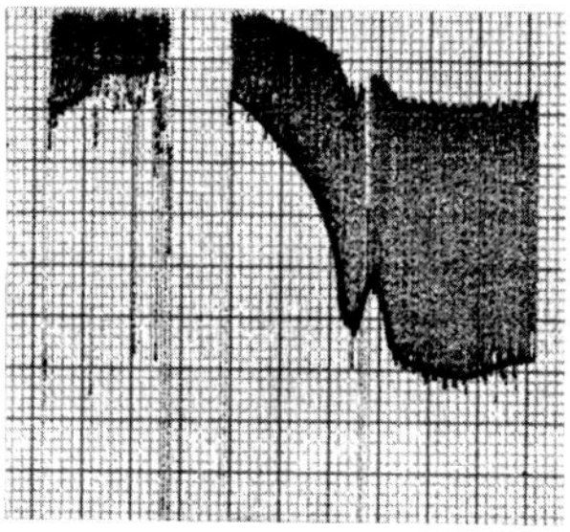

ˈWhy must ˋI ₒgo ?

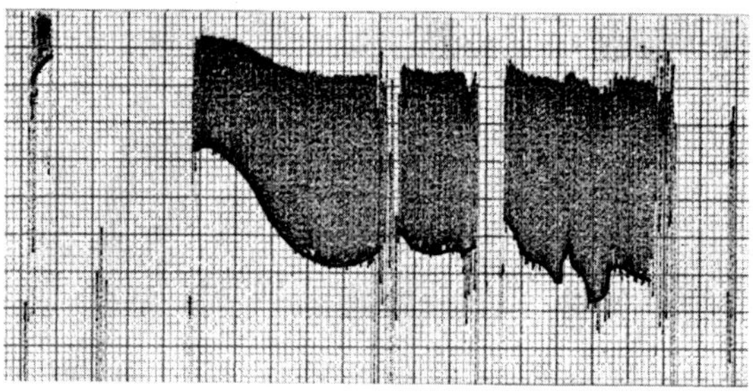

‾ Don't you ˎdare ₒanswer ‾your ₒ̣father ₒback !

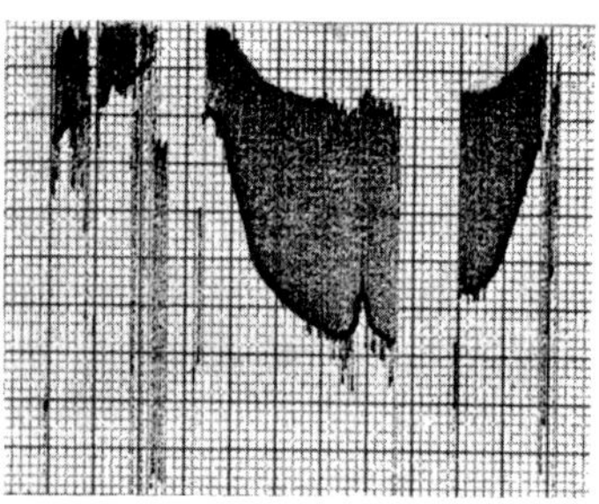

Good ˋmorning, Mrs. ˏWhite !

6. Manifestations acoustiques du noyau

La phrase *We buy old books* a été prononcée successivement sans application de la règle de l'accent contrastif (tracé n° 1), puis en mettant un accent contrastif de telle sorte qu'elle soit compatible avec :

. . ., the bookshop opposite doesn't,
. . ., we don't sell them,
. . ., we don't buy modern books,
. . ., not old paintings.

Qu'est-ce qui, du point de vue acoustique, distingue le noyau (accent primaire) des autres syllabes accentuées ?

1 2

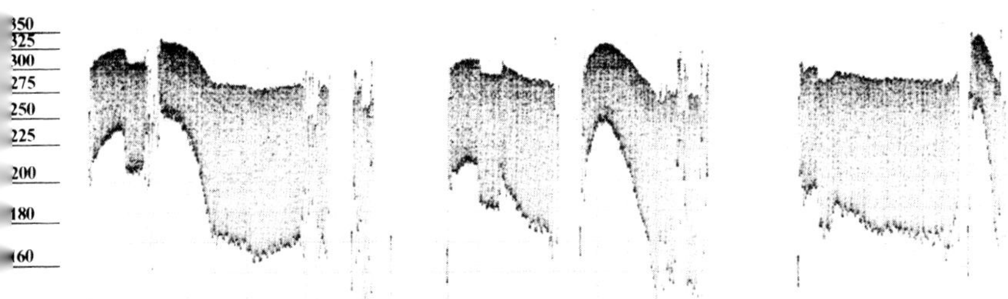

3 4 5

Mesurez sur l'enregistrement 1 l'écart (en c.p.s.) entre *old* et le début de *books*.

Faites la même mesure sur l'enregistrement 5.

Peut-on expliquer le choix des termes **chute inférieure** (angl. *low fall*) et **chute supérieure** (angl. *high fall*), utilisés pour qualifier ces deux noyaux ?

7. Les différents types de noyaux

Il existe six espèces de noyaux : la chute inférieure, la chute supérieure, la **montée inférieure** (angl. *low rise*), la **montée supérieure** (angl. *high rise*), le **ton circonflexe** (angl. *rise-fall*) et le **ton creusé** (angl. *fall–rise*). Chaque espèce est illustrée par un enregistrement. Lequel ?

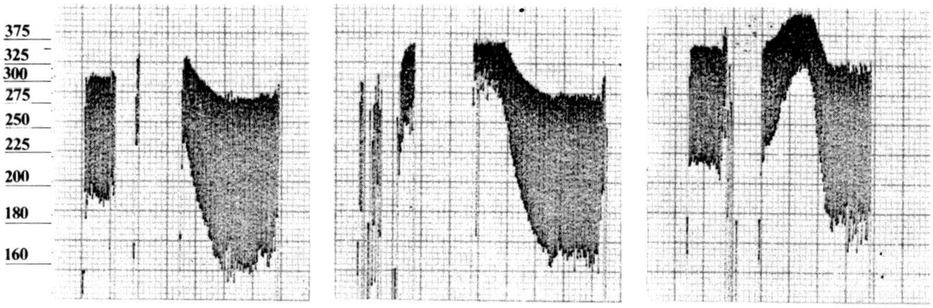

What a ˏshame ! What a ˋshame ! Thank ^you !

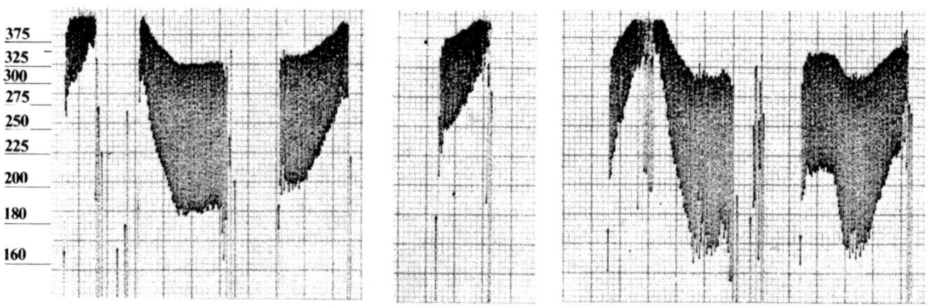

Your ˋ change, ˏSir ˊYes? ˋTell them, if you ˇcan

Si on représente par une portée le registre de la voix parlée, l'opposition chute inférieure ~ chute supérieure est-elle symétrique de l'opposition montée inférieure ~ montée supérieure ? Comment peut-on représenter les montées ?

Chutes Montées

8. Comportement des syllabes post-nucléaires

Comparez sur les enregistrements suivants le comportement des queues selon qu'elles suivent un noyau descendant ou un noyau montant. Si l'on convient que les signes mélodiques ne sont jamais placés que devant des syllabes accentuées, que désignent respectivement les signes ° et ₒ ? Commentez, en outre, ces lignes de J. D. O'Connor et G. F. Arnold :

In the Low Rise and High Rise the stressed syllable of the accented word [le noyau] does not itself rise in pitch, but each of the following syllables is a step higher than the previous one. [. . .] When the final syllable of the word group is stressed (and only then), there is a tendency to slide upwards in pitch during the syllable. (J. D. O'CONNOR et G. F. ARNOLD, *Intonation of Colloquial English*, pp. 12–13.)

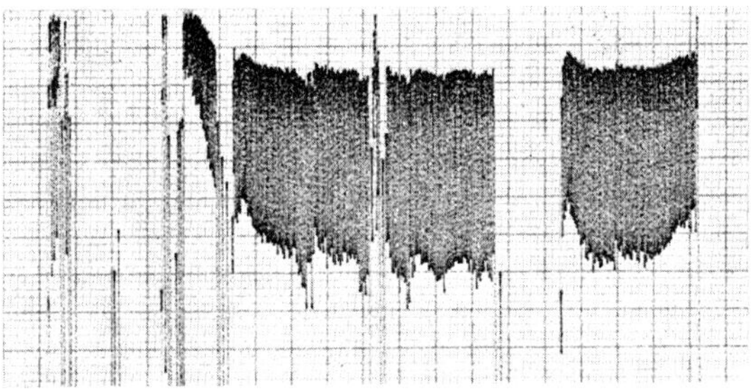

¯Why ˋshouldn't I ˳go to the ˳West ˳End ?

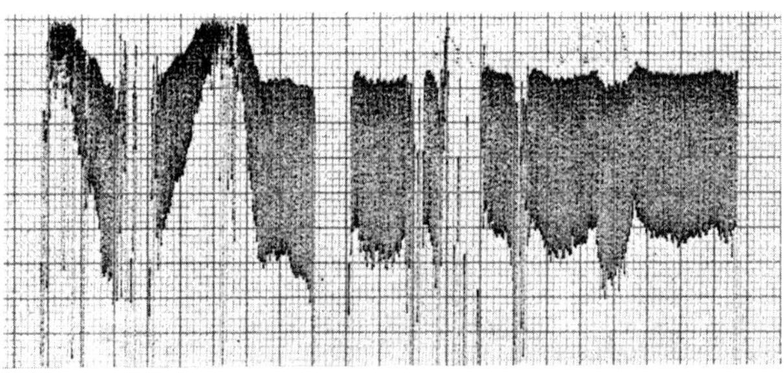

I ˋdidn't ˆrealize he ˳wasn't ˳taking me ˳home!

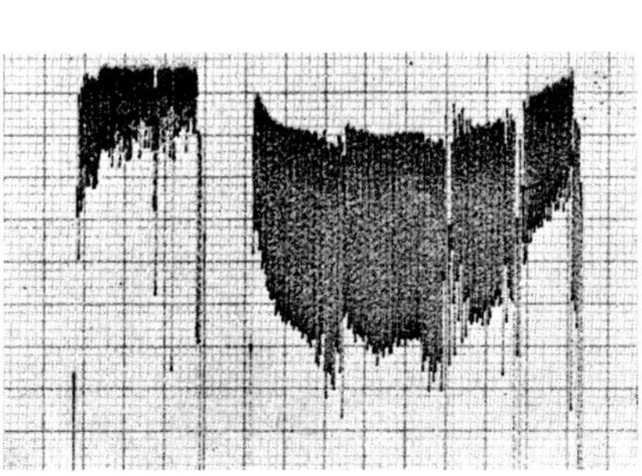

¯Any more ˏ fares, °anybody ?

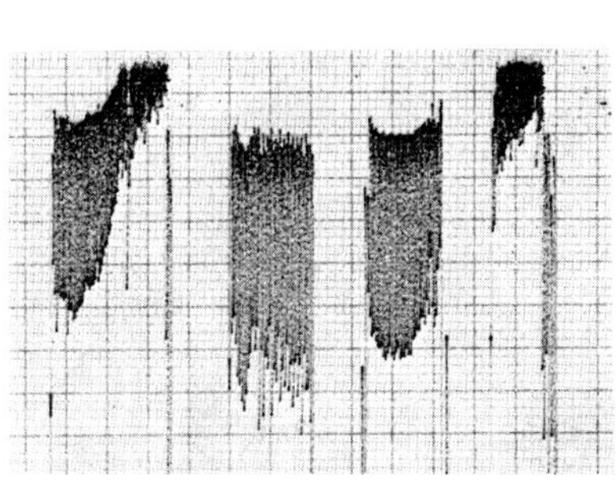

ˈAny °more ˏ fares, thank °you?

9. Représentation de l'intonation sur une portée

On a vu au § 7 comment on représente sur une portée une syllabe kinétique, c'est-à-dire une syllabe sur laquelle s'opère une variation de hauteur.

Si ● sur la portée figure une syllabe accentuée statique, et • une syllabe inaccentuée, représentez l'intonation des phrases ci-dessous, telle qu'elle est indiquée au moyen des signes mélodiques (⟶ § 12.2).

ˊYes? ˋBuy $_\circ$one, $_\circ$then.

ˈDid you °tell ˏMummy a°bout it?

You ˈwent °there °after ˇall?

He never ˋsays when he $_\circ$comes.

10. Différentes sortes de têtes

Dans la deuxième édition de *Intonation of Colloquial English*, O'Connor et Arnold distinguent quatre sortes de têtes qui se répartissent comme suit selon le contexte:

high head — tout contexte sauf devant un ton creusé
falling head — seulement devant un ton creusé
low head — seulement devant *low rise*
rising head — seulement devant *high fall*

La notion de variante contextuelle permettrait-elle de simplifier cette description? L'analyse de O'Connor et Arnold est-elle phonétique ou phonologique? Énoncez la règle qui permettrait de se contenter de l'opposition tête supérieure ~ tête inférieure.

Retrouvez ces deux sortes de têtes dans les enregistrements suivants:

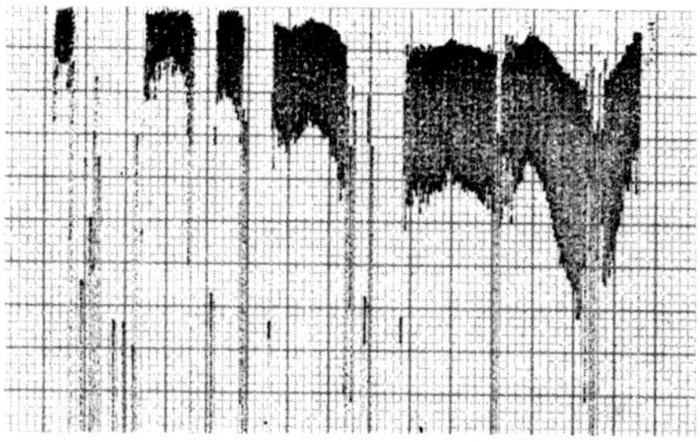

ˈHadn't we °better °wait for °him ˏhere?

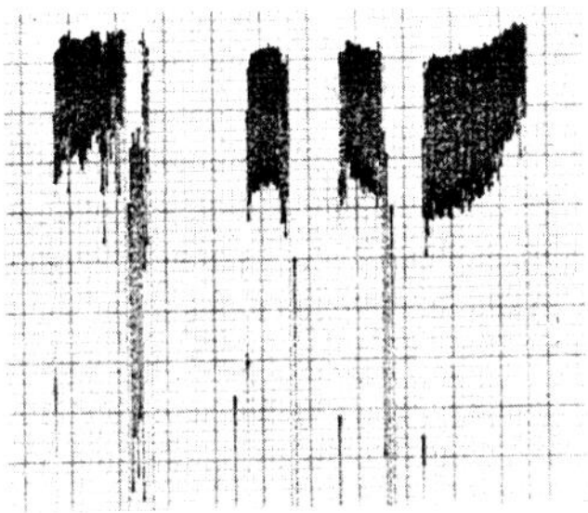

ˈHow °much did you °say it ˊwas?

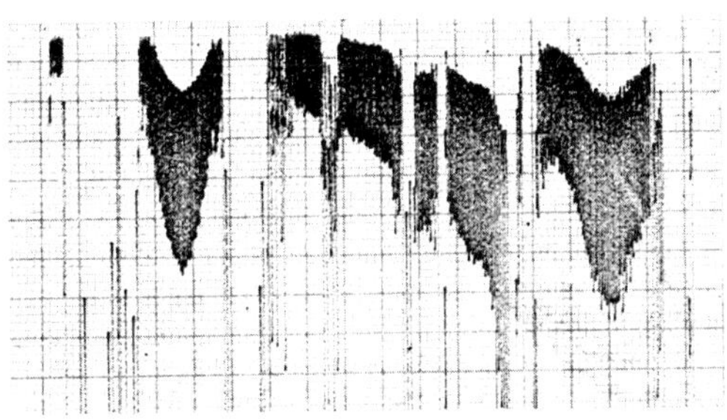

He's ˇnice, ˈno °doubt a°bout ˇthat ...

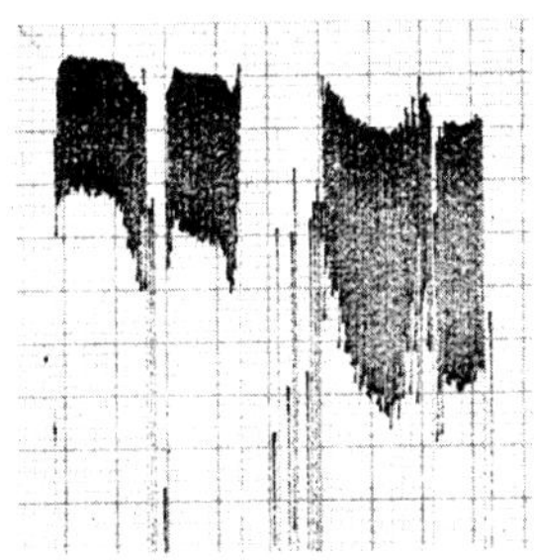

ˈHere's your ˎpen

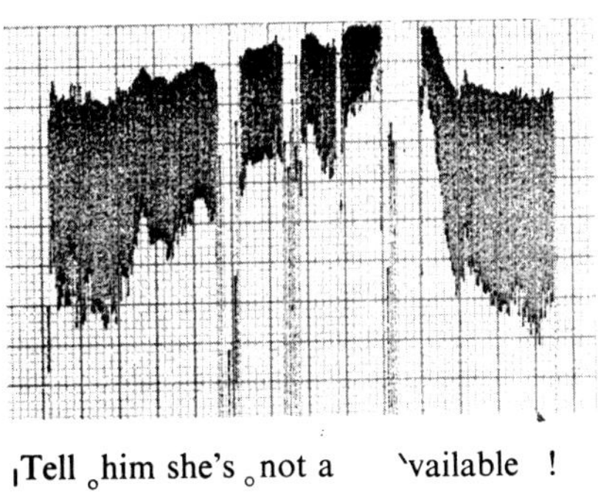

ˌTell ˳him she's ˳not a ˎvailable !

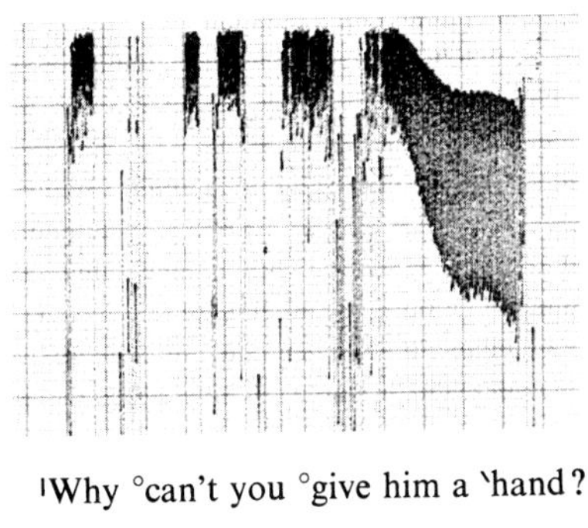

ˈWhy °can't you °give him a ˋhand?

11. Interprétation des syllabes pré-nucléaires

Voici un exemple des deux types de tête dont l'opposition est distinctive en anglais. Vous indiquerez sur le schéma les différentes parties des deux groupes de souffle.

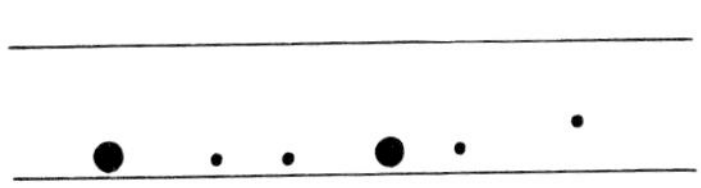

ˌWhat can I ˏdo for °him?

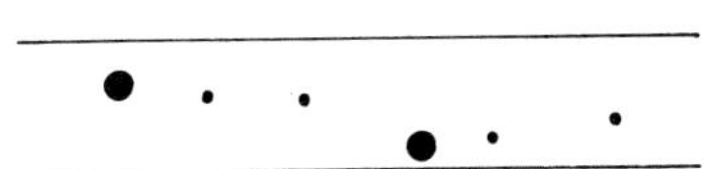

ˈWhat can I ˏdo for °him?

Quel type de tête figure sur les enregistrements suivants ? Seuls les signes mélodiques des noyaux ont été indiqués. Faites figurer les signes mélodiques des têtes.

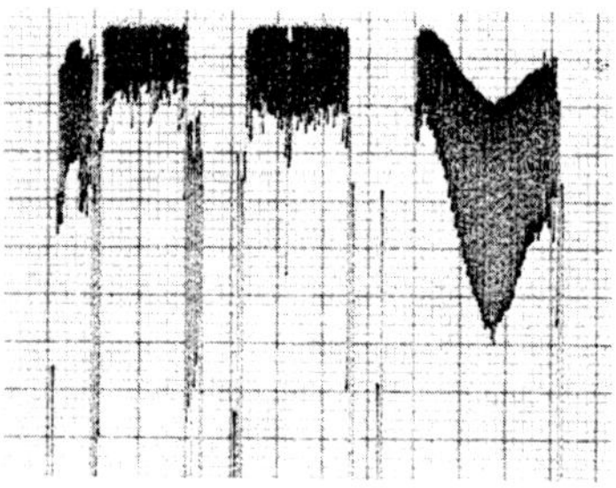

Would you like some more ˏtea ?

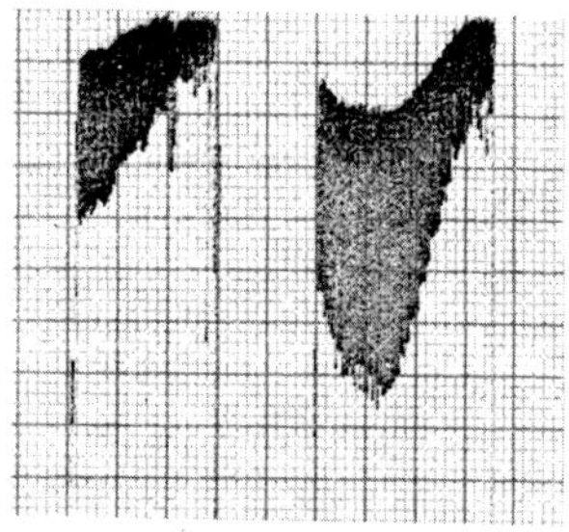

Any more ˏfares ?

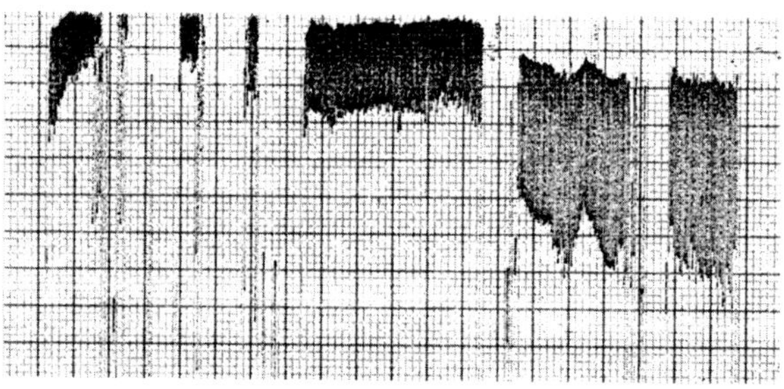

Why did you switch on the imˋmersion heater ?

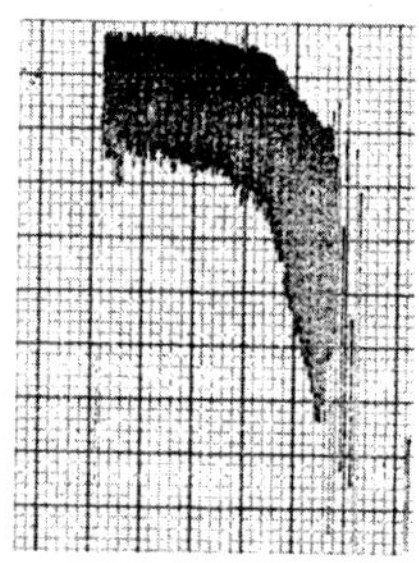

Come when you ˎlike.

Distinguez dans le noyau des deux premiers enregistrements variation de hauteur pertinente et phénomène de contact. Comparez ce noyau avec le ton creusé.

12. Avant-têtes

Lorsqu'un groupe de souffle commence par une ou plusieurs syllabes inaccentuées[1], celles-ci constituent une **avant-tête.** L'avant-tête n'est représentée par aucun signe mélodique sauf si elle est supérieure (notée ¯). Quels sont les enregistrements qui comportent une avant-tête normale? Le terme « supérieur » a-t-il une signification absolue ou relative? La différence entre tête supérieure et avant-tête supérieure dépend-elle seulement de la présence ou de l'absence de syllabes accentuées?

1. Ou désaccentuées (cf. *what*, l. 2 et *don't*, l. 3 p. 131).

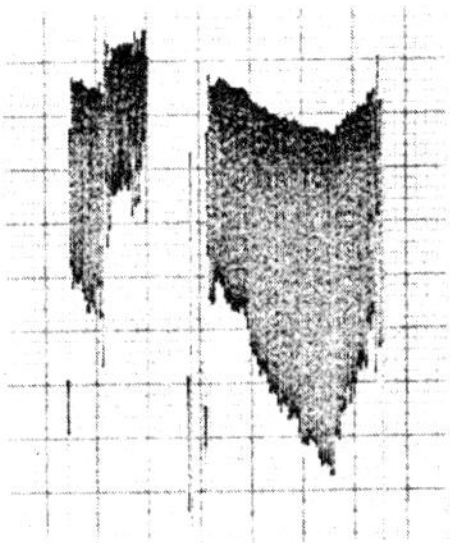

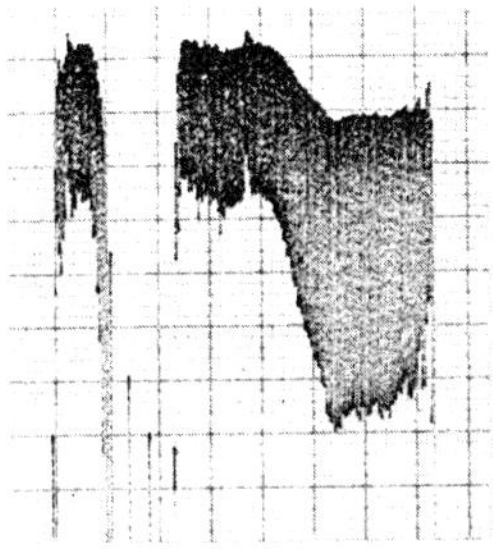

What's your ˎname?   ˎBuckingham   !

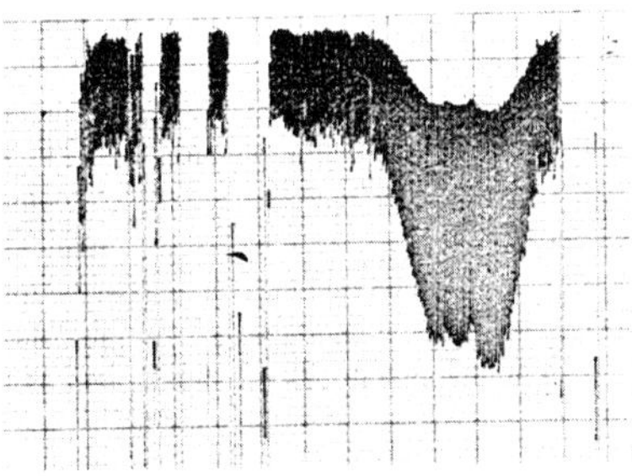

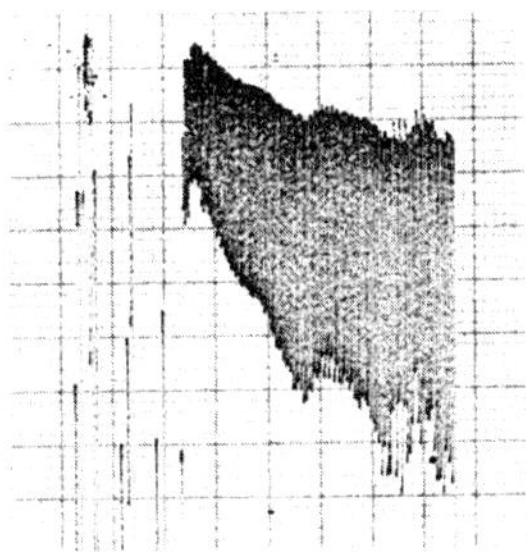

What did you ˈsay your ˏname °was?   ˋBuckingham

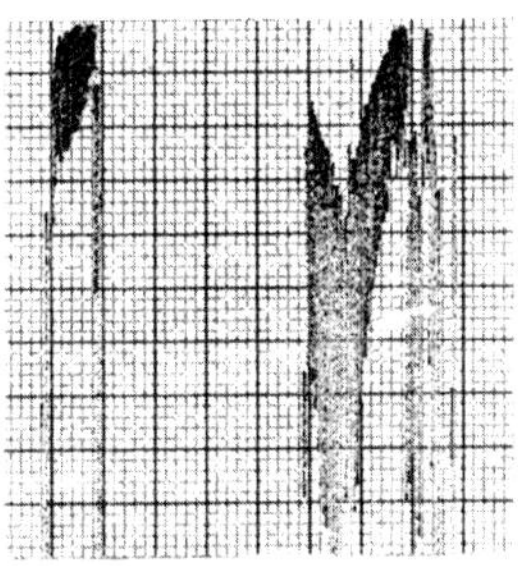

ˉDon't   ˏshout   !

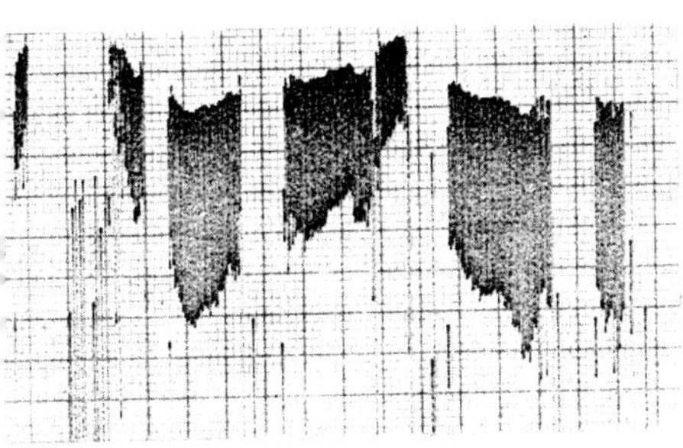

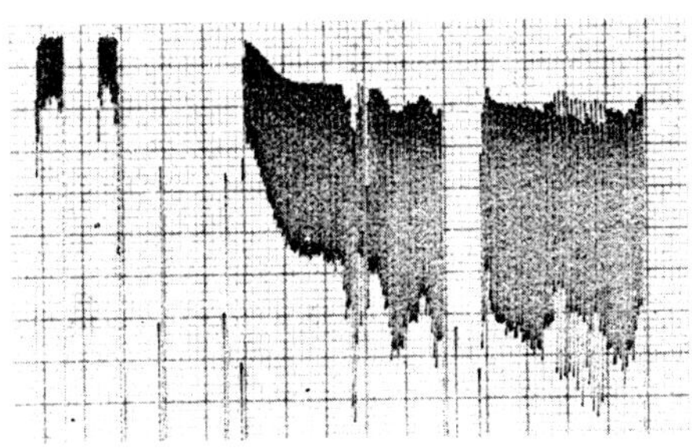

ˈhe ˋfront ˳room's been reˎdeco˳rated   You've re ˋdeco˳rated it ˳all   ?

13. Récapitulation

Le dialogue suivant ne comporte que les signes mélodiques nécessaires à l'interprétation des tracés. Cherchez les noyaux et les syllabes accentuées. Notez les signes qui manquent. Déterminez les diverses parties des groupes de souffle. Comparez le tracé de *No* ci-dessous et celui de *We* (§6, tracé 2). Quelle partie de ces deux tracés est pertinente ? Combien y a-t-il de groupes de souffle dans la réplique *He has a meeting at the Conservative Club ?*

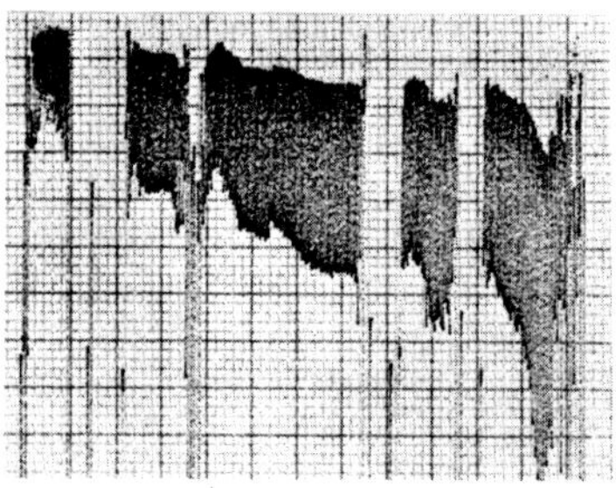
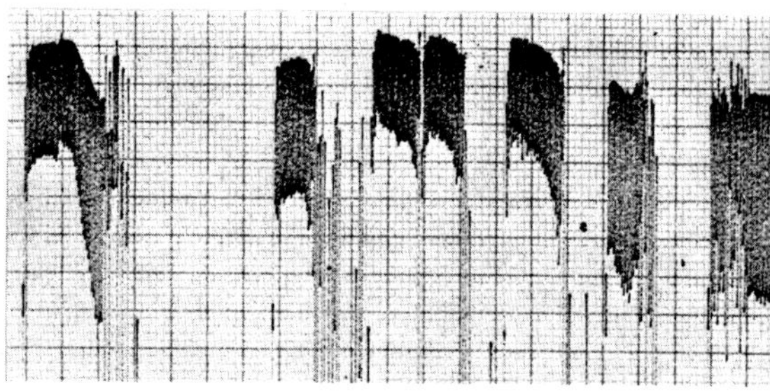

Can your husband come round for — No
a ˏdrink?
There's plenty of house work to do

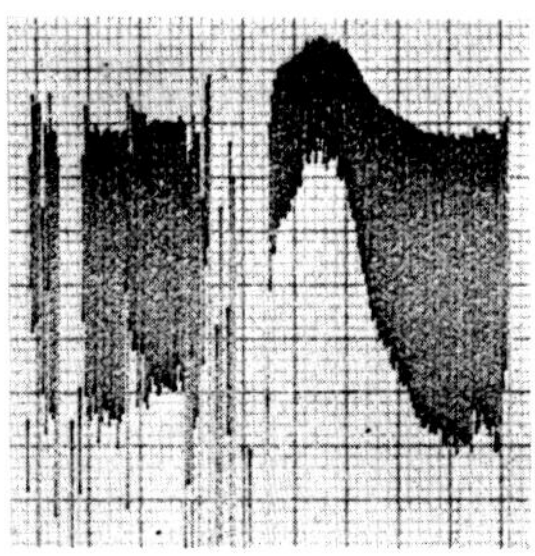

—What about to^-morrow?

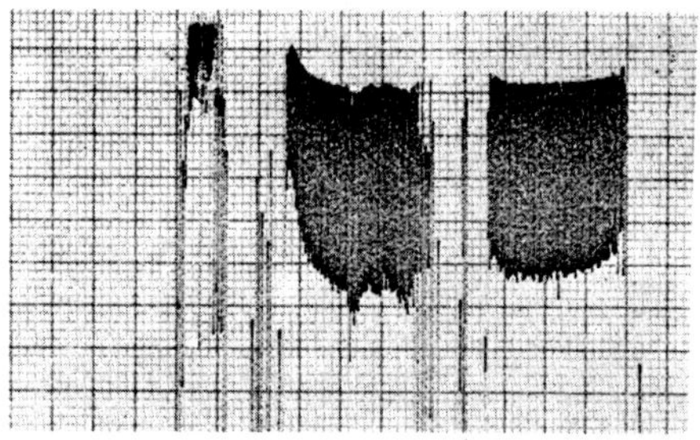

— I'm aˈfraid ˎnot, John .

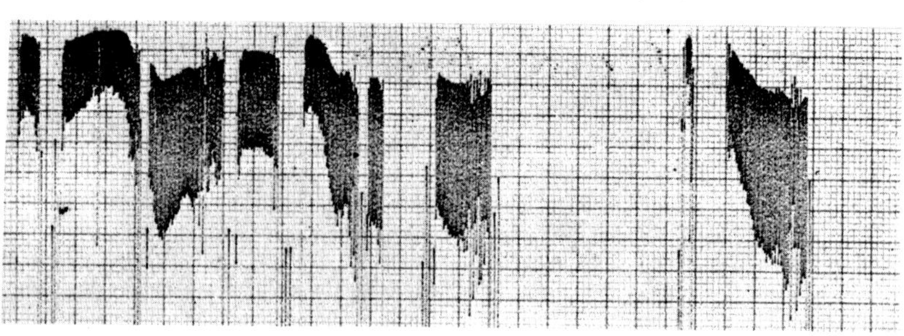

He has a ˋmeeting at the Con ˋservative Club. ¯ Good-bye .

14. En vous aidant des enregistrements précédents, représentez le dialogue suivant sur la portée.

I've ˈbought an °A to ˎZ. —ˈWhat ˋis an ˳A to ˳Z? — It's a ˋstreet-˳map.

— ˈDon't you °know all the °pubs in the ˏcity? — ¯Of ˋcourse, I ˳do.

—ˋWell, ˳then, ˌwhat's the ˋuse of an ˳A to ˳Z? —ˈHa! ˎHa! ˏVery ˎfunny!

CONTRAINTES SYNTAXIQUES

15. On a vu aux §12.9–13 que le sens objectif d'un groupe de souffle est profondément modifié lorsqu'on place un accent 1+ sur l'un des mots qui le compose. Quelle est la plus petite modification phonétique nécessaire (⟶ §6, tracés 1 et 5) pour rendre la phrase *I'm surˈprised he °didn't ˎphone* compatible avec les contextes indiqués entre parenthèses? Vous représenterez ces phrases sur une portée en faisant figurer les pauses éventuelles.

I'm sur prised he didn't phone (instead of coming all the way).

I'm sur prised he didn't phone (he always does).

Le fait de changer dans les phrases ainsi obtenues le trait [inférieur] en [supérieur] modifie-t-il le contenu du message, ou simplement l'attitude du locuteur?

16. L'accent restrictif

Servez-vous des enregistrements suivants pour annoter les phrases de cet exercice. Paraphrasez le sous-entendu de l'intonation.

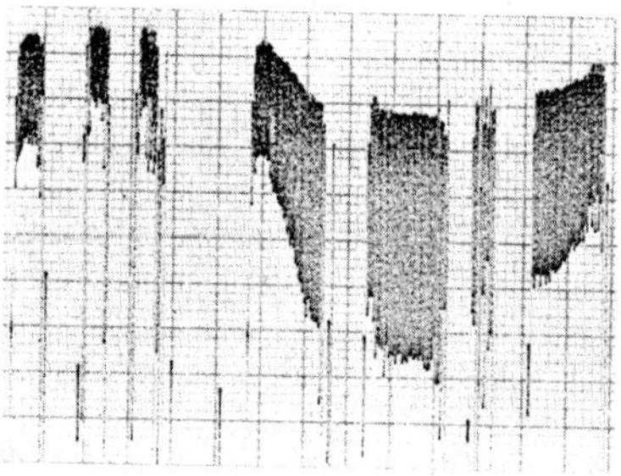

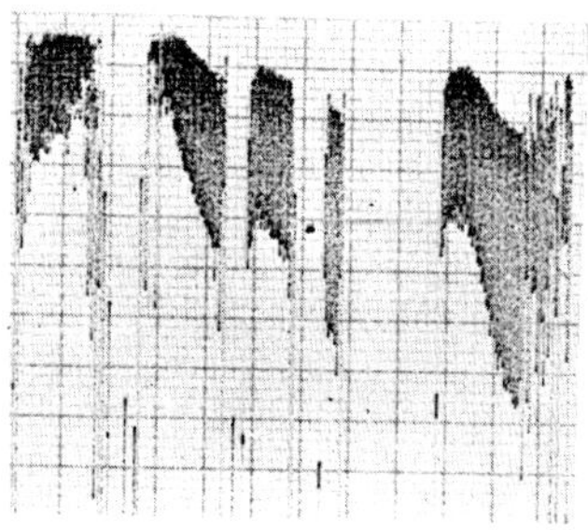

Have they got colour television ? — I know they've got a set . . .

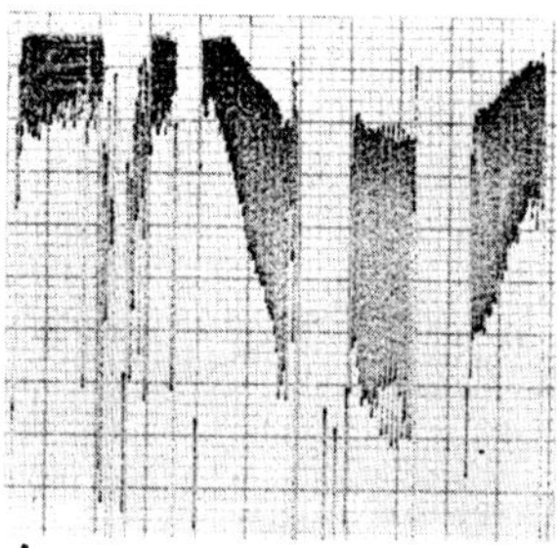

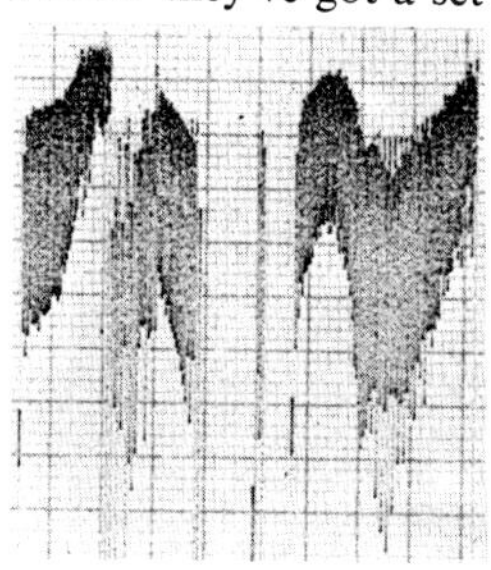

Do you like the wallpaper? — I like the colour . . .

— Why not go to a film, and then have dinner somewhere? — I've got enough money for the film. . .

Comment expliquer que dans ces exemples une légère chute ait lieu sur chaque syllabe de la tête, et que celle-ci descende plus bas que le début du noyau (*falling head*)?

17. Représentez sur une portée les deux phrases suivantes. Quel rapport existe-t-il entre elles et les phrases précédentes?

You ˈcan't ex°pect him to be ˇpleased. . . So ˈlong as it's ˇclean. . .

Quels critères déterminent le choix d'un ton creusé (ˇ) de préférence à une chute supérieure? Quel type de proposition l'emploi du ton creusé rend-il inutile? Vous vous aiderez des oppositions suivantes pour formuler votre réponse.

1. — ˈWho °broke the ˎmirror? ~ — ˈNobody °turned ˎup.
   — ˋI did. — ˇI did.

2. He's ˋnice ~ He's ˇnice, no ˈdoubt about ˇthat...
3. I ˈdon't °like the ˋcolour ~ I ˈdon't °like the ˇcolour...

18. Contour intonatif de base

Le schéma ci-dessous représente les variations mélodiques de la voix qui correspondent à la phrase *For Jane* prononcée d'un ton calme et objectif et formant un tout indépendant de tout contexte. On considérera avec Lieberman (*Intonation, Perception and Language*) que, de tous les contours intonatifs possibles, c'est le plus neutre, c'est-à-dire le plus dénué d'implications psychologiques et celui qui correspond à l'énoncé syntaxique dont tous les autres dérivent: phrase assertive n'impliquant aucun discours préalable, et n'appelant aucune suite.

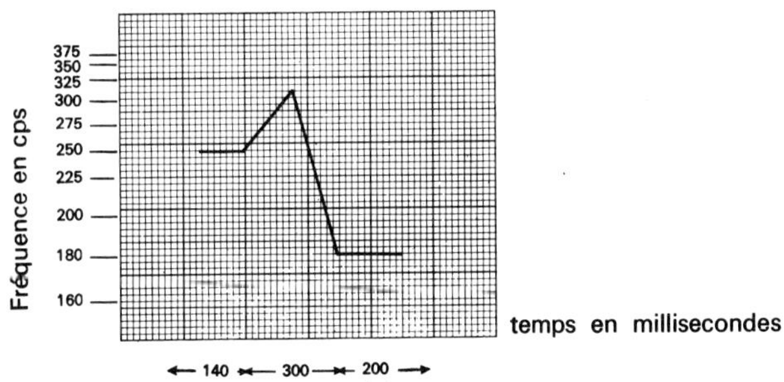

For Jane, **d'après Lieberman.**

Quel tracé parmi les suivants correspond au contour ci-dessus? Quel type de tête et de noyau possède-t-il?

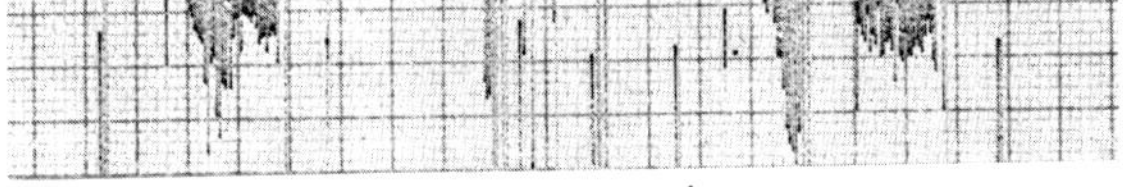

You ˌsaid you ₒsaw her at the ˋhair ₒdresser's.

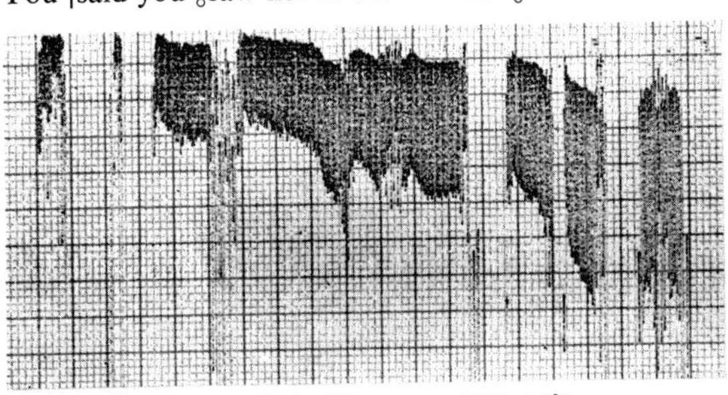

Mr. ˈJohnson will be ˘here ˏpresently

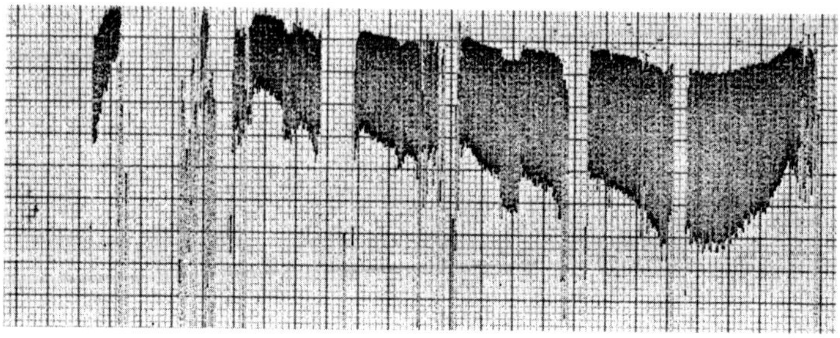

ˈWhy °not °go to °Sloane °Square by ˏunder°ground

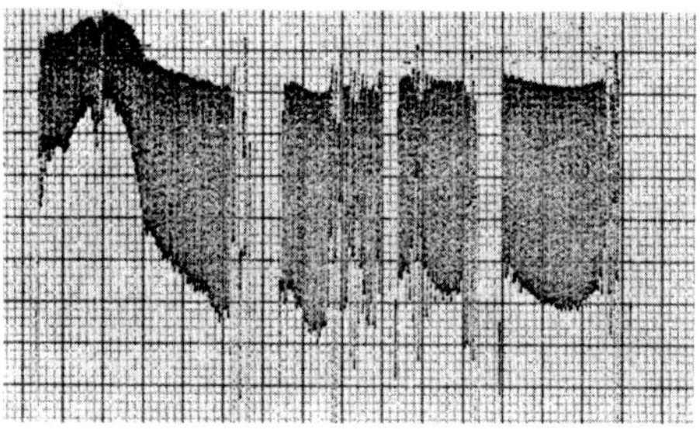

and ˋthen ˳walk ˳down ˳King's ˳Road?

19. Quelle règle faut-il formuler pour rendre compte, dans les enregistrements suivants, de la répartition des noyaux montants et descendants? L'application de cette règle change-t-elle le contenu objectif et/ou le contenu affectif de ce groupe de souffle?

We went to Hampton Court, and walked through the gardens, we saw the tennis courts there, and we spent all our pocket money on ice creams.

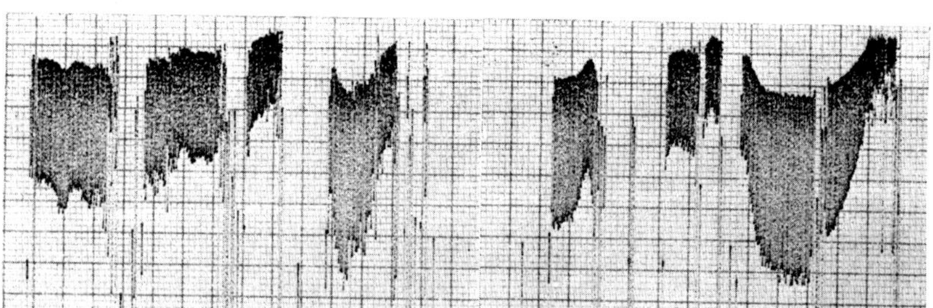

wiˈwen tt u°hæm t ən ˏk ɔ: t ənˈwɔ: kt θ ruðəˏg ɑ: d ə n z

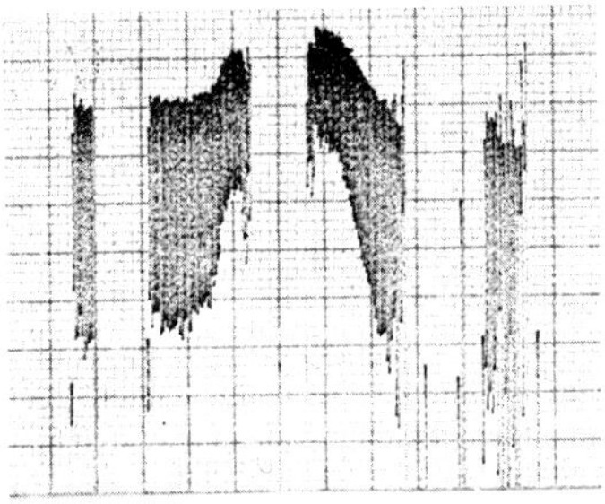

wi ˈs ɔ:ðə ˋt eni s̥k ɔ: ts

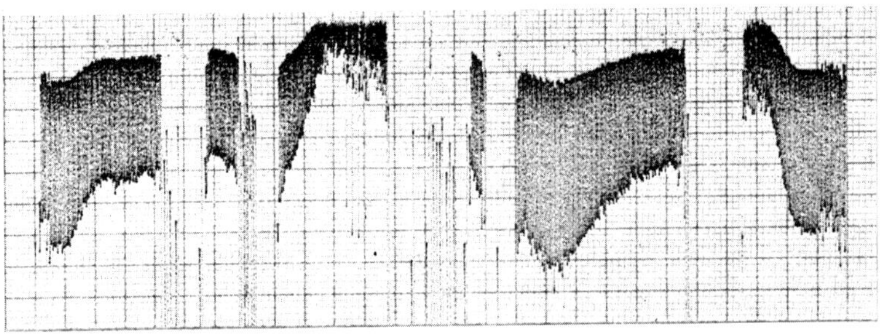

ˏð ɛə ənwi sp en t ˈɔ: l ɑ: ˎpɔkit̥mʌni ɔn ̥ɑi s ˋk r i: m z

La phrase ci-dessous ne comporte pas de tête supérieure. La règle dégagée plus haut s'applique-t-elle ici ?

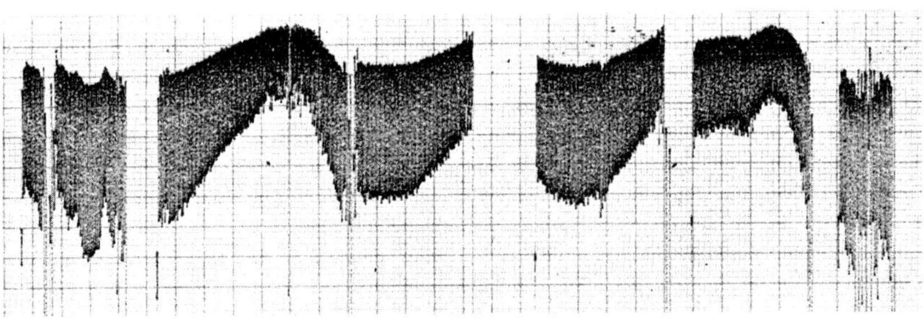

ju kənˌhæv ˏwai...... n, ˏb iə....., ˏs ɑi d ə ˈʔ ɔ: ˎwɔ: t ə

Pour faciliter la lecture cursive des mingogrammes, nous avons évité d'utiliser les symboles phonétiques dans la légende des enregistrements ; à titre d'exemple, nous avons fait correspondre ici exceptionnellement chaque phonème à la partie du tracé qui le représente.

20. Comparez, selon le type de réponse qu'elles admettent, les questions dont on a représenté ici l'intonation sur la portée. Indiquez les signes mélodiques. Par combien de traits distinctifs — et lesquels — [supérieur ~ inférieur] et/ou [montant ~ descendant] diffèrent-elles respectivement du contour intonatif de base ? Quel effet ce dernier produirait-il ?

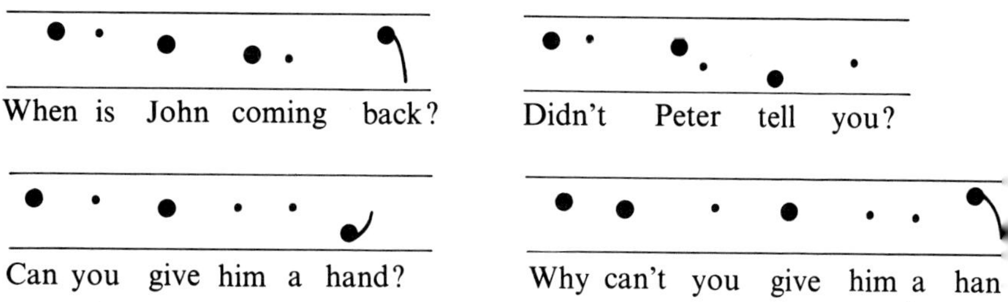

Ces contours représentent la manière la plus courante de poser des questions en anglais. D'autres contours s'écartant du contour de base par le même nombre de traits sont-ils possibles ? En quoi diffèrent-ils des précédents quant à leur sens ? En constituent-ils une forme marquée ou non ?

21. Dans le livre de J. D. O'Connor et G. F. Arnold, *Intonation of Colloquial English*, p. 201–214, tous les exemples de « statements », de « commands » et d'« interjections » prononcés avec une montée supérieure sont suivis d'un point d'interrogation. Comment l'expliquez-vous ? Cherchez une définition grammaticale de ce que les auteurs entendent par ces mots.

1. You've ˈgot enough ˊmoney ?
2. (ˈTake it ˏhome !) — ˈTake it ˊhome ?
3. (The ˈsilly °young ˏfool !) — ˈSilly °young ˊfool ?

22. Les phrases de cet exercice sont normalement prononcées avec une montée supérieure. En quoi, les questions qui utilisent ce type de noyau se démarquent-elles des autres par leur fonction ?

1. ˈHow ˊmuch did you °say it °was ?
2. I ˈsaw him ˏyester˳day.
   — ˈDid you ˊsee °him at the °Club ?
3. ˈWhen do you ˏleave ?
   — ˈWhen do I ˊleave ?
3. I ˈsent him a ˏletter.
   — You ˈdidn't ˊphone him ?

FONCTION EXPRESSIVE DE L'INTONATION

23. Le trait [inférieur ~ supérieur] dans les chutes

En dehors des contraintes analysées précédemment et liées à l'organisation de la chaîne parlée et à la structure de l'échange verbal, les divers écarts par rapport à la norme sont disponibles pour transmettre l'attitude et les sentiments du locuteur. Étudiez le contenu sémantique du trait [supérieur ~ inférieur] d'après les exemples des paragraphes précédents auxquels on a ajouté les suivants.

1. The ˈfront °room's been reˎdecorated.
2. You ˈsaid you °saw °her at the ˎhair˳dresser's.
3. It ˈjust °isn't ˎtrue.
4. I ˈdidn't °even ˎtouch it.
5. But we did the ˈshopping ˎyesterday!
6. What a ˎshame!

Transformez dans ces phrases le trait [inférieur] en [supérieur]. Essayez de définir le changement de ton en termes psychologiques.

24. Le trait [montant ~ descendant]

Le noyau des phrases suivantes peut être une chute inférieure ou une montée inférieure. Représentez l'intonation de ces phrases sur la portée. Quel trait distinctif leurs noyaux ont-ils en commun? A quelle nuance de sens correspond cette caractéristique structurelle? A quelle différence de sens correspond l'opposition [montant ~ descendant].

chute inférieure	montée inférieure
You ˈneedn't ˎworry.	You ˈneedn't ˏworry.
ˈDo °keep your ˎtemper.	ˈDo °keep your ˏtemper.
ˈNo °need to °get exˎcited.	ˈNo °need to °get exˏcited.
ˈMind the ˎdoors.	ˈMind the ˏdoors.

25. La conversation suivante peut être tenue sur deux registres différents selon que le ton est froid ou intéressé. Indiquez dans les deux cas la structure de l'intonation au moyen des signes mélodiques et représentez-la sur la portée. Le choix du ton joue-t-il un rôle dans l'enchaînement des répliques ?

Ton froid	Ton intéressé
______________________________	______________________________
______________________________	______________________________
Have you heard from them ? — No.	Have you heard from them ? — No.
______________________________	______________________________
______________________________	______________________________
They rang me up the other day.	They rang me up the other day.
______________________________	______________________________
______________________________	______________________________
How are they ? When are they coming ?	How are they ? When are they coming ?

Dans quelles phrases pourrait-on, pour être plus aimable encore, employer la montée supérieure ? Pour quelle raison ne peut-on le faire dans les autres ?

26. Paraphrasez le sens des diverses réactions qui suivent. Que deviendrait-il si on changeait ce qui est chute en montée ?

1. 'John would °like to ˎsee you. — ˎWould he !
2. You were sup'posed to °give him a ˎring. — ˋWas I !
3. He's ˋsorry about ˳last ˏnight. — ˋIs he ?

Classez les *tags* des phrases suivantes selon qu'ils constituent ou non une véritable question.

4. Their 'flat's °very ˎnice, ˎisn't it ?
5. Our 'daughter is at the °same °UniˋVersity, ˋisn't she ?
6. There was a 'personal °call for ˋPeter, ˏwas there ?
7. 'Jenny is a ˋtypist, ˏis she ?
8. 'Sue is a ˋtypist, ˏisn't she ?

Comparez :

9. ˋCome ˳over ˳here, ˏwill you ?
10. You'll 'stop ˋdoing it, ˋwon't you ?

27. Remplacez la tête supérieure par une tête inférieure dans les exemples suivants. Quel changement d'attitude du locuteur cette opération implique-t-elle ? Pourquoi ne peut-on pas entamer une conversation sur une tête inférieure ?

1. I ˈgave you a °letter to ˎpost. ˈWhat have you ˋdone with it ?
2. You ˈshould have °said °so beˎfore.
3. I've ˈdone some ˋtyping for you.
4. We ˈshouldn't have ˋtold him.
5. It ˈwasn't °me who °chose to °go to ˏIreland.
6. I'll ˈwrite as °soon as ˎpossible.
7. ˈWhen can I °have it ˎback ?
8. ˈDon't you ˏlike him ?

28. Remplacez l'avant-tête des exemples suivants par une avant-tête supérieure. Ce changement mélodique apporte-t-il une nuance de sens ? Représentez l'intonation de la première phrase sur la portée.

1. But ˎlook ˳what you're ˋdoing!
2. You ˌcan't have ˳done it yourˏself!
3. Could you ˈpass the ˋcolour ˳supplement, ˏplease ?
4. Good ˏmorning!
5. I ˎhate ˳travelling by ˳train.

29. Commentez les enregistrements correspondant aux textes suivants et portez les signes mélodiques sur leurs légendes.

1. How about everybody helping to keep the new coinage bright and clean by dipping their coins in a household cleaning liquid ?

2. Another mother of ten, Mrs Lavinia Nicholson, aged thirty-seven, blamed immigrants for the rise in population.

3. The kitten nobody wanted.

"Oh, dear me," said Stripy the kitten. "Wendy doesn't want me. Whatever shall I do ?" Wendy's uncle Tom had bought her a lovely new dolly, a dolly that opened her eyes, and could say Mamma.

"I don't want this kitten," cried the naughty little girl.

Poor Stripy was very sad when he heard this. So he ran away down the road, and didn't stop running till he came to a farm, at the edge of a wood.

"Do you want a kitten at your farm, please ?" asked Stripy.

Rags the dog shook his head. "No, you're much too small," he growled; "you'd never be able to kill rats and mice in the barn. You're not nearly big enough, or strong enough."

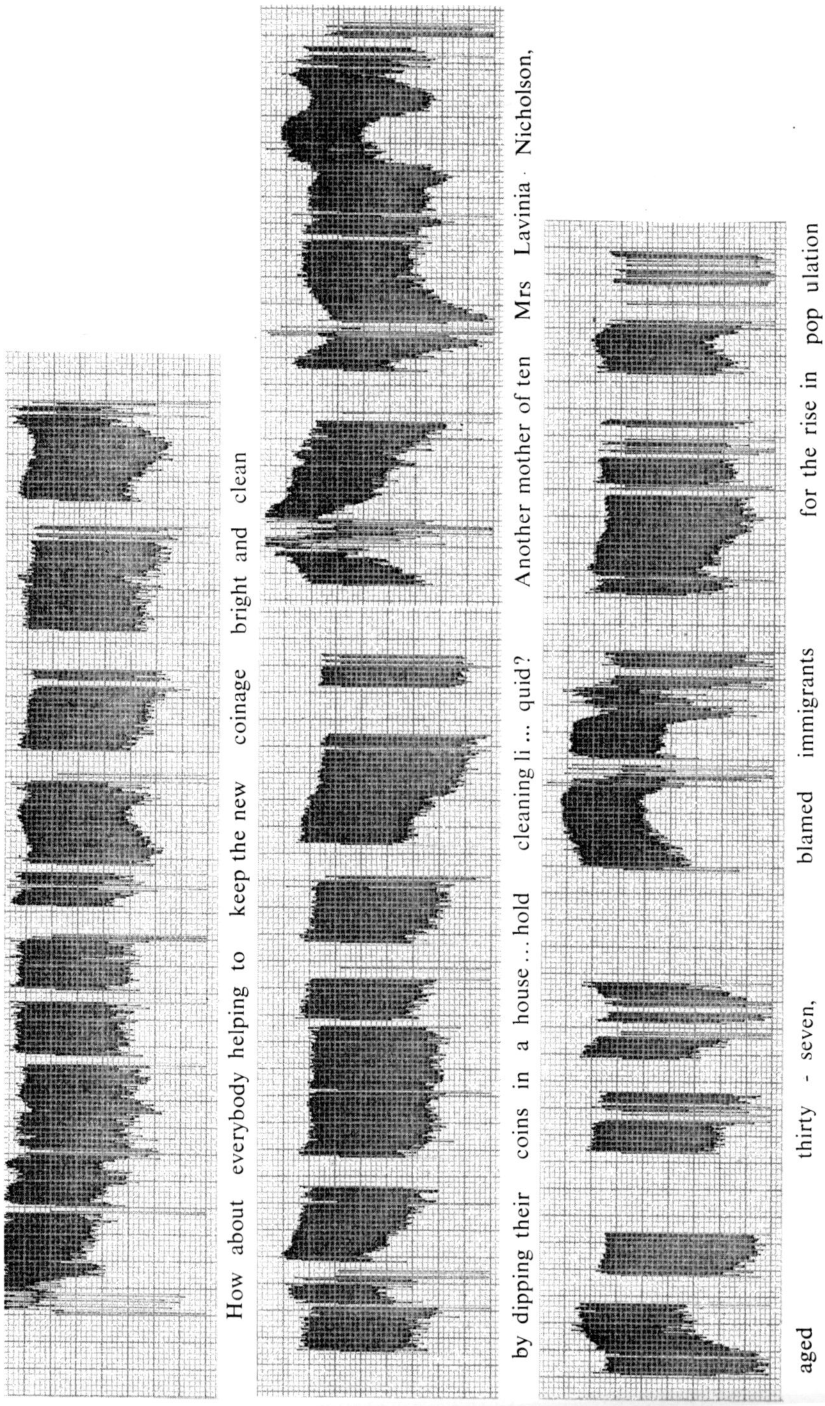
How about everybody helping to keep the new coinage bright and clean
by dipping their coins in a house ... hold cleaning li ... quid? Another mother of ten Mrs Lavinia Nicholson,
aged thirty - seven, blamed immigrants for the rise in pop ulation

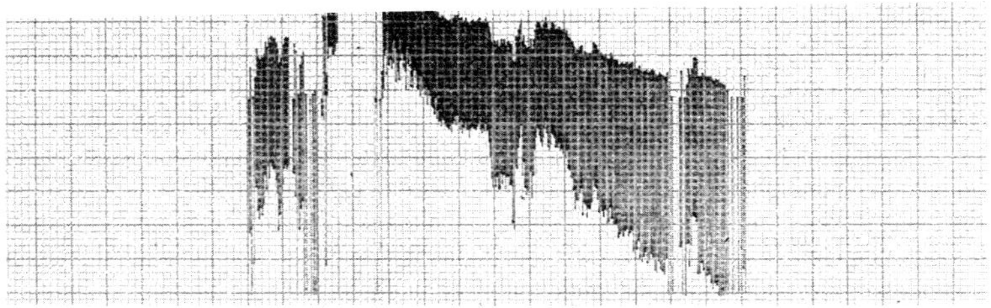

The kitten nobody wanted

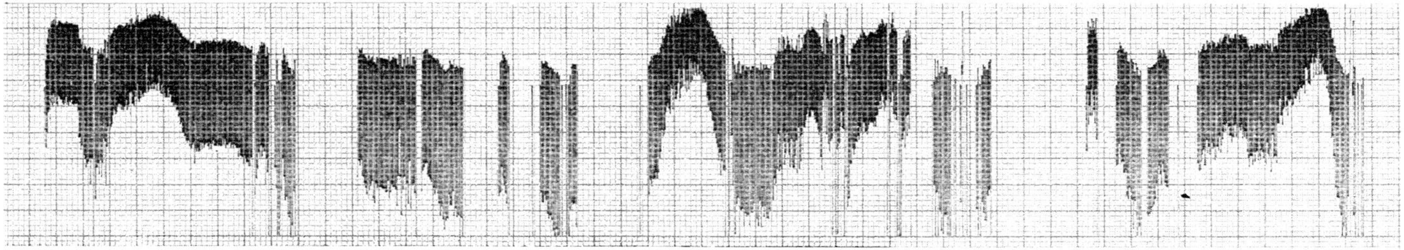

"Oh, dear me," said Stripy the kitten. "Wendy doesn't want me. Whatever shall I do?"

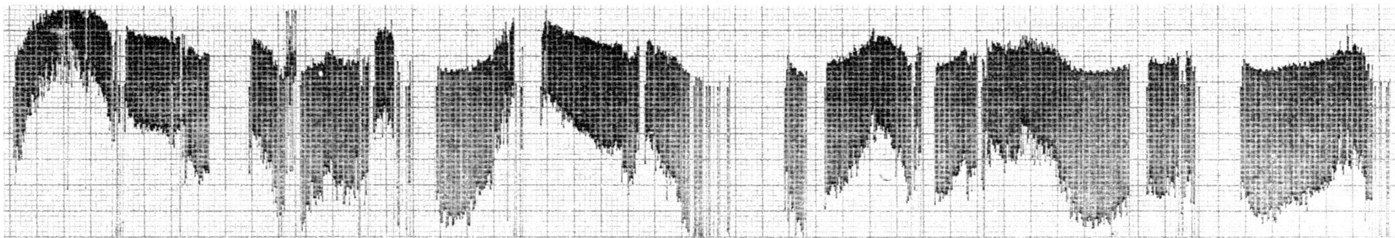

Wendy's uncle Tom had bought her a lovely new dolly, a dolly that opened her eyes, and could say Mamma.

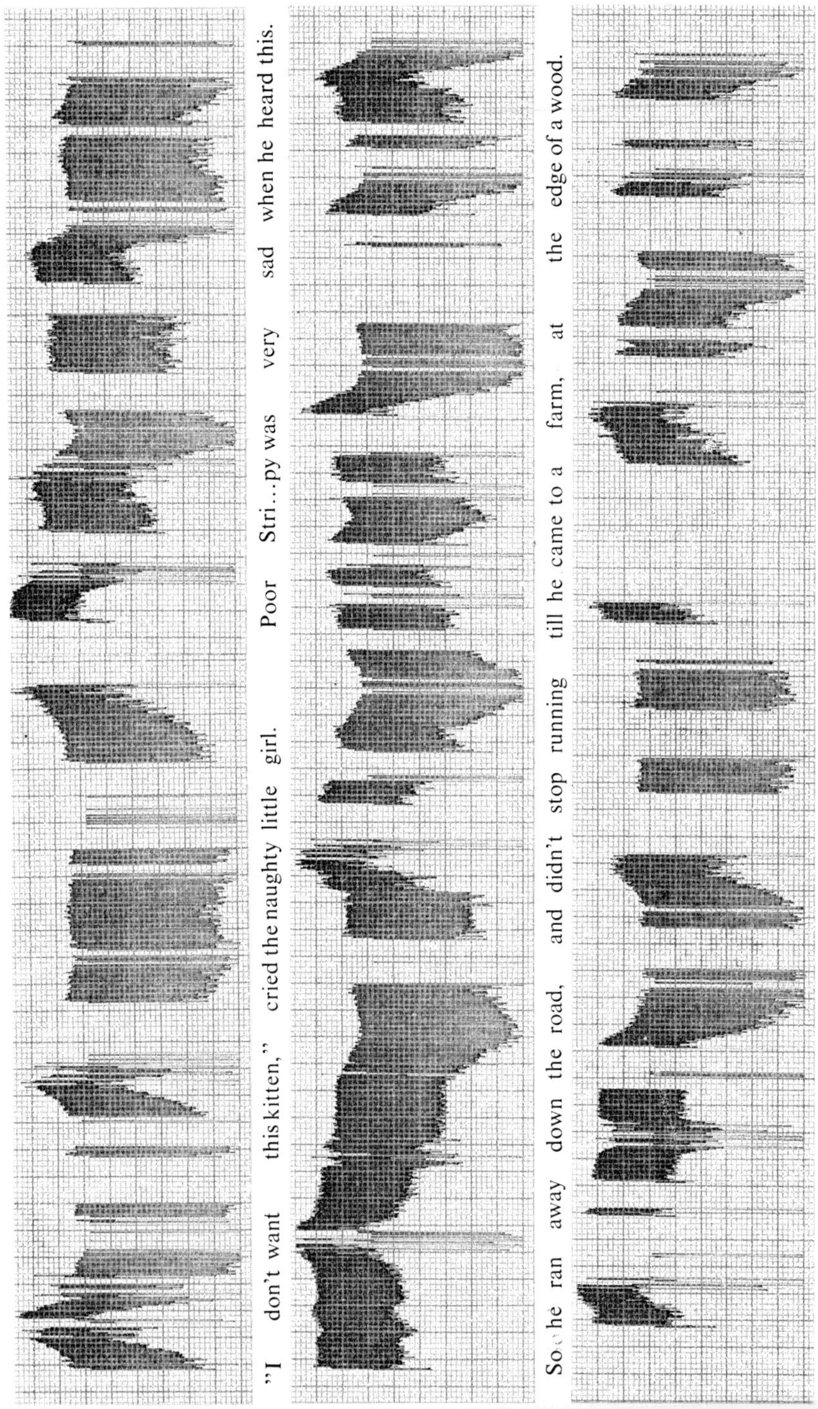
"I don't want this kitten," cried the naughty little girl. Poor Stri...py was very sad when he heard this.
So he ran away down the road, and didn't stop running till he came to a farm, at the edge of a wood.
"Do you want a kitten at your farm, please?" asked Stripy. . . ? Rags the dog shook his head.

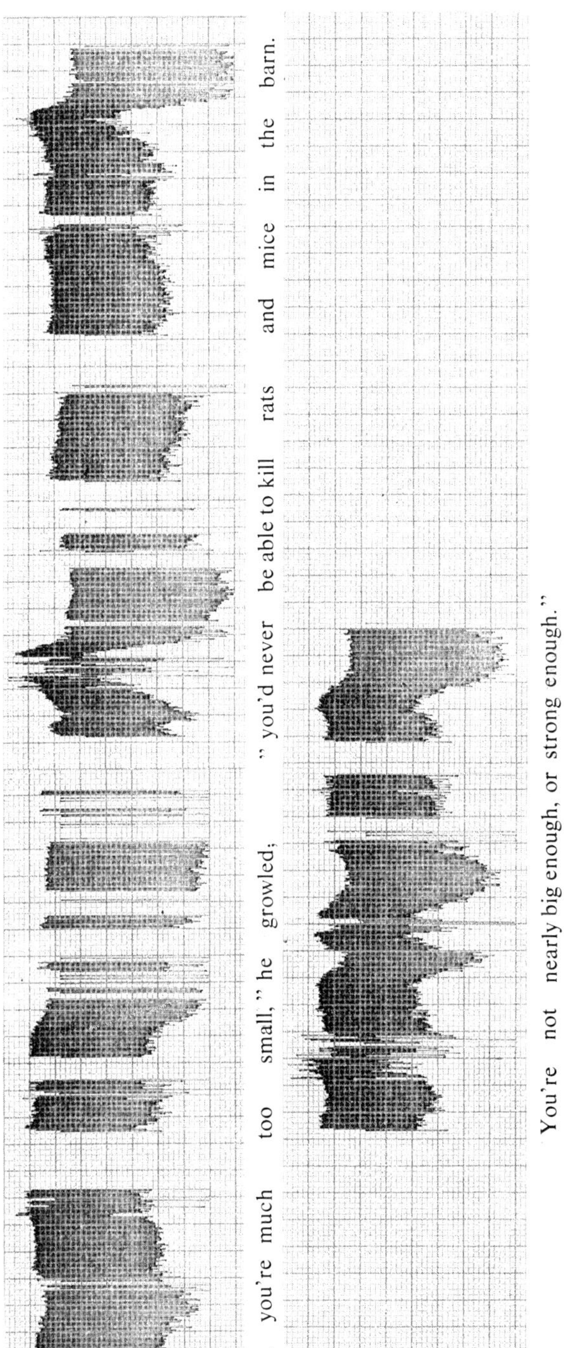
"No, you're much too small," he growled; " you'd never be able to kill rats and mice in the barn.
You're not nearly big enough, or strong enough."

14

la prononciation de l'anglais américain

1. Comparaison du système vocalique de l'anglais britannique et de l'américain

Dans le *Pronouncing Dictionary of American English* (PDAE) de Kenyon et Knott, on trouve en premier lieu la prononciation de l'*Inland North* ou « yankee » dont on a longtemps cru qu'elle était celle de tout le Nord et du Midland et qu'on appelle encore parfois *General American.*

Contrairement à la majorité des auteurs américains, Kenyon et Knott, dont le dictionnaire fait autorité, utilisent les symboles de l'alphabet phonétique « européen » de l'Association Phonétique Internationale. Les voyelles **ɪ** et **ʊ** qui ne figurent pas sur le tableau de l'IPA (p. X) représentent des voyelles brèves détendues, proches des voyelles fermées **i** et **u** en RP (⟶p. XII).

KENYON et KNOTT (PDAE) *General American*		DANIEL JONES (EPD) *Received Pronunciation* (RP)	
symbole	**orthographe**	**symbole**	**orthographe**
i	bee	**iː**	bee
ɪ	pity	**i**	pity
	here **hɪr**	**iə**	here **hiə**
e[1]	rate	**ei**	rate
ɛ	yet	**e**	yet
	chair **tʃɛr**	**ɛə**	chair **tʃɛə**

1. Kenyon et Knott représentent les voyelles de *rate* et de *go* par deux monographes, /**e**/ et /**o**/, alors que de l'aveu même des auteurs du dictionnaire, on entend beaucoup plus souvent une diphtongue ([**ei**] et [**ou**]). Il faut comprendre qu'il s'agit d'une représentation phonologique de la monophtongue tendue ou de la diphtongue. (⟶§3)

KENYON et KNOTT (PDAE) *General American*		DANIEL JONES (EPD) *Received Pronunciation* (RP)	
symbole	**orthographe**	**symbole**	**orthographe**
æ	sang, add, ask[1]	**æ**	sang, add
ɑ	far, father	**ɑ:**	ask, far, father
ɒ	watch	**ɔ**	watch
ɔ	jaw, horse **hɔrs**	**ɔ:**	jaw, horse **hɔ:s**
o[2]	go	**əu**	go
ʊ	full	**u**	full
	poor **pʊr**	**uə**	poor **puə**
u	tooth	**u:**	tooth
ɜ (ɝ)	further (further)	**ə:**	further
ə (ɚ)	further, about (further)	**ə**	further, about
ʌ	sun	**ʌ**	sun
aɪ	while	**ai**	while
aʊ	how	**au**	how
ɔɪ	toy	**ɔi**	toy

Quelles sont les voyelles qui sont transcrites par un symbole unique chez Kenyon et Knott et par un digraphe chez Jones ? Le choix de la notation s'explique-t-il par un seul souci de simplification ? En vous aidant du tableau de l'IPA et de l'enregistrement qui accompagne ce livre, placez les voyelles américaines sur le trapèze ci-dessous. Quelles sont les principales différences entre la RP de Jones et le dialecte « yankee » de Kenyon et Knott ?

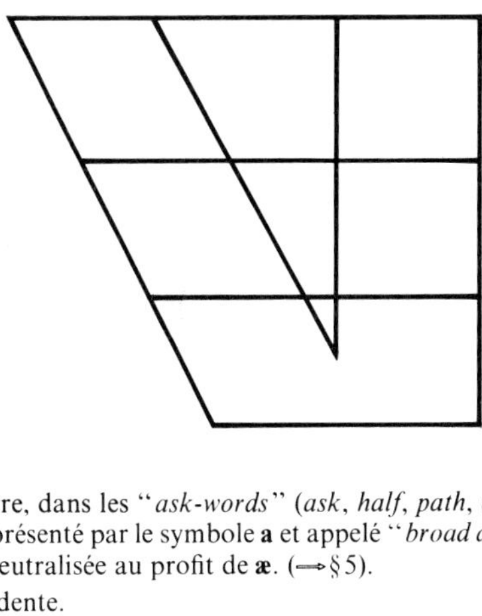

1. En Nouvelle Angleterre, dans les "*ask-words*" (*ask*, *half*, *path*, *can't*, *aunt*), on utilise un son situé entre **æ** et **ɑ**, représenté par le symbole **a** et appelé "*broad a*". Dans le reste du pays, l'opposition **æ** ~ **a** est neutralisée au profit de **æ**. (⟶§5).

2. Voir note, page précédente.

2. Structure du système vocalique

Dégagez la structure du système vocalique de Kenyon et Knott. Décrivez le système des voyelles simples en vous servant des traits [fermé], [ouvert], [arrondi], [arrière] et [tendu]. (Les voyelles **i**, **u**, **ɔ** sont tendues; pour les phonèmes représentés dans le PDAE par les symboles **e** et **o**, voyez la note p. 146.)

3. Diphtongues et monophtongues

Nelson Francis dans *The Structure of American English* note que la plupart des Américains, à commencer par lui, prononcent les phonèmes **e** (*rate*) et **o** (*go*) comme des diphtongues: **eɪ** et **oʊ**. Il remarque toutefois que c'est une monophtongue qu'on entend le plus souvent dans la voyelle soulignée des mots *chaotic*, *real estate*, *obey*, *lifeboat*.

Dans quel contexte **eɪ** et **oʊ** deviennent-ils monophtongues? En vous servant de la règle 7 du §6.1 comme modèle, donnez la règle phonologique qui assigne une prononciation monophtonguée à **eɪ** et **oʊ** quand c'est nécessaire. (Nelson Francis parle le dialecte de l'Eastern Midland de la région de Philadelphie.)

4. Exemple de dissimilation

Dans certains parlers américains, on constate que la diphtongue /**ai**/ se réalise [**ɒi**], et que la diphtongue /**au**/ se réalise [**æu**]. Cette prononciation est fréquente dans le Sud et le Midland sud.

Comment peut-on définir cette prononciation en termes articulatoires? Pourquoi peut-on parler dans ce cas de dissimilation? Donnez la règle phonologique qui assigne la forme phonétique [**ɒi**] et [**æʊ**] à /**ai**/ et /**aʊ**/.

5. Prestige d'un dialecte et hypercorrection

Comparez et expliquez ces deux textes. Tirez-en la définition de l'hypercorrection. Voyez-vous d'autres exemples d'hypercorrection en français ou en anglais?

> Le phonème /ɑ/, souvent raccourci [par rapport à RP ɑː], se trouve aux Etats-Unis pour *a* + *r* (*car*, *farm*), en finale (*blah*, *baa*) ou, par snobisme anglophile, dans certains *ask words*, voire par hypercorrection ignorante, dans des mots comme *hat* ou *fancy*, qui ne l'ont jamais eu en RP. (G. J. FORGUE et R. I. MCDAVID JR., *La Langue des Américains*, p. 85.)

> *Low front lax* [a] is the so-called "broad a" heard naturally in Boston and some other parts of New England in words like *ask*, *half*, *path*, *can't* (but not *cant*), *aunt*. It is a "prestige pronunciation" in some social dialects of American English, but speakers who attempt to adopt it in

their dialects often use it in words where Bostonian English does not have it naturally (overcorrections of this sort are called *hyper-forms*). It is not present in most American dialects except as the first element of diphthongs. Many American speakers use it, however, perhaps as a prestige form, in the one word *aunt* [ant] which is thus distinguished from *ant* [ænt]. (N. FRANCIS, *The Structure of American English*, p. 101.)

6. La prononciation du r post-vocalique

Le tableau ci-dessous donne la prononciation la plus fréquente dans chaque région définie de quelques mots contenant un **r** post-vocalique.

	1	2	3	4	5
far	**fa:**	**fɑə**	**fɑr**	**fɑ:, fɑə**	**fɑr**
barn	**ba:n**	**bɑ:n**	**bɑrn**	**bɑ:n, bɑən**	**bɑrn**
poor	**pʊə**	**pʊə**	**pʊr**	**pʊə**	**pʊr**
third	**θɜ:d**	**θɜ:d**	**θɜrd**	**θɜ:d**	**θɜrd**
park	**pa:k, paək**	**pɑ:k, pɑək**	**pɑrk**	**pɑ:k, pɑək**	**pɑrk**
farm	**fa:m, faəm**	**fɑ:m, fɑəm**	**fɑrm**	**fɑ:m, fɑəm**	**fɑrm**

N.B. Dans la zone 4, et surtout dans la zone 2, la prononciation des zones 5 et 3 gagne du terrain.

Quelles sont les trois grandes régions des États-Unis où le **r** post-vocalique, à l'instar du **r** post-vocalique britannique n'est pas prononcé ? Délimitez ces régions sur la carte ci-dessous. (La frontière ainsi tracée s'appelle une ligne d'isoglosse.) Donnez la règle de réécriture du **r** final et du **r** pré-consonantique dans chacune des régions définies.

1. Partie de la Nouvelle-Angleterre située à l'est du fleuve Connecticut.
2. New York City et nord du New Jersey jusqu'à Long Branch (zone côtière de 30 km de profondeur environ).
3. Eastern Midland de Long Branch au nord jusqu'à Annapolis au sud.
4. Sud (États de l'ancienne Confédération).
5. Nord et Middle West.

7. Exemple de malentendu entre deux locuteurs américain et britannique

Leonard Bloomfield, le grand linguiste américain, auteur de *Language*, raconte que, se trouvant à Londres, il avait demandé à un chauffeur de taxi de le conduire dans un certain théâtre mais n'avait pu se faire comprendre, le chauffeur ne connaissant aucun « *Carmody Theatre* ».

Quel pouvait bien être le nom du théâtre où Bloomfield avait demandé à être conduit ? Comment expliquez-vous que Bloomfield n'ait pas réussi à se faire comprendre du chauffeur de taxi ?

8. Distribution des deux variantes du l américain

La distribution **l** clair ~ **ɫ** sombre varie selon les régions. Dans certains parlers méridionaux, on ne trouve que le **l** clair. A l'opposé, le dialecte décrit dans la brochure de l'IPA n'utilise que le **ɫ** sombre.

Rappelez la règle de distribution des deux principaux allophones de /**l**/ en anglais britannique (⟶§4.1).
G. J. Forgue et R. I. McDavid Jr. proposent pour le dialecte qu'ils décrivent la règle de distribution suivante :

> Le /l/ américain est clair à l'initiale devant une voyelle non postérieure : *large* [lɑrʤ], *lead* [lid], *led* [lɛd], *lamb* [læm] ; il est sombre, ou vélaire ([ɫ]) en toute autre position (finale, syllabique, après une voyelle accentuée, avant une voyelle postérieure : *hall* [hɔɫ], *bottle* [bɔtɫ̩], *halibut* ['hæɫıbʌt], *lewis* [ɫuıs], *lawn* [ɫɔn]). (G. J. FORGUE et R. I. MCDAVID JR., *La Langue des Américains*, p. 94.)

Cherchez la composition en traits distinctifs des segments **ɑ**, **i**, **ɛ** et **æ**. Quel trait ont-ils en commun qui les oppose à **u** ou à **ɔ** ? Donnez la règle phonologique qui assigne une forme définitive à **l** dans le dialecte considéré.

9. Prononciation du t intervocalique

Commentez le texte suivant. Cherchez des exemples d'homonymie que risque d'entraîner la confusion de **t** et de **d**. Comment appelle-t-on techniquement la perte ou l'absence d'une opposition dans un contexte donné (⟶§4.6–10) ?

> One flap is of common occurrence in many dialects of American English as a substitute for [t] between vowels and in some other medial positions. [. . .] There are dialects in which a true [d] appears in this position, though most Americans distinguish between *latter* and *ladder*. A good test sentence is, "I have a ladder and a pole; the latter is leaning

against the house." Pronounce the sentence and then ask the listener what is leaning against the house. (NELSON FRANCIS, *The Structure of American English*, p. 89.)

10. Règles phonologiques particulières à l'anglais britannique ou à l'américain

Transcrivez la prononciation la plus courante des mots suivants en anglais britannique et en américain. Donnez, éventuellement, la règle phonologique qui assigne une représentation phonétique à chaque mot. Dressez la liste des exceptions et des cas de différences irréductibles.

1. dew	2. answer	3. Aeschylus	4. Berkeley
new	dance	aesthete	clerk
tune	France	Oedipus	derby
beauty	freelance	oecumenic	sergeant
5. civilization	6. docile	7. Lesley	8. tomato
crystallization	ductile	nephew	either
capitalization	futile	Islam	lieutenant
organization	reptile	Stephen	schedule

11. Donnez la règle qui explique les différences d'accent en anglais britannique et en américain dans les exemples ci-dessous (colonnes 1 et 2). L'anglais américain a tendance à maintenir un accent secondaire là où il disparaît en anglais britannique (cf. *derogatory* RP **di'rɔgətəri** ~ US **di'rɒgəˌtɔri**). Dans quels cas (colonnes 3 et 4) cette tendance est-elle la cause de variations accentuelles radicales ?

1. barrage	2. crochet	3. library	4. centenary
garage	cliché	stationary	advertisement
massage	chateau	secretary	miscellany
mirage	blasé	alimony	corollary
sabotage	brochure	artisan	laboratory

12. Orthographe de l'anglais aux États-Unis

Pour connaître l'orthographe américaine de l'anglais, il suffit de consulter le *Webster* qui donne en premier lieu la forme recommandée outre-atlantique. Donnez l'orthographe britannique des mots suivants.

aluminum	enrollment	marvelous	plow
check	eolian	meter	story
curb	gray	mold	traveler
defense	jail	offense	vise
draft	judgment	pajamas	wagon

Notez les cas d'homographie en anglais américain d'une part et en anglais britannique d'autre part. Commentez en détail les différences et dites quelle forme vous semble préférable et pourquoi.

13. Quelle est l'orthographe britannique des mots suivants tirés du *Webster*?

armor	glamor	labor	valor
clamor	harbor	neighbor	humorous
color	honor	pallor	humorist
flavor	humor	tailor	honorable

14. Les mots suivants sont donnés dans une orthographe simplifiée ou facétieuse mais assez fréquente en américain. Quelle est la norme?

1 buro	2 holsum	3 thou	4 U
donut	IOU	thru	X-L-NT
hiway	nu	tonite	X-tra

15. Américain substandard

Identifiez les morphèmes constitutifs des verbes et des formes verbales dans les phrases suivantes:

1. Yer not eatin right.
2. I wish I coulda seen it.
3. Wouldja please?
4. Mother wouldn't of let me go.
5. Ain't no use to sit and wonder, babe!
6. Joshua fit the battle of Jericho.
7. I ain't gonna work on Maggie's farm no more.
8. He done told me everything I've ever done.

16. Diversité dialectale et transcription phonétique

Commentez les transcriptions suivantes établies d'après un enregistrement en *General American* (première voix d'homme). Comparez cet enregistrement à ceux qui le suivent: dialecte du Sud (première voix de femme) et *General American*, variante de l'Ouest (deuxième voix d'homme). Comparez ces trois dialectes à la *Received Pronunciation* britannique du quatrième enregistrement après en avoir donné une transcription phonétique. Distinguez nettement les différences dans le système de transcription et les différences de prononciation.

1. **'oʊnlɪ 'wʌn 'pɜsn aʊt əv 'fɪftɪ ə'proʊtʃt ɒn maɪ'æmɪ 'strits baɪ ə 'nuz,peɪpɚ rɪ'pɔrt̬ɚ ə'grid tʊ 'saɪn ðə 'dɛkłə,reɪʃən əv ,ɪndə'pɛndəns — ənd hɪ 'sɛd ɪt wʊd 'kɒst ðə 'nuzmən ə 'kwɔrtɚ fɚ hɪz 'sɪgnɪtʃɚ. ðə 'dɑkjəmɪnt 'taɪpt 'ʌp in pə'tɪʃən 'fɔrm wəz 'vɛrɪəslɪ dɪs'kraɪbd əz "'kɑmɪ 'dʒʌŋk', ',æntɪ 'gʌvɚmənt 'stʌf' 'ænd ðə 'wɝk əv ə 'reɪvɚ. 'wʌn 'pɝsn 'sɛd: 'ðə 'bɒs əł 'hæf tʊ 'rid 'ðɪs**

bɪ'fɔr aɪ kn 'lɛt jʊ 'pʊt ɪt ɪn ðə 'ʃɒp 'wɪndoʊ. bʌt pə'lɪtɪkɫɪ aɪ kn 'tɛɫ jʊ hɪ 'doʊnt 'lin 'ðæt 'weɪ. hɪz ə rɪ'pʌblɪkn." — ***'kɫivlənd 'pɫeɪn 'diɫɚ.***

2\. **seɪnt 'ɫʊɪs: 'mit̬ɪŋ ɪn ən ˌhoʊ'tɛl 'bɔlˌrʊm 'fɔrməlɪ 'juzd fɚ prə'fɛʃənl 'rɛslɪŋ ˌmætʃɪz, ðɪ ə'mɛrɪkn ə'soʊsɪˌeɪʃən əv 'jʊnəˌvɝsɪtɪ prə'fɛsəz 'pæst æz ɪts 'faɪnl 'ɔrdɚ əv 'bɪznəs, ðə 'fɑloʊɪŋ 'rɛzəˌluʃən: 'ðə 'fiftɪˌnaɪnθ 'ænjʊəl mit̬ɪŋ əv ðɪ ə'mɛrɪkn ə'soʊsɪˌeɪʃən əv 'junəˌvɚsətɪ prə'fɛsɚz prə'faʊndlɪ rɪ'grɛts ðə 'wɔt̬ɚˌgeɪt 'skændl ənd ɪz ə'lɑrmd ət ðə 'breɪkˌdaʊn ɪn 'lɔ ən 'ɔdɚ, ðə dɪ'keɪ əv 'pʌblɪk mə'ræləti, ænd ðɪ ɪk'sɛsɪv pɚ'mɪsɪvnəs əv wɪtʃ 'ðɪs 'ɪnsədɪnt ɪz ˌsɪmptə'mæt̬ɪk. ðæt 'ɔl ðə 'pɚsnz ə'lɛdʒədlɪ ɪn'vɑlvd ɪn ðɪs fə'loʊnjəs ənd 'frɔdʒələnt ə'frʌnt tʊ 'fridəm ənd 'fɛrˌpleɪ ɑr 'grædjʊɪts əv ə'mɛrɪkn 'ɪnstɪˌtuʃənz əv haɪɚ 'ɛdjʊˌkeɪʃən, 'kɔzɪz ʌs tʊ 'griv ðət wɪ 'feɪld ɪn nɑt 'hɛlpɪŋ ðɛm tʊ 'oʊvɚˌkʌm ðɛr 'kærəktɚ dɪ'fɛkts ənd 'eɪ'soʊʃl ənd 'lɑrsənəs prə'pɛnsɪt̂ɪz waɪl ðeɪ wɚ ɪn ɑr 'tutḷɪdʒ'.** — ***'kranɪkl əv 'haɪɚ 'ɛdjuˌkeɪʃən.***

17. Diversité dialectale et structure phonologique

A la lumière des conclusions de ce chapitre, et plus particulièrement des §10 et 11, commentez le texte suivant :

> The dialect of English that we study is essentially that described by Kenyon and Knott. [. . .] Their transcriptions are very close to our own speech, apart from certain dialectal idiosyncrasies of no general interest, which we omit. It seems to us that the rules we propose carry over, without major modification, to many other dialects of English, though it goes without saying that we have not undertaken the vast and intricate study of dialectal variation. [. . .] It seems to us very likely that the underlying lexical (or phonological) representations must be common to all English dialects, with rare exceptions, and that much of the basic framework of rules must be common as well. (CHOMSKY et HALLE, *The Sound Pattern of English*, p. ix–x.)

corrigé des exercices

1. Prononciation et orthographe

1. sol, cerise, ça, nation, chasser, acquiescer, acquiesçant, dix

2. *ee, e, ea, ie, ei/ey, i, +quay, people*

3. learn, fur; fear, cheer; bear, chair; mean, seen; treasure, bed; hearth, hard; great, rake; caesarean, oblivion

4. Un alphabet phonétique se propose d'établir une correspondance biunivoque entre le symbole et son objet (une lettre par son ou par phonème, un son ou un phonème par lettre).

5. Le gag est fondé sur l'ambiguïté du mot *seal* qui désigne en anglais le sceau et le phoque (exemple d'homophonie).

6. Un même signifié pour deux signifiants constitue un cas de synonymie; un même signifiant pour deux signifiés, un cas d'homonymie.

7. Il y a homographie quand deux mots ont la même forme graphique (le *couvent*, les poules *couvent*) et homophonie quand deux mots ont la même forme phonique et un sens différent (son *père*, son *pair*).

16. On redouble la consonne pour préserver éventuellement la prononciation brève de la voyelle en syllabe accentuée : *admitting*. Le redoublement n'a pas lieu en syllabe inaccentuée *mentioning*, sauf en anglais britannique s'il s'agit de *l* : *travelling*. Notez *worshipping* et *sweating*, **swetiŋ**.

17. L'orthographe montre la parenté entre des formes très éloignées (fr. **nasjɔ̃**, angl. **neiʃn**) et le rapport entre les mots dans une même langue (angl. **neiʃn - næʃənl**) mais elle est ambiguë : *a* se prononce **æ** dans *national* et **ei** dans *nation*.

18. Le raisonnement est spécieux parce qu'on ne tient pas compte de la place des lettres dans le mot (du « contexte »). *-gh*, par exemple, ne se prononce jamais **f** qu'en finale, suffixes et désinences exclus (*laugh* + *ed/ter*, etc.).

19. Dans le Nord de l'Angleterre, au lieu de l'anglais standard ʌ on emploie **u** et on ne fait pas la différence entre **æ** (*cat*) et **ɑː** (*glass*) remplacés par un **a** intermédiaire. Le cas de *were* pose le problème des formes réduites (→ chap. 11). L'emploi de la transcription phonétique implique le choix d'un dialecte et impose au lecteur une interprétation unique d'un texte.

20. Cette « orthographe phonétique » est un compromis entre la transcription phonétique et l'orthographe traditionnelle. Elle est suffisamment imprécise pour pouvoir représenter indifféremment les divers dialectes de l'anglais et elle rend compte de certains phénomènes d'alternance dans la dérivation : le second *e* est conservé dans **difərent** ; cf. *differential* où il est effectivement prononcé **e**. Sur ces problèmes (notion de forme sous-jacente), → chap. 6 et 10.

2. La phonétique articulatoire

1. Tous ces organes sont mobiles sauf la mâchoire supérieure.

2. Disque bleu avec filtre blanc (le mot *blanc* a manifestement été prononcé **blɔ̃ŋ** à l'anglaise, **ɑ̃** n'étant pas une voyelle arrondie).

3. Voyelles arrondies: **y**, **o**, **ɔ**, **ɔ̃**, **u**.
Les consonnes **m**, **b**, **p** (occlusives labiales) entraînent la fermeture momentanée des lèvres. **f** et **v** sont produits en rapprochant la lèvre inférieure des incisives supérieures.

4. Rue barrée = occlusives: **p**, **b**, **t**, **d**, **k**, **g**, **m**, **n**, **ŋ**.
Chaussée rétrécie = fricatives: **f**, **v**, **θ**, **ð**, **s**, **z**, **ʃ**, **ʒ**.

5. Le son correspondant à *ch* est composé d'un **t** suivi d'un **ʃ**. On ne trouve jamais en anglais d'occlusives initiales suivies d'une fricative ce qui laisse supposer que **ʧ** ou **ʤ** ne peuvent être considérés comme la juxtaposition de **t** et de **ʃ** ou de **d** et **ʒ**. De plus, il y a une différence phonétique entre des expressions comme *white shoes* et *why choose* (→ §3.8).

7. Dans *dottore*, *attitudine*, *là-dedans*, au lieu d'avoir deux fois le cycle complet (mise en place, tenue, relâchement), on a (1) mise en place (2) tenue prolongée (3) relâchement; mais cela suffit à faire sentir la gémination.

8. On peut pratiquement prononcer la seconde phrase sans remuer les lèvres parce qu'elle ne contient pas d'occlusives labiales (**p**, **m**, **b**). Dentales: **t**, **d**, **l**. Vélaire: **g**.

9. Labio-dentales: **v**, **f**. Alvéolaires: **s**, **z**. Palato-alvéolaires: **ʒ**, **ʃ**. Uvulaire: **r**.

11. **t** et **d** ont une articulation dentale en français et alvéolaire en anglais.

12. **θ** et **ð** sont les seules dentales de l'anglais.

13. Pointe de la langue : **t**, **d**, **n** ; anglais **θ**, **ð**. Plat de la langue : **s**, **z**, **ʒ**, **ʃ** ; angl. **ʧ**, **dʒ**. Dos de la langue : **k g** ; angl. **ŋ**.

14. Les lettres grecques désignent les organes mobiles, les lettres latines les organes fixes.
Corrigé limité au français et à l'anglais:

αa = **p**, **b**, **m**	βi = ϕ	ad = ϕ	ε = **h**
βd = **t**, **d**, **n**; angl. **θ**, **ð**	γi = **k g** vélaires; angl. **ŋ**	γδ = fr. **r**	βa = ϕ
βe = **l**, **s**, **z**; angl. **t**, **d**, **n**	γf = ϕ	αd = **f**, **v**	γh = **k**, **g**, palataux; fr. **ɲ**

15. **p** = (bi)labiale; **t** = (apico-)dentale; **k** = (dorso-)vélaire. Il est physiologiquement extrêmement difficile de produire une articulation apico-vélaire ou dorso-dentale; le point du palais et la partie de la langue qui déterminent l'articulation sont solidaires. On peut dire que **p** est une labiale à condition de préciser que **v** est une labio-dentale. Les mots «palato-alvéolaire» et «post-alvéolaire» sont dans la pratique courante synonymes. Jones distingue l'articulation du **r** anglais, post-alvéolaire, de celle du **ʃ**, légèrement postérieure, palato-alvéolaire.

16. Le **r** de Molière est une apicale roulée, comme en espagnol, en italien, en russe, etc. Le **r** parisien est une fricative uvulaire. Dans *crime*, le **r** est prononcé plus en arrière que dans *rime*; la prononciation **krɛ̃** pour *train* est un cas d'**assimilation regressive**; le **r** est plus proche du **k** que du **t**; la loi du moindre effort détermine l'articulation vélaire de ce qui est vraisemblablement un **t** dans l'esprit de l'enfant. Dans la chanson (cf. Brassens, Brel), le **r** est une uvulaire roulée; dans la tradition du bel canto, c'est une apicale roulée.

17. Le **r** anglais partage avec le w l'arrondissement des lèvres et l'articulation glissée.

18. A la différence des autres consonnes, **l** est une latérale, c'est-à-dire une consonne caractérisée par l'échappement de l'air de chaque côté de la langue.

19. Quand on est enrhumé, on ne peut prononcer les consonnes nasales parce que l'air ne peut s'échapper par le nez qui est bouché. Les nasales **m**, **n** sont remplacées par leur corrélaire oral, **b** et **d** respectivement.

20. En syllabe inaccentuée, les consonnes anglaises **m**, **n**, **l** peuvent servir de noyau syllabique.

21. **f**, **p**, **θ**, **t**, **s**, **ʃ**, **tʃ**, et **k** sont sourds. Quand on est « aphone », les cordes vocales endommagées ne vibrent pas (cf. la voix chuchotée). Quand on soulève un objet lourd, les cordes vocales sont bloquées pour empêcher l'échappement de l'air des poumons. Si l'on expire de l'air sans remuer les lèvres ou la langue, on produit un **h**.

22. **ʒ** devient **ʃ** devant **f**, **s**, **ʃ**, **p**, **t**, **k** et reste inchangé devant **v**, **z**, **ʒ**, **b**, **d**, **g**. *C'est à jeter* se prononce presque comme *c'est acheté*.

23.

	bilabiales	labio-dentales	dentales	alvéolaires	post-alvéolaires	palato-alvéolaires	palatales	vélaires	uvulaires	glottales
occlusives	**p b m**		**t d n** (fr.)	**t d n** (angl.)			**ɲ**	**k g ŋ**		
affriquées						**tʃ dʒ**				
fricatives		**f v**	**θ ð**			**ʃ ʒ**			**r** (fr.)	**h**
liquides				**l**	**r** (angl.)				**r**	
glissées	**w**				**r**		**j**			

Le tableau donne le lieu d'articulation en abscisse, et le mode en ordonnée. Il manque l'opposition nasal - oral, et l'opposition sourd - sonore. Les consonnes **r l j w** sont phonétiquement sonores et non nasales ; **h** est sourd et non nasal ; les nasales sont sonores. Le **r** français est classé tantôt comme une fricative, tantôt comme une liquide, le **r** anglais, tantôt comme une glissée, tantôt comme une liquide.

24. 2. labiales. 3. fricatives. 4. sourdes. 5. sonores. 6. fricatives. 7. vélaires. 8. occlusives.

25. 2. **m**, seule nasale. 3. **s**, seule fricative. 4. **b**, seule sonore ; **t**, seule alvéolaire. 5. **f**, seule labio-dentale ; **n**, seule nasale. 6. **v**, seule sonore. 7. **dʒ**, seule palato-alvéolaire. 8. **n**, seule nasale et seule alvéolaire.

26. « Le maximum de la dilatation est atteint avec la voyelle large **ɑ**. L'opposé extrême de cette voyelle **ɑ** est formé par les occlusives et plus particulièrement par les labiales qui obturent toute la cavité buccale », R. Jakobson, *Langage enfantin et aphasie*, p. 73.

28. C'est le **ɥ** de *poursuite*. La position des organes buccaux varie au cours de la prononciation des glissées.

29. Voyelles antérieures (articulation palatale de **k**, **g**) : **y**, **ə**, **i**, **ɛ**. Voyelles postérieures (articulation vélaire de **k**, **g**) : **ɑ̃**, **ɑ**, **u**.

32. **y**, **ø** et **œ** ont respectivement le même degré d'aperture que **i**, **e** et **ɛ** mais sont arrondis.

34. Le tilde est le symbole de la nasalisation, caractérisée par l'ouverture de la luette et l'échappement d'une partie de l'air expiré à travers les fosses nasales.

35. Dans certains dialectes, on respecte encore la différence historique entre **œ̃** (*brun*) et **ɛ̃** (*brin*), dans d'autres la différence entre **ɑ** (*tâche*) et **a** (*tache*) ou le **ɛ:** de *maître* par opposition au **ɛ** de *mètre*.

37. La transcription large de l'anglais peut induire en erreur. Ex. le **ʌ** de l'IPA ne représente pas un **ɔ** non arrondi dans l'EPD ; **i:** et **i**, **u:** et **u**, **ɔ:** et **ɔ** ne se distinguent pas seulement par la longueur.

Transcription large :	**i:**		**i**	**e**	**ɔ**	**u**	**ə:**	**ə**		**əu**
Transcription étroite :	**i:**	**i·**	**ɪ**	**ɛ**	**ɒ**	**ʊ**	**ɜ:**	**ə**	**ɐ**	**əʊ**

i et **ʊ** sont légèrement centralisés et plus fermés que **i** et **u**. Le point souscrit indique une variante fermée de la voyelle cardinale considérée.

38. Transcription étroite des voyelles tendues:

ɑ:, **i:**, **u:**, **ɜ:**, **aɪ**, **eɪ**, **ɔɪ**, **əʊ**, **aʊ**, **ɪə**, **ɛə**, **ɔə**, **ʊə**.

Les diphtongues centripètes (dont l'aboutissement est la voyelle centrale **ə**) se trouvent sur le trapèze de droite.

39. La diphtongue **uə** admet deux variantes **ɔə** et **ɔ:**. Dans *fluent* on a affaire à la séquence **u** (cf. *book*) + **ə**. Il n'y a d'ailleurs pas de variante possible.

3. L'analyse phonologique

1. abc, acb, bca, bac, cab, cba, ab, ba, ac, ca, bc, cb, a, b, c.

2. at — oh, oath — in — us — or, saw, tore, ought, sort, store — I, eye, aye, isle, ice, lie, sigh, sly, lice — fee, reef, free — eat(s), see, sea, tea, seat, east — pot(s), top(s), toss, sot, stop, spot, opt(s) — if, ill, mill, limb, fill, film — ah, are, ma, arc(s), car, mar, arm, ass, mark(s), calm, psalm, ask, mask — eat, ease, tea, tease, tree, trees.

5. Les paires 1, 2, 4, 5, 9, 10, 11, 12, 14, 16 sont minimales.

6. Les mots qui forment une paire minimale avec *bear* sont: *air, care, chair, dare, fair, gare(-fowl), hare, lair, mare, pear, rare, tear, there, were; bee, bar, boar, boo, burr, bay, by, boy, bow* (arc), *bow* (saluer), *beer, boar* et leurs homonymes.

7.

ban 1. bad burn bird	beat 2. bet bead bed	cast 3. mast cask mask
pool 4. pale rule rail	game 5. gale same sail	comb 6. code roam road
dove 7. love dull lull	thy 8. their shy share	plain 9. plate plan plait

Les paires minimales découvertes prouvent, souvent de façon redondante, que les sons suivants sont des phonèmes:

1. **n**, **d**, **æ**, **ə:**.	2. **i:**, **e**, **t**, **d**.	3. **k**, **m**, **t**.
4. **u:**, **ei**, **p**, **r**.	5. **m**, **l**, **s**, **g**.	6. **m**, **d**, **r**, **k**.
7. **d**, **l**, **v**.	8. **ai**, **ɛə**, **ð**, **ʃ**.	9. **n**, **t**, **ei**, **æ**.

8. Si le symbole **ʤ** représentait deux consonnes les mots *indigent, negligent* et *tetralogy* seraient accentués sur l'avant-dernière syllabe. Le fait qu'ils suivent la règle (2) (accent sur l'antépénultième) prouve que **ʤ** représente un phonème unique.
Pour la phonologie classique, *excellence* ne comporte qu'un seul **l**; son accentuation suit donc les règles. *Repellent, vanilla, committee, umbrella* sont des exceptions. La phonologie générative (→ chap. 6) considère que ces mots comportent en fait deux consonnes comme le témoigne l'orthographe et sont par conséquent réguliers; dans cette optique, c'est *excellence* qui serait irrégulier.

14. L'Anglais qui parodie le Français parlant « franglais » va prononcer ces mots anglais avec ce qu'il croit être l'accent français. Nous suggérons **lei ˌmɑ:kei'tiŋ** et **lei ˌi:t ˌpa'rɑ:d**.

15. Le sujet français interprète les phonèmes anglais en fonction de son propre système phonologique. Par exemple, le français n'a qu'une seule voyelle fermée antérieure: fr. **i**, l'anglais en a deux, **i:** et **i**. Le Français aura tendance à employer le même son dans *leave* et dans *live*. Dans un deuxième temps par hypercorrection, il utilisera un **e** (cf. fr. *été*) pour angl. **i**; il dira **etez** pour *it is*. Autre exemple **θ** et **ð** prononcés **s**, **z** ou **f**, **v**.

4. Phonèmes et allophones

1. L'opposition **ɫ** ~ **lj** est distinctive en russe. **ɫ** et **lj** sont des phonèmes. Dans la langue hypothétique considérée, **l** clair n'apparaît jamais devant consonne, **ɫ** sombre, jamais devant voyelle: les deux **l** sont en distribution complémentaire et ne représentent qu'un seul phonème. *l* transcrit bien un phonème en anglais puisqu'on trouve des oppositions *pill* ~ *pit*, *lip* ~ *tip*, *fault* ~ *forced*.

2. En coréen, [**l**] et [**r**] sont des allophones d'un phonème /**L**/, [**l**] se trouvant en finale et [**r**] partout ailleurs. Les Coréens n'ont pas l'impression de prononcer deux sons différents là où un Occidental entendra [**r**] et [**l**] et ils interprètent l'anglais en fonction de leur système phonologique.

3. **k, kʰ, g, gʰ, c, cʰ, ɟ, ɟʰ, ʈ, t, ɖ, ɖʰ, tʰ, d, dʰ, p, pʰ, b, bʰ**. L'écriture bengali est phonologique.

4. [**p**], [**t**], [**k**] et [**pʰ**], [**tʰ**], [**kʰ**] respectivement sont des allophones des trois phonèmes occlusifs sourds de l'anglais. /**b**/, /**d**/, /**g**/ sont les corrélaires sonores de ces phonèmes.

5. Puisqu'en néerlandais la voyelle *a* s'interprète **a** long en syllabe ouverte et **a** bref en syllabe fermée, **a** et **a:** sont des variantes contextuelles d'un même phonème. L'écriture, qui ne note pas cette différence de longueur, a donc un caractère phonologique et non phonétique.
Pour respecter la prononciation longue, il faut écrire *ik woon, hij leert, u koopt*. Le verbe *komen* est irrégulier parce que le **o** est long à l'infinitif, bref au présent.
La voyelle **e** a dans ce système un statut irrégulier parce qu'elle est la seule à fournir des oppositions de longueur en syllabe ouverte.

6. En français, on a toujours **ɛ** en syllabe fermée (*lec/teur*). Si le *e* muet n'est pas prononcé dans un mot comme *il cédera*, le **e** de l'infinitif (*cé/der*) devient **ɛ** parce qu'il est suivi de deux consonnes (*céd/ra*). Cela explique l'incohérence apparente de l'orthographe d'un mot comme *événement*, **evɛnmɑ̃**.
L'opposition phonologique **e** ~ **ɛ** subsiste dans la majorité des parlers français en syllabe ouverte: *marée* ~ *marais*.

7. En russe (et en allemand), l'opposition de sonorité est neutralisée à la finale au profit de la sourde. L'archiphonème représente à la fois la sourde et la sonore et a une réalisation sourde.

8. Si l'opposition *seul* ~ *meule*, *jeune* ~ *jeûne* est respectée en syllabe fermée, on ne peut pas parler de neutralisation comme dans le cas de l'opposition **e** ~ **ɛ** neutralisée en cette position. On parlera de système lacunaire quand les possibilités combinatoires de la langue sont peu ou mal exploitées.

9. Quand une consonne sourde admet un corrélaire sonore, ou inversement, on trouve **s** après sourde, **z** après sonore; toute autre combinaison est phonologiquement impossible (incompatiblité). Dans le cas de **n** qui n'a pas de corrélaire sourd, on trouve des oppositions de type *pence* ~ *pens*. L'absence de **-ms** est une lacune. La suite **-ŋs** est une incompatibilité parce que **ŋ** provient de la graphie *ng* et on est ramené au problème de l'incompatibilité ***-gs**.

5. Les traits distinctifs

1. fermé ~ ouvert (pour une porte; pour une voyelle, la «fermeture» n'est qu'un degré d'aperture)
ombre ~ lumière (mais *à* l'ombre ~ au soleil)
élève présent ~ élève absent
théorie ~ pratique (discutable)
blanc ~ noir (discutable)
avant ~ après (discutable)
rapide ~ lent
malade ~ bien portant
un ~ des (l'unique opposé au multiple; le chiffre n'a pas de contraire)
couché ~ debout (si «couché» = «au lit»)
allumé ~ éteint

2. avant ~ arrière; nasal ~ oral; sonore ~ sourd; consonne ~ voyelle (si dans «consonne» on inclut les liquides et les glissées).

3. gâteau: c, d, f
papier: c, f
limace: b, c, f
vache: a, b, c, f
honneur: c
coq au vin: c, d, f

5. Bilabiales: **p**, **m**. Labiodentales: **f**, **v**. Dentales: **s**, **n**, **t**. Vélaires: **k**, **g**. La nasalité distingue **p** de **m** et **t** de **n**. Le caractère fricatif distingue **s** de **t**. La voix oppose **v** à **f** et **g** à **k**.

6. Exemple: gâteau = [+matériel], [—cru], [—objet naturel]. Non voisé = [—voisé]. [−cont] désigne les occlusives et les affriquées.

7. 1. {**v**, **ð**, **z**, **ʒ**} 2. {**b**, **d**, **g**, **m**, **n**, **ŋ**, **ʤ**} 3. {**p**, **t**, **k**, **ʧ**} 4. {**f**, **θ**, **s**, **ʃ**, **h**} 5. aucune 6. aucune 7. aucune si l'on exclut **m** et **n** syllabiques 8. {**b**, **d**, **g**, **ʤ**}.

8. On obtiendrait des séquences du type ***izləgard**, ***sazɥil**, etc. Il faut donc formuler les règles d'assimilation de telle sorte qu'elles ne concernent pas les sonantes. A ce critère fonctionnel, s'ajoute un critère acoustique: les sonantes se distinguent des occlusives, fricatives et affriquées par la présence de formants dans leurs spectres (→ sonagrammes des §7.21–24).

9. Les liquides sont [+cons]. **l**, et dans une moindre mesure **r**, sont produits grâce à un resserrement dans la région médiane du palais. Dans la production de **j** et **w**, le canal de l'air est moins étroit que pour les fricatives **ʒ** et **β** qui ont presque la même articulation. **j**, **w**, et les glissées sont donc [−cons].

10. Passé le point d'obstruction critique, **i** devient **j**, et **u** devient **w**. [+cons] désigne les consonnes vraies et les liquides. [−voc] désigne les consonnes vraies et les glissées. Les voyelles et les glissées sont définies par le trait [−cons], les voyelles et les liquides par le trait [+voc].

11.

1. {**i**, **e**, **u**, **o**}	2. {**i**, **e**, **æ**}	3. {**i**, **u**}	4. {**æ**, **ɔ**}
5. {**æ**, **ɔ**}	6. {**o**, **ɔ**}	7. {**i**, **e**}	8. {**u**, **o**}
9. [−fermé]	10. $\begin{bmatrix}-\text{fermé}\\-\text{arrière}\end{bmatrix}$	11. [+arrière]	12. $\begin{bmatrix}+\text{fermé}\\-\text{arrière}\end{bmatrix}$

12. Sont [+tendu] les voyelles longues et les diphtongues, [−tendu], les voyelles brèves.

13. **ʃ** est par définition [−ant]; **s** est [+ant]. Les occlusives anglaises [+ant] sont: **p**, **b**, **m**, **t**, **d**, **n**. Les fricatives anglaises [+ant] sont: **f**, **v**, **θ**, **ð**, **s**, **z**.

14. **t**, **s**, **l**, **r**, **n**, **θ** et **ʃ** anglais sont [+cor]. Le **r** parisien est [−cor] (→ §2.16). Les alvéolaires sont $\begin{bmatrix}+\text{ant}\\+\text{cor}\end{bmatrix}$

15. Le morphème «troisième personne du singulier» se réalise **s** après sourde, **z** après sonore, sauf après **s, z, ʃ, ʒ, ʧ, ʤ**, où sa forme phonétique est **iz**. Ces dernières consonnes sont $\begin{bmatrix} +\text{cor} \\ +\text{strid} \end{bmatrix}$

16. 1. {**ʒ**} 2. {**ʧ**, **k**} 3. {**θ**, **ð**, **s**, **z**} 4. {**f**, **s**}

17.
1. [+voisé] 2. $\begin{bmatrix} -\text{voisé} \\ -\text{nasal} \\ -\text{sonant} \end{bmatrix}$ 3. [−cor] 4. $\begin{bmatrix} -\text{nasal} \\ -\text{sonant} \end{bmatrix}$

5. $\begin{bmatrix} +\text{ant} \\ +\text{cor} \end{bmatrix}$ 6. [+ant] 7. $\begin{bmatrix} -\text{nasal} \\ +\text{strid} \\ -\text{sonant} \end{bmatrix}$ 8. [−ant]

18.

1.	2.	3.	4.
{**m**, **n**, **f**} [+ant]	{**v**, **ð**, **t**} [+ant]	{**f**, **v**, **p**} [−cor]	{**d**, **ʒ**, **n**} [+voisé]
{**m**, **f**, **ŋ**} [−cor]	{**v**, **k**, **h**} [−cor]	{**f**, **s**, **p**} [−voisé]	{**θ**, **ʒ**, **f**} [+cont]
{**m**, **n**, **ŋ**} [+nasal]	{**h**, **k**, **t**} [−voisé]	{**f**, **v**, **s**} [+strid]	{**θ**, **d**, **n**} [−strid]
	{**v**, **ð**, **h**} [+cont]		

19. 1. {**i**, **u**} ~ {**æ**, **ɔ**} 2. contradictoire ~ {**e**, **o**} 3. {**æ**} ~ {**u**, **o**} 4. {**u**} ~ {**æ**}
Les consonnes vraies et les voyelles ont leurs traits [cons] et [voc] de signe contraire. On obtient ce résultat si α a un signe différent devant chacun de ces traits, d'où le faisceau $\begin{bmatrix} -\alpha\ \text{voc} \\ \alpha\ \text{cons} \end{bmatrix}$. Les liquides et les glissées doivent avoir des traits de même signe, d'où la notation $\begin{bmatrix} \alpha\ \text{voc} \\ \alpha\ \text{cons} \end{bmatrix}$.

20. Si α = +, on désigne les voyelles ouvertes, soit **ɛ, a, ɔ, œ, ɛ̃, ã, ɔ̃, œ̃**. Si α = −, on désigne les occlusives antérieures, soit **p, b, m, t, d, n**. Ce sont là les segments qui font partie de la corrélation de nasalité en français. Ce sont aussi les voyelles et les consonnes optimales, c'est-à-dire caractérisées par un contraste articulatoire maximum. (→§2.26.)

21. Il y a toujours palatalisation entre un segment [+cor] et une voyelle, jamais ailleurs. Il n'y a pas d'opposition phonologique entre **t** et **tj**, **d** et **dj**, **n** et **nj**. La palatalisation est un trait redondant. On peut décrire ce système à l'aide du tableau suivant.

	p	b	m	t	d	n	e	a	o
vocalique	−	−	−	−	−	−	+	+	+
coronal	−	−	−	+	+	+			
voisé	−	+	+	−	+	+			
nasal	−	−	+	−	−	+			
ouvert							−	+	−
arrière							−		+

6. Principes de phonologie générative

1. (2) C devient ou « se réécrit » D après X.
(3) E se réécrit F devant Y.
(4) G se réécrit H à la fin d'un mot.
(5) I se réécrit J devant une borne de morphème + · · ·
(6) K se réécrit L devant W et Z. L'accolade signifie que la règle se lit deux fois: la première avec W, la seconde avec Z.
(7) M disparaît (« s'efface ») entre X et Y.
(8) N s'insère entre X et Y.

2. (1) $\mathbf{s} \longrightarrow \mathbf{z} \,/\, V \text{ —— } V$ (1a) $\mathbf{s} \longrightarrow \mathbf{z} \,/\, V \text{ —— } \begin{Bmatrix} V \\ \mathbf{m} \end{Bmatrix}$

Y = [+sonant] (→ §5.8).

3.

(2) $$\begin{bmatrix} +\text{fermé} \\ -\text{ouvert} \\ -\text{arrière} \\ -\text{tendu} \end{bmatrix} \longrightarrow \begin{bmatrix} -\text{fermé} \\ +\text{ouvert} \end{bmatrix} = \mathbf{i} \rightarrow \mathbf{æ}$$ ex.: *sit* → *sat*; *swim* → *swam*, etc.

(3) $$\begin{bmatrix} -\text{voc} \\ +\text{cons} \\ -\text{ant} \\ -\text{cor} \\ -\text{voisé} \\ -\text{cont} \\ -\text{strid} \end{bmatrix} \longrightarrow \begin{bmatrix} +\text{ant} \\ +\text{cor} \\ +\text{cont} \\ +\text{strid} \end{bmatrix} = \mathbf{k} \rightarrow \mathbf{s}$$ ex. *critic* → *criticism*, etc.

(4) $$\begin{bmatrix} -\text{voc} \\ +\text{cons} \\ -\text{ant} \\ -\text{cor} \\ +\text{voisé} \\ -\text{nasal} \\ -\text{cont} \\ -\text{strid} \end{bmatrix} \longrightarrow \begin{bmatrix} +\text{cor} \\ +\text{strid} \end{bmatrix} = \mathbf{g} \rightarrow \mathbf{ʤ}$$ ex. *analogue* → *analogy*, etc.

(5) **t** → **s** ex. *submit* → *submissive*, etc.

(6) $\begin{Bmatrix} \mathbf{t} \\ \mathbf{d} \end{Bmatrix} \rightarrow \begin{Bmatrix} \mathbf{ʃ} \\ \mathbf{ʒ} \end{Bmatrix}$ ex. *act* → *action*, etc.
ex. *decide* → *decision*, etc.

(7) **e** → **ɔ** ex. *get* → *got*; *tread* → *trod*, etc.

(8) $\begin{Bmatrix} \mathbf{θ} \\ \mathbf{s} \end{Bmatrix} \rightarrow \begin{Bmatrix} \mathbf{ð} \\ \mathbf{z} \end{Bmatrix}$ ex. *bath* → *bathe*; *sign* → *design*

4. Règle du rhotacisme une fois simplifiée:

$$\begin{bmatrix} -\text{voc} \\ +\text{cons} \\ +\text{ant} \\ +\text{cor} \\ -\text{voisé} \\ +\text{cont} \end{bmatrix} \longrightarrow \begin{bmatrix} +\text{voc} \\ +\text{voisé} \end{bmatrix} \Big/ \; V \text{ —— } + \mathbf{is}$$

Genesis serait le génitif le plus simple, et il peut donc constituer la forme sous-jacente de *generis*. Formes sous-jacentes et formes phonétiques sont placées dans cet ordre de part et d'autre de la flèche.

5. Il y a élision et liaison devant les voyelles, $\begin{bmatrix}+\text{voc}\\-\text{cons}\end{bmatrix}$ et les glissées, $\begin{bmatrix}-\text{voc}\\-\text{cons}\end{bmatrix}$ qui ont donc en commun le trait [−cons]. Il n'y a ni élision, ni liaison devant les consonnes vraies, $\begin{bmatrix}-\text{voc}\\+\text{cons}\end{bmatrix}$, et les liquides, $\begin{bmatrix}+\text{voc}\\+\text{cons}\end{bmatrix}$, soit devant tout segment [+cons].
Les règles doivent exprimer respectivement:
(1) qu'une voyelle s'élide (=s'efface) devant une voyelle ou une glissée, soit dans le contexte / —— [−cons].
(2) qu'une consonne vraie s'efface devant une consonne vraie ou une liquide, soit dans le contexte / —— [+cons].
Ces règles présupposent que /**lə**/ et /**lɛz**/ (/**lɛs**/ si l'on tient compte des §1.1 et 6.2) sont les formes sous-jacentes de *le* et *les*. La règle de troncation doit exprimer que des segments dont les traits [voc] et [cons] sont de signe contraire s'effacent devant un segment [cons] de même signe que le leur, d'où les deux règles suivantes, parfaitement synonymes:

(a) $\begin{bmatrix}\alpha\ \text{voc}\\-\alpha\ \text{cons}\end{bmatrix} \rightarrow \phi\ /$ —— $[-\alpha\ \text{cons}]$ (b) $\begin{bmatrix}-\alpha\ \text{voc}\\\alpha\ \text{cons}\end{bmatrix} \rightarrow \phi\ /$ —— $[\ \alpha\ \text{cons}]$.

Cette règle produit bien *un*(*e*) *ami*(*e*) *anglaise*, mais aussi *un am*(*i*) *anglais* et *un f*(*ou*) *à lier*. Il faut donc la limiter au *e* muet et au *a* de l'article féminin.

6. Ces cinq phonèmes sont définis comme $\begin{bmatrix}+\text{cor}\\+\text{ant}\end{bmatrix}$. En anglais, **z**, **θ**, et **ð** répondent aussi à cette définition. Si ces phonèmes existaient en norvégien, ils subiraient probablement l'influence de **r**.

7. **n** et **t** deviennent **m** et **p**, qui ne diffèrent des premiers que par le signe du trait coronal. Cette transformation a lieu devant un segment [−cor].
La règle [+cor] → [−cor] / —— [−cor]
a d'abord donné: **kɑ:np**; appliquée deuxième fois: **kɑ:mp**. En général, les traits [coronal] et [antérieur] ont le même signe dans les séquences nasale + occlusive, d'où:

$$N \rightarrow \begin{bmatrix}\alpha\ \text{cor}\\\beta\ \text{ant}\end{bmatrix} / \text{——} \begin{bmatrix}\alpha\ \text{cor}\\\beta\ \text{ant}\end{bmatrix}$$ (→ §10.48, 49).

8. Toujours [−voisé] sauf *individual, kindness, glimpse*, où c'est [+ nasal]. La règle de dévoisement ne s'applique qu'aux fricatives sonores. La notation « —— [−voisé] » montre qu'elle est régressive.

9. En français, l'assimilation de sonorité ne connaît pas d'exceptions; en anglais, elle est limitée aux sonores et aux fricatives. Ne subissent pas cette assimilation les segments [−voisé] et les segments [−cont].

10. Cette règle désigne parmi **t**, **d**, **n**, **l**, **s**, **z**, **ð**, **θ**, les fricatives stridentes d'une part, les occlusives non sonantes de l'autre. Il suffit d'ajouter [α voisé] devant + —— # pour signifier que l'assimilation de voisement y est progressive.

11. (a) insère **i** entre deux occlusives dentales séparées par une borne de morphème.
(b) Δ se prononce **d** si le segment précédent est voisé, **t** s'il est sourd.

12. Il y a insertion de **i** après les segments $\begin{bmatrix}+\text{cor}\\+\text{strid}\end{bmatrix}$

(a) $\phi \rightarrow \textbf{i}\ / \begin{bmatrix}+\text{cor}\\+\text{strid}\end{bmatrix} +$ —— $\begin{bmatrix}+\text{ant}\\+\text{cor}\\+\text{cont}\\+\text{strid}\end{bmatrix}$ #

(b) $\begin{bmatrix}+\text{ant}\\+\text{cor}\\+\text{cont}\\+\text{strid}\end{bmatrix} \rightarrow [\alpha\ \text{voisé}]\ /\ [\alpha\ \text{voisé}] +$ —— #

13. $\mathbf{a} = \begin{bmatrix} -\text{fermé} \\ +\text{ouvert} \\ +\text{arrière} \\ -\text{arrondi} \end{bmatrix}$ $\quad \boldsymbol{\varepsilon} = \begin{bmatrix} -\text{fermé} \\ +\text{ouvert} \\ -\text{arrière} \\ -\text{arrondi} \end{bmatrix}$

La règle (1) signifie que **a** devient **ɛ** en syllabe accentuée.

La règle (2) sera: $\begin{bmatrix} -\text{fermé} \\ +\text{ouvert} \\ +\text{arrière} \\ +\text{arrondi} \end{bmatrix} \rightarrow [-\text{arrière}] \Big/ \begin{bmatrix} \overline{} \\ +\text{acc} \end{bmatrix}$

La règle (3) doit montrer qu'une voyelle $\begin{bmatrix} -\text{fermé} \\ +\text{ouvert} \\ +\text{arrière} \end{bmatrix}$

arrondie ou non, devient [−arrière] en syllabe accentuée.

D'où: $\begin{bmatrix} -\text{fermé} \\ +\text{ouvert} \\ +\text{arrière} \end{bmatrix} \rightarrow [-\text{arrière}] \Big/ \begin{bmatrix} \overline{} \\ +\text{acc} \end{bmatrix}$

a et **ɛ**, **ɔ** et **œ** fournissent des paires minimales (*mal, mêle; molle, meule*). Ce sont donc en phonologie classique des phonèmes. Ils ont pourtant parfois, comme ici, des formes sous-jacentes identiques.

14. mjet, sɥi, lwi peuvent être dérivés de /**miet**/, /**syi**/, /**lui**/, si l'on donne une règle transformant devant voyelle les voyelles [+fermé] en glissées. L'orthographe, qui fait elle aussi usage de cette règle, et n'a pas de symbole spécial pour les glissées, est nettement phonologique.
Schane ne peut parler que de voyelles et de glissées *phonétiques*. La règle devient: « Il n'y a liaison et élision que devant les voyelles. » Réciproquement, seuls les mots *ouies, oies* et *yeux* commencent par des voyelles en forme sous-jacente. Or les exceptions sont toutes des mots d'emprunt. On peut donc conclure qu'il n'y a de glissées phonologiques en français que dans les mots d'origine étrangère.
Il y a toujours liaison avec les mots commençant par **ɥ** (cf. *des huiles*) parce que la glissée **ɥ**, très rare dans les langues du monde, ne se trouve dans aucun mot d'emprunt en français. Elle est donc toujours dérivée de la voyelle **y**.
Si la règle transformant **i**, **y** et **u** en glissées s'appliquait avant la règle de l'élision et de la liaison, l'application de cette dernière serait bloquée avec pour résultat ***le wa**, ***la wa**.
L'opposition **pɛj** ~ **pei** permet à la rigueur d'affirmer selon la phonologie classique que **j** et **i** sont deux phonèmes en français, l'opposition **ɛ** ~ **e** étant déterminée par le contexte. Mais cela ne prouve pas pour autant que **j** ne puisse être dérivé de **i**. En effet si /**peie**/ est la forme sous-jacente de **pɛj**, il suffit des modifications suivantes pour obtenir la forme de surface. 1°) **i** → **j** devant voyelle; 2°) **e** devient **ə** puis s'efface en fin de mot (cf. *table*, etc.); 3°) **e** → **ɛ** en syllabe fermée (⟶ §4.6). /**peis**/, lui, devient **pei** par effacement de **s** en finale.

15. On remarque que la séquence **æ** + **r** ne se prononce **ɑ:** qu'en fin de mot (cf. *car*), ou devant un segment $\begin{bmatrix} -\text{voc} \\ +\text{cons} \end{bmatrix}$ ou $\begin{bmatrix} +\text{voc} \\ +\text{cons} \end{bmatrix}$ à condition toutefois que ce dernier ne soit pas un **r** (cf. *darling* ~ *carry*). A cette réserve près, on peut exprimer cette règle sous la forme: $\mathbf{æ} \rightarrow \mathbf{ɑ:} \;/\; \underline{\quad}\; \mathbf{r} \begin{Bmatrix} \# \\ [+\text{cons}] \end{Bmatrix}$. Pour tenir compte en outre d'oppositions telles que *marry* ~ *Mary*, il faudrait ordonner les règles comme suit:

(1) $\mathbf{æ} \rightarrow \mathbf{ei} \;/\; \underline{\quad}\; C \begin{Bmatrix} \mathbf{i} \\ \mathbf{e} \end{Bmatrix} \#$ (ex. *nave, Navy*)
(2) **ei** → **ɛə** / —— **r** (ex. *Mary, dairy* ⟶ p. XVII, remarque 5)
(3) simplification des géminées (*marry* → **mæri** ⟶ glossaire: **gémination**)
(4) $\mathbf{æ} \rightarrow \mathbf{ɑ:} \;/\; \underline{\quad}\; \mathbf{r} \begin{Bmatrix} \# \\ [+\text{cons}] \end{Bmatrix}$
(5) effacement de **r** final ou préconsonantique (⟶ §16)

16. Les règles 7 et 8. **r** doit s'effacer devant une consonne. La phonologie classique prend en compte les seules unités de surface, se plaçant ainsi au niveau que la phonologie générative nomme «phonétique».

17. Le sujet parlant connaît les règles qui relient **ə'ledʒ** et **'æliˌgeitə** à leur base phonologique commune. Par exemple: **æ** → **ə** et **e** → **i** en syllabe inaccentuée (→ §10.38),

g → **dʒ** / — $\begin{Bmatrix} \mathbf{i} \\ \mathbf{e} \end{Bmatrix}$ (→ §3, règle 4), etc.

Il faudra qu'on lui en montre du doigt un spécimen, qu'on lui en présente un dessin ou une photographie, ou qu'on lui en fasse la description. L'acquisition du vocabulaire par l'enfant se fait vraisemblablement ainsi.

18. a) Règles phonologiques permettant d'obtenir la matrice B.

Règle	**Conséquence**
PREMIER SEGMENT	
1. Aucun mot anglais n'est composé d'une glissée suivie d'une consonne.	Le premier segment, **i**, [−cons], est aussi [+voc] puisque le second est une consonne vraie ou une liquide.
2. Il n'y a pas de voyelles nasales en anglais.	Toute voyelle est donc par définition [−nasal].
3. Un mot monosyllabique est accentué sur sa voyelle.	C'est nécessairement la voyelle qui est accentuée; la consonne ne l'est pas.
4. Toute voyelle, en tant que sonante, est voisée.	Il est donc inutile de préciser que la voyelle est [+voisé], etc.
DEUXIÈME SEGMENT	
5. Les nasales sont des consonnes vraies.	Le deuxième segment [+nasal] est donc nécessairement [−voc].
6. Seules les voyelles sont susceptibles d'être tendues.	La consonne n'est pas définie par ce trait, etc.

Chomsky et Halle auraient pu noter **n** comme [0 cons] en s'appuyant sur la règle 5.

b) La matrice décrivant *tom* engendre aussi: *pan, pin, pun, tin, ten, can, kin, Ken, come,* etc.
La matrice décrivant *lack* engendre aussi: *rack, rick, rat, rap, rip, lick, luck, lap, rich, latch,* etc.
Les matrices ne comprennent pas les traits [antérieur], [coronal], et [strident] pour les consonnes, ni les traits [fermé], [ouvert], [arrière] pour les voyelles: elles ne peuvent donc préciser les segments différenciés par ces traits.

c) Pour engendrer *trumpet*, le premier segment doit être marqué comme [−cont] et [−voisé]; pour *sceptic*, le deuxième doit être marqué comme [−voc] et le quatrième [−voisé] (ce qui implique [−nasal]); pour *blanket* le premier segment doit être marqué comme [−cont] et [+voisé], le second [−cont].

d) *Stop, steep, step, stoop.*

7. Principes de phonétique acoustique

1. Bruits: vent dans les branches, porte qui grince, papier froissé, enclume.
Sons: flûte, pipeau, diapason, cloche.

2. Mouvements périodiques: les saisons, les phases de la lune, le mouvement du balancier d'une horloge, les battements du cœur, la vibration de l'air pour le son ɔ:.

3. Dix allers-retours prennent environ 20 secondes, la période est donc 2 secondes. La période est déterminée par la longueur de la ficelle, et non par l'amplitude des oscillations. (La période, déterminée par le calcul, est en fait égale à 2,0064500!)

4. Tracé n° 1. La plume est repassée 4 fois par son point d'équilibre. Les quatre périodes occupent 4,6 cm sur le papier, une période dure donc $\frac{4,6}{4} = 1,15$ cs (centièmes de seconde). Il y a donc $\frac{100}{1,15}$ périodes en une seconde, soit 86,95 périodes. La fréquence de vibration de la corde est donc $\simeq$ 87 c.p.s.

	durée de chaque période (en cs)	nombre de périodes en 100 centisecondes	fréquence en c.p.s.
tracé n° 2	$\frac{4,65}{4}$	$\frac{100 \times 4}{4,65} = 86,02$	86,02 c.p.s.
tracé n° 3	$\frac{4,5}{7}$	$\frac{100 \times 7}{4,5} = 155,55$	155,55 c.p.s.
tracé n° 4	$\frac{3,75}{6}$	$\frac{100 \times 6}{3,75} = 160$	160 c.p.s.

Toutes ces fréquences sont audibles.

5. La hauteur d'un son est sans rapport avec l'amplitude de l'onde sonore. L'équivalent perceptuel de cette amplitude est l'intensité du son produit. Pour accorder un instrument, on fait varier la tension de ses cordes; pour produire un son plus aigu, on raccourcit la partie de la corde qui vibre. En outre, les cordes graves sont plus grosses.

6. Une voix d'homme est plus grave qu'une voix de femme parce que les cordes vocales de l'homme sont plus longues que celles de la femme.
Dans ce mingogramme, la fréquence est comprise entre 170 c.p.s. et 350 c.p.s. Il s'agit donc d'une voix de femme. Les blancs du tracé correspondent aux sons sourds ou dévoisés (pas de vibrations des cordes vocales).

7. Cette onde complexe a pour période 4 millisecondes, et pour fréquence $\frac{1000}{4} = 250$ c.p.s.

	période (en millisecondes)	fréquence
sinusoïde n° 1	4	$\frac{1000}{4} = 250$ c.p.s.
sinusoïde n° 2	2	$\frac{1000}{2} = 500$ c.p.s.
sinusoïde n° 3	1	$\frac{1000}{1} = 1000$ c.p.s.
sinusoïde n° 4	0,5	$\frac{1000}{0,5} = 2000$ c.p.s.

C'est la fréquence fondamentale (N = 250 c.p.s.) qui détermine la fréquence de l'onde complexe et donc la hauteur du son produit. Elle a pour harmoniques 2N, 4N, 8N. Les harmoniques 3N, 5N, 6N, 7N sont d'amplitude nulle.

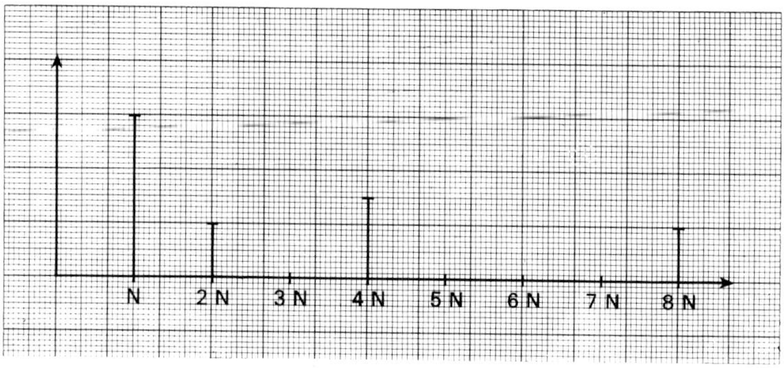

8. C'est la forme des cavités buccale et nasale qui privilégie certains harmoniques (formants) et affaiblit, ou annule, l'amplitude des autres.

9. Le temps se trouve sur l'axe horizontal (abscisse), la fréquence sur l'axe vertical (ordonnée); l'intensité est proportionnelle à la noirceur de l'enregistrement.

10. Les segments 2 et 3 du sonagramme comportent des formants, le premier non; il s'agit donc de **i**, **n** et **f** respectivement. Pour **i**, il y a 7 formants distincts de 1000 à 2500 c.p.s. Ils sont donc espacés de 213 c.p.s.; ce chiffre correspond à la fréquence fondamentale. On ne voit qu'une bande noire indistincte jusqu'à plus de 750 c.p.s. Les 4 premiers harmoniques (F_0 compris) se confondent donc. 9N et 10N sont les harmoniques suivants qui ont une amplitude notable. Ensuite vient 14N: enfin 21N. D'où le spectre:

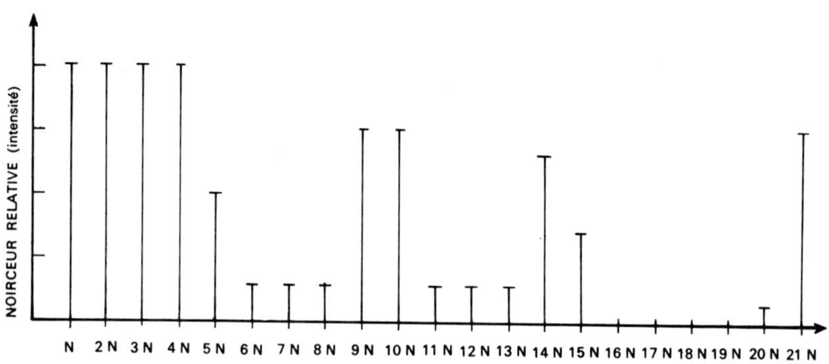

Le **i** de *fin* comporte des formants de 0 à 800 c.p.s., puis vers 1500–2000 c.p.s., puis à nouveau vers 2800 et 4300 c.p.s. Entre 1000 et 3000 c.p.s. le **n** de *fin* compte 9 harmoniques, d'ou une fréquence F_0 = 222 c.p.s. Le mot a été prononcé avec une intonation montante. (Voir mingogramme au haut de la page suivante.)

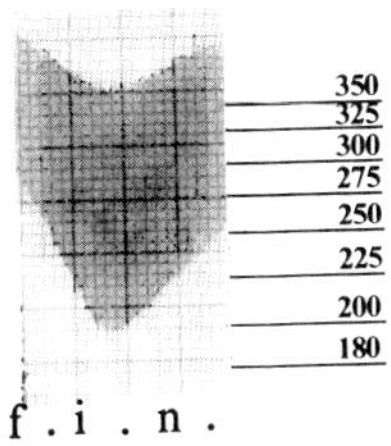

11.

	i	e	ɛ	a	u	o	ɔ	ɑ
F_1	280	350	600	850	280	350	550	750
F_2	2400	2200	1800	1300	750	750	850	1100

Ces chiffres sont à peu de choses près ceux de P. Delattre (*Comparing the Phonetic Features of English, French, German and Spanish*, p. 49). La figure obtenue est un trapèze, ce qui n'est pas étonnant si l'on songe que le trapèze articulatoire est constitué en prenant le point le plus élevé de la langue lors de la prononciation de chaque voyelle: ce point délimite de ce fait deux cavités de résonance de volume variable et qui sont responsables de la répartition des formants.

12.

	i:	i	e	æ	ɑ:	ə:	u:	u	ɔ:	ɔ	ʌ	ə
F_1	280	500	500	900	800	750	350	400	500	500	500	350
F_2	2500	2200	1850	1500	1250	1400	1200	1000	800	750	900	1350

Les spectres sont ceux de **u:** et **ɑ:** à gauche, **ə:** et **i:** à droite.

13. La glissée notée **i** est effectivement peu différente de la voyelle **e** de départ. Le deuxième formant de la glissée est plus bas que celui de la voyelle, ce qui la rapproche de **e**.

14. Les formants du premier élément de **ai** sont à 850 et 1400 c.p.s. ce qui donne un son intermédiaire entre **æ** et **ɑ:**.

15. **ə**- F_1 = 350, F_2 = 1350; **o**- F_1 = 350, F_2 = 750.
Premier élément de **əu**- F_1 = 350, F_2 = 1300.

16.

	iə		ɛə		uə	
F_2	2100	1400	1750	1350	850	1000
F_1	350	600	400	400	400	300

17. La «barre de voisement» correspond à la fréquence fondamentale. Dans nos sonagrammes de l'anglais, celle-ci se situe vers 220 c.p.s. Les consonnes fortes ont un spectre plus noir (vibrations de plus forte amplitude) que les consonnes douces.

18. **ʃ** et **s** présentent ce caractère de manière évidente. C'est moins visible pour **f** que Chomsky et Halle considèrent cependant comme une stridente au même titre que **ʃ** et **s**.

19. Ce sont **i** et **i:**. Ce qui ressemble à une fricative est l'aspiration de l'occlusive, concomittante du relâchement.

20. Seul le relâchement apparaît dans le deuxième sonagramme. **p** et **b** diffèrent en ce que seul **p** est aspiré. **d** final est dévoisé mais se distingue de **t** par le peu d'énergie de son relâchement.

21. C'est le deuxième formant qui distingue **r** de **w**, qui sont par ailleurs très semblables.

22. **l** clair: 300, 1350, 2250; **ɫ** sombre: 400, 750, 2600.

23. **w** et **j** ont des formants en évolution dus à leur caractère articulatoire glissé.

24. Les nasales ne comportent pas de traces de plosion. Voyelles, liquides, nasales et glissées comportent toutes des formants.

25. bar 4,25/10 s bard 5/10 s art 3,6/10 s
Devant consonne sonore, ou en fin de mot, les voyelles sont plus longues que devant consonne sourde.

26. 1. La plosion du **t**, **f** dans une moindre mesure.
2. **ʃ**, **s**, **z**.
Ce sont surtout les coronales qui ont une composante de bruit aiguë.

27. 1. **j** (**hævj̥ə**)

2. **l**, **z**, **d** (**kl̥əuz̥d̥**)

28. Le mot du premier sonagramme commence par une fricative sourde et se termine par un **i** (formants: 450, 2200); il comporte de plus une nasale en son milieu; c'est donc *fluency*.

29. Les deux voyelles sont aisément reconnaissables: il s'agit de **ɔ:** et **ɔ**. Des coronales douces, une occlusive en partie dévoisée (**d**), puis une fricative (**z**), une occlusive précédée de sa plage de silence pour terminer. Une occlusive grave suit le **ɔ**, ce pourrait être **p** ou **k**. Devant **ɔ**, les formants faibles de **l** clair.

30. **eni mɔ: ti: diə?**

31. **bɔtl̩d saidə**

32. Du fait d'un phénomène de contact, le **n** de *ten* disparaît; le **k** de *doctor* et le **p** de *topmost* perdent leur plosion, de même que le **t** de *can't* dont le **n** est très altéré.

33. 1. Le dernier **t** perd sa plosion, comme cela arrive souvent aux occlusives en finale. La deuxième plage de silence (devant *ever*) correspond à une occlusive sourde (*glottal stop*).

34. Ce mot se termine par une voisée coronale, précédée par une nasale. Il commence par une occlusive voisée, suivie d'un **i**, ou d'un **e**; le segment qui les sépare est un **h**. Le mot est donc *behind*.

8. La phonétique historique

1. Latin, anglais et russe sont des langues apparentées comme le prouve le grand nombre de mots ayant une ressemblance phonétique. De fait, ce sont des langues indo-européennes. L'égyptien est une langue chamito-sémitique. La ressemblance entre *sa* et *son/sɨn* est une coïncidence. La forme du nom désignant la mère est un trait quasi-universel (⟶ §2.26).

2. Dans chaque cas, il y a une voyelle de liaison entre la base (radical) et la désinence. La forme **viʒu** correspondant à *video* provient de la palatisation de **d** devant **j**. La forme historique est ***vidju**.

3.

	p	t	k	kw	b	d	g	gw	b^h	d^h	g^h	g^hw
antérieur	+	+	−	−	+	+	−	−	+	+	−	−
coronal	−	+	−	−	−	+	−	−	−	+	−	−
arrondi	−	−	−	+	−	−	−	+	−	−	−	+
voisé	−	−	−	−	+	+	+	+	+	+	+	+
aspiré	−	−	−	−	−	−	−	−	+	+	+	+

Loi de Grimm:

i.-e. **p, t, k** → v.a. **f, θ, x** → ang. mod. **f, θ, h**

$$\begin{bmatrix}-\text{voisé}\\-\text{cont}\end{bmatrix} \rightarrow [+\text{cont}]$$

i.-e. **b, d, g** → v.a. **p, t, k**

$$\begin{bmatrix}+\text{voisé}\\-\text{asp}\end{bmatrix} \rightarrow [-\text{voisé}]$$

i.-e. $\mathbf{b^h, d^h, g^h}$ → v.a. **b, d, g**

$$\begin{bmatrix}+\text{voisé}\\+\text{aspiré}\end{bmatrix} \rightarrow [-\text{aspiré}]$$

(indo-européen ↓ vieil anglais ↓ anglais moderne)

i.-e. $\mathbf{b^h, d^h, g^h}$ → latin **f, f, h**

Il faut postuler une étape intermédiaire en italique.

i.-e. $\mathbf{b^h, d^h, g^h}$ → italique **f, θ, x**

$$\begin{bmatrix}+\text{voisé}\\+\text{asp}\\-\text{cont}\end{bmatrix} \rightarrow \begin{bmatrix}-\text{voisé}\\-\text{asp}\\+\text{cont}\end{bmatrix}$$

italique **θ** → latin **f**
italique **x** → latin **h**

(indo-européen ↓ italique ↓ latin)

1 foot, fatherly, folk; trinity, tumour, torrid; hundred, heart, hound
2 warp; heartiness, two, ten; gelid, generate, agriculture
3 fraternal, auriferous, fission; fact; rufous; garden, guest, goose

4. Loi de Verner:

θ → ð / —— V́

$$[-\text{voisé}] \rightarrow [+\text{voisé}] \; / \; —— \; [+\text{accent}]$$

$$\begin{bmatrix}+\text{voisé}\\+\text{cont}\end{bmatrix} \rightarrow [-\text{cont}] \; / \; —— \; [+\text{accent}]$$

5. $$\begin{bmatrix}-\text{voisé}\\+\text{cont}\end{bmatrix} \rightarrow [+\text{voisé}] \; / \; [+\text{voisé}] \; —— \; [+\text{voisé}]$$

En anglais moderne, **θ, ð, f, v, s, z** et **ʃ, ʒ** ont un statut phonologique. Cf. *thigh* ∼ *thy*, etc. Il faut toutefois remarquer que les sonores ne se trouvent à l'initiale que dans des cas bien précis: **ð** dans les déictiques (*that, the*, etc.) et dans le mot *though*, **v** dans les mots empruntés au français après la Conquête normande et dans quelques mots d'origine dialectale (*vixen, vane*, etc.), **z** dans les mots savants d'origine grecque et **ʒ** dans le mot *genre*, emprunt récent au français.

6. Le grand changement vocalique

XVᵉ siècle	time	mete	clene	name	stoon	goose	hous
	i:	**e:**	**ɛ:**	**ɑ:**	**ɔ:**	**o:**	**u:**
règle (1)	**i:i**						**u:u**
règle (2)	**e:i**	**i:**				**u:**	**o:u**
règle (3)	**ei**						**ou**
règle (4)			**e:**		**o:**		
règle (5)				**ɛ:**			
XVIᵉ siècle	**ei**	**i:**	**e:**	**ɛ:**	**o:**	**u:**	**ou**
XXᵉ siècle	**ai**	**i:**	**i:**	**ei**	**əu**	**u:**	**au**
	time	meet	clean	name	stone	goose	house

7. Les voyelles finales de (1) *agile, divine, sublime*; (2) *extreme, austere, severe*; (3) *inane, compare*; (4) *provoke, verbose*; (5) *renounce, profound*; sont phonétiquement: (1) [**ai**]; (2) [**i:**] ([**iə**] devant **r**); (3) [**ei**] ([**ɛə**] devant **r**); (4) [**əu**]; (5) [**au**]. Elles dérivent respectivement (cf. règles du §6) des voyelles sous-jacentes /**i:**/, /**e:**/, /**ɑ:**/, /**ɔ:**/ et /**u:**/, qui, passant de la finale à l'antépénultième, se relâchent pour devenir [**i**], [**e**], [**æ**], [**ɔ**], et [**u**] / [**ʌ**] dans les dérivés.

8. On peut vérifier sur cette transcription les règles du §6. Par rapport à la prononciation actuelle, on constate en outre les différences suivantes:

— **ɤ** pour **ʌ** (**kɤm** pour *come*);
— **ɑ:** pour **ə:** dans *sterner*, le **r** ayant pour effet d'ouvrir la voyelle qui le précède, cf. *clerk, Derby*, etc.;
— **u:** pour **u** dans *good* et dans *should*;
— présence de **r** postvocalique;
— pas de palatalisation; **am'bisiəs**
— présence d'une glissée entre **r** et **u:** dans **'brju:təs**.

9. Les mots qui ont une structure phonologique typiquement anglaise (*-age* non accentué et prononcé **idʒ**; *g-* initial prononcé **dʒ**) ont été empruntés au français au moyen-âge. Les mots mal assimilés (voyelle longue finale peu accentuée, *g* prononcé **ʒ** à la française) sont d'origine récente; ils ont en général plusieurs variantes comme *garage*, transcrit **'gærɑ:dʒ**, **'gæridʒ** et **'gærɑ:ʒ** dans l'EPD.

9. L'accent de mot

2. 1. buy 2. kitchen 3. allow 4. disastrous 5. centrally · 6. incredible 7. ventilation 8. telephone.

3. accent primaire ': accent secondaire ,

4. Une fois le mot écrit ou imprimé, il est difficile d'ajouter un signe avant la syllabe accentuée; il est plus commode de placer ce signe au-dessus de la voyelle accentuée. (De plus, l'accent ne se manifeste pas devant une consonne, mais sur une voyelle.)

5.

20100	20310	020100	2010
02010	201	20100	23100

Deux syllabes: 01 ou 10. Trois syllabes: 010, 100, 102, 201.

6.

ápprobătion	cháracterĭstic	ináugurătion	persónificătion
cóndemnătion	ímproprĭety	intérpretătion	indémnificătion

7. Une syllabe : 0. Deux syllabes : 20. Trois syllabes : 200, 203, 020. Dans les mots étudiés la première voyelle est pleine, la syllabe comporte donc un accent 2. Une voyelle ne réduit pas lorsqu'elle est suivie de deux consonnes (colonnes 2-4) même si la première est un **r** effacé (colonne 4). Par ailleurs (colonne 1) il y a tension de **i** en position prétonique.

8. Soit le mot *dancing*. Celui-ci présente une ressemblance phonético-sémantique partielle avec *dances, dancer, dance-hall*, etc. d'une part, *singing, playing, crying*, etc. d'autre part. Ce n'est donc pas une forme simple. *Dance* au contraire ne présente aucune ressemblance avec un mot quelconque. C'est un morphème, tout comme *bird, play, cran-* (de *cranberry*), *-y* et *-ing*.

9. Suffixés : *security, economic, Western, bankers, government, reasonable, repayment, revolution* ainsi que *imposing, developing*. Préfixés : *restore, ensure, repayments*.

10. Les mots en colonnes ont tous l'accent primaire sur la syllabe qui précède le suffixe. Il s'agit de suffixes forts.
Respect donne *respected, respecting, respectful, respectfully*; *comfort* donne *comfortable, comforted, comforting, comfortless*, etc. Ces suffixes sont faibles.

11. Ces mots ont le schéma -100. La règle est vérifiée dans plus de 99 % des cas. Cependant si on ajoute un suffixe comme *-al* et *-ism*, considérés par ailleurs comme faibles, l'accentuation du dérivé est régulière : *catholic* ~ *catholicism, politics* ~ *political*.

13. Lorsque plusieurs suffixes forts se suivent, seul le dernier est pris en considération dans l'application des règles. Si la syllabe qui précède ce suffixe est elle-même un suffixe, celui-ci est accentué. Ainsi *-ic-* dans *electricity*, *-al-* dans *logicality*, à cause de *-ity* = -100. D'une façon générale l'accentuation des mots de plus de deux syllabes se calcule à partir de la fin du mot.

14. Les verbes terminés par *-ish* ont un schéma accentuel —10 (exception: *impŏverish*). Comme suffixe servant à former des adjectifs, *-ish* est faible.

15. Les mots terminés par *-ion* sont accentués sur la syllabe qui précède *-ion*. « Devant *i* ou *e* suivi d'une autre voyelle et d'un nombre indéterminé de consonnes, toute voyelle reçoit un accent 1. »

16. $V \rightarrow [\text{accent } 1] \; / \; \_\_\_ \begin{Bmatrix} i \\ e \\ u \end{Bmatrix} V \, (C) \, \#$

La borne sert à exclure des mots comme *continuity*.

17. (1) le mot ne comporte pas de syllabe avant *-iVC* : la règle n'est pas applicable ; le **i** est accentué et tendu (→ §10.24).
(2) L'analyse morphologique donne *deny + al*, et non **den + ial* (comme *provincial = provinc + ial*) ; le dérivé s'accentue comme la base.
(3) Dans un certain nombre de mots, essentiellement d'origine grecque, tout se passe comme si la terminaison était *V(C)* et non *eV(C)* ; on remarque cependant un certain flottement : Jones donne une variante **'aidiə** pour *idea*.
(4) *dandelion* = 2010 ; *spiritual* = 100.

18. Nunc age, res quoniam docui non posse creari
De nilo, nequ(e) item genitas ad nil revocari
Ne qua forte tamen coeptes diffidere dictis,
Quod nequeunt oculis rerum primordia cerni,
Accipe praeterea quae corpora tute necessest,
Confitear(e) ess(e) in rebus nec posse videri.

19. Notez que la voyelle tendue est toujours **ai**, sauf dans *ballerina*, *martini* et *mosquito*, mots étrangers non intégrés où elle se prononce **i:** (→ §10.52)

20. La règle valable pour **i**, tendu ou non, vaut pour toutes les autres voyelles. C'est donc la règle (2) du §18.

22. L'avant-dernière syllabe de ces mots est tantôt longue (*dialēctal*, *fratērnal*, *apprōval*, etc.) tantôt brève (*municĭpal*, *ridicŭlous*, *innŏcence*). Leur accentuation semble donc obéir à la règle (2) du §18. Pourtant l'ajout d'une terminaison *-al*, *-ous*, *-ence/-ent*, *-ant*, peut dans certains cas modifier le schéma accentuel d'un mot: ex. *dĭaléct → dialĕctal*; *aŭtumn → autŭmnal*. Il ne s'agit donc pas là de suffixes faibles. Ces terminaisons ne sont pas non plus des suffixes forts puisqu'elles ne déterminent pas automatiquement le placement de l'accent (*munĭcipal*, *apprŏval*). C'est donc en tant que syllabe supplémentaire qu'elles interviennent dans le placement de l'accent et non en tant que suffixe.

23. La partie (1) de la règle donnera: *generăte*, *marmalăde*, *creăte*, *polĭce*. La partie (2) de la règle ne s'appliquera qu'aux mots de plus de 2 syllabes donnant *gĕneráte*, *mărmaláde*, etc.
C'est la règle du §23 qui s'applique à *anecdote* et *demonstrate* ; une nouvelle fois (→ §13), nous constatons que le calcul de l'accentuation des mots de plus de deux syllabes se fait en partant de la fin de mot, et non du début.

24. Lorsque la deuxième syllabe a la structure *-V(C)* ou *-VCC*, l'accent est respectivement 10 et 12 ; cette règle est complémentaire de celle du §23 qui assigne 01 aux mots comme *create* ; mais le modèle de *create* est contredit par les mots de la 4ᵉ colonne, qui se terminent par une voyelle tendue et sont accentués en 12. On peut considérer que les mots de deux syllabes ont l'accent primaire sur la première syllabe sauf dans le cas d'un certain nombre de suffixes accentués comme *-ate*, *-ee(C)*, *-oo(C)*. Ceux-ci constituent des sous-ensembles réguliers.

25. Le verbe a le schéma 01, et le nom le schéma 10 ou 12 mais cette « règle » souffre de très nombreuses exceptions. Dans (1) nous avons des noms accentués comme des verbes, dans (2) des verbes accentués comme des noms.

26. Pour qu'un préfixe ait une accentuation propre, il faut qu'il ait un sens bien défini, *pre-* (au sens de *before*) = **'pri:**, *re* (au sens de *again*) = **'ri:** (colonnes de gauche). Dans le cas contraire le préfixe est normalement inaccentué et réduit si le mot dont il fait partie est un verbe ou un dérivé de verbe (*prepare* = **pri'pɛə**, *recession* = **ri'seʃn**). Lorsque la syllabe du faux préfixe est accentuée, par exemple dans les noms en 12 qui alternent avec les verbes en 01 (*a record* ~ *to record*), la prononciation est différente de celle du vrai préfixe (**'rekɔ:d** par opposition à **'ri:'bild**). La racine du mot à faux préfixe n'a pas en effet d'autonomie phonologique, ce qui est la contrepartie de son absence d'autonomie sémantique : ou bien elle n'existe pas comme mot (pas de **tinction* en face de *distinction*), ou bien le mot a un sens différent *(a recession is not a new cession)*.

27.

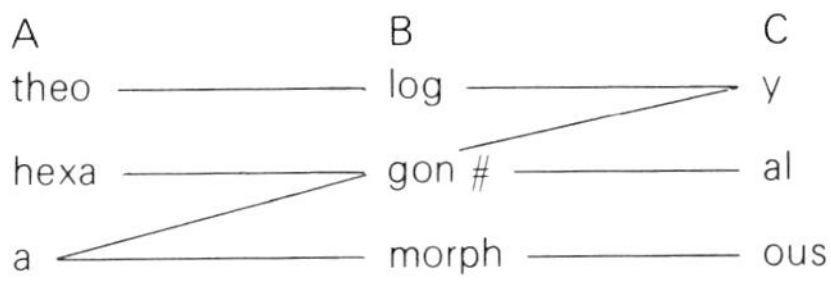

30. Règle (1) *phŏtográph, dĕmagógue, dĭnosáur, păchydérm*
Règle (2a) *părsimony, dĕmagógy, cĕremony*
Règle (2b) *thesăurus*
Règle (2c) *photŏgraphy, sy̆nthesis, ántĭthesis, anăchronism, ántĭnomy, parĕnthesis, ántăgonism*
— mots terminés par le suffixe fort *-ic: anáchronĭstic, párenthĕtical, épidĕrmic.* (→ §11).
— mot terminé par *-iVC cérémŏnial.* (→ §15.)
— mot contenant un *i* dans l'avant-dernière syllabe: *Pŭritan* + suffixe faible *-ism* (→ §19).

Remarquons que la plupart des constructions savantes peuvent être accentuées en appliquant les règles générales de l'accent de mot: *phŏtográph* comme *gĕneráte*, *photŏgraphy* comme *intĕlligent*, etc.

31. On a $3^2 + 3^3$, soit 36 combinaisons possibles. Certaines comme **photophoner* ne sont pas attestées. L'EPD donne *photograph, photographer, photography, microscope, microscopy, telegraph, telegrapher, telegraphy, telescope, telephone, telephony*, soit onze mots; il en existe d'autres dans le langage scientifique et on peut en créer sur ce modèle en appliquant les règles.
Pour savoir accentuer les constructions savantes, on a le choix entre apprendre trois règles et la liste des éléments B des règles (2a) et (2b) ou apprendre par cœur séparément l'accentuation de plusieurs centaines de mots utiles et ignorer les quelques milliers d'autres. Ces règles ont donc un grand rendement. Toutefois la description de L. Guierre est fondée sur l'idée que les constructions savantes sont senties comme telles par les sujets parlants et accentuées selon des règles spécifiques. Dans la plupart des cas, on peut en outre expliquer l'accentuation de ces mots par les règles générales.

32. *A bullfight is a fight that involves bulls.*
A bull elephant is a male elephant, etc.
Bullfight est un nom (composé). Dans *bull elephant*, il y a un déterminé *elephant* et un déterminant *bull*. Alors que les mots composés (colonnes 1) obéissent à des règles d'accentuation particulières, les énoncés des colonnes (2) reçoivent au départ deux accents primaires; toutefois le premier est réduit en vertu des règles de l'accent de phrase (→ §12.3–8) et se réalise sous forme d'accent secondaire.

33. Dans un mot composé, le premier élément porte un accent primaire, le second élément un accent secondaire.

34. Ces mots ne suivent pas la règle d'accentuation des composés. L'accent primaire tombe normalement sur le second élément (cf. calcul de l'accent de phrase → §12.3–8). On remarque toutefois une certaine hésitation entre le schéma 21 et le schéma 12 (→ §12.15–16). Les noms de lieu (colonne 4) sont accentués sur le second élément, sauf s'il s'agit de *Street*: *Oxford Street.*

35. Plus le sens global du composé est éloigné du sens de chacun de ses éléments, plus il y a de chance pour que le second élément apparaisse sous une forme inaccentuée. Exemples: *dreamland* **'dri:mˌlænd** ~ *Ireland* **'aiələnd**; *blackboard* **'blækˌbɔ:d** ~ *cupboard* **'kʌbəd**; *gasman* **'gæsˌmæn** ~ *gentleman* **'dʒentlmən**; *frying pan* **'fraiiŋˌpæn** ~ *saucepan* **'sɔ:spən**. Dans les noms de lieu, *-folk, -wich, -bury, -ham, -ford, -borough, -mouth* et *-shire* sont inaccentués et de ce fait réduits, respectivement à **fək**, **idʒ**, **b(ə)ri**, **əm**, **fəd**, **b(ə)rə**, **məθ** et **ʃə**.

10. La phonographématique

1. Dans l'ordre alphabétique *a* = **æ**, *e* = **e**, *i* = **i**, *o* = **ɔ**, *u* = **ʌ**. Cette correspondance est vérifiée en syllabe fermée, c'est-à-dire terminée par une consonne.

3. *o* = **ɔ** dans *hot, pond, moth, pot, collar, bother*. Prononciation **əu** dans *only, don't, comb, both*. Prononciation **ʌ** dans *nothing, mother, colour, dozen*. *whom* = **hu(:)m,** *womb* = **wu:m.** Aucune règle n'explique ces prononciations. Ce sont des exceptions à *o* = **ɔ**.

4. Il s'agit d'un simple changement orthographique car ces mots se prononcent avec un **ʌ**, que l'orthographe soit *u* ou *o*. (C'est pour faciliter la lecture des manuscrits, *u* se confondant avec *m, n, v, w* dans l'écriture gothique du Moyen Age, qu'on a remplacé la plupart des *u* au voisinage de *m, n, v, w* par *o*.)

5. Dans l'ensemble le choix entre **ʌ** et **u** est déterminé par une règle de distribution : on a **u** entre *p, b, f* et *ll, sh*, et **ʌ** dans les autres cas. Lorsque les deux cases sont occupées c'est que nous avons affaire à des exceptions à cette règle. Ainsi *butcher, cuckoo, cushion, pulpit, pudding, puss, put* et *sugar*.

6. Les 5 voyelles de l'alphabet latin ne suffisent évidemment pas à représenter les 20 voyelles phonétiques de l'anglais. Ces 5 voyelles servent à noter les voyelles relâchées (brèves). Pour représenter les voyelles tendues (voyelles longues et diphtongues) on utilise des digraphes.

ai/ay	*ee*	*igh*	*oa*	*eu/ew*	*oo*	*ou/ow*	*au/aw*	*oi/oy*
ei/ey	*ea*			*ui*				
	ie							
↓	↓	↓	↓	↓	↓	↓	↓	↓
ei	**i:**	**ai**	**əu**	**(j)u:**	**u:**	**au**	**ɔ:**	**ɔi**

7. En règle générale, on a *i* et *u* devant consonne et *y* et *w* en fin de mot : *remain/day*. Mais il y a des exceptions : **faul** sous la forme *fowl*, **ɔ:** sous la forme *aw* devant *n (lawn)*, etc.

8. La prononciation régulière est **i:**. Exceptions : *friend* = **frend** ; *sieve* = **siv**. La prononciation **e** au lieu de **i:** est attestée dans une soixantaine de mots, dérivés comme *pleasure* par opposition à *please*, prétérits comme *meant* par opposition à *mean*, mais aussi *bread, breast, breath, dead, deaf, dread, head, instead, lead* (plomb), *peasant, spread, sweat, thread, tread, weather*.

9. La prononciation régulière est attestée dans *say, straight*, etc. *said* = **sed**, *quay* = **ki:**, *plait* = **plæt**. La graphie *ei* est assimilable à *ai : eight, grey, prey*. On a cependant **ai** dans *height, neither* (variante : **'ni:ðə**), **i:** dans *key*, **e** dans *leisure*. Derrière *c, ei* est assimilable à *ie*, et se prononce donc **i:**.

10. *Broad, abroad* = **ɔ:** ; *sew* = **səu** ; *build* = **bild** ; *buy* = **bai** ; *Stuyvesant* = **'staivəsənt** ; *blood, flood* = **ʌ** ; *tortoise* = **'tɔ:təs**. Le *u* dans *guild, guide, guy*, sert à conserver à *g* la prononciation **g** et non **ʤ**.

11. Il est anormal pour un digraphe de prendre la prononciation d'une voyelle relâchée, **ʌ** (3e colonne), **ɔ** *(knowledge)*, **u** *(could, should, would)*. Le **u:** est représenté dans *you, youth, wound*, et quelques mots d'origine française comme *group, soup, coup* = **ku:**. L'environnement ne permet pas de prévoir la distribution de **əu** et de **au** comme le montrent les homographes non homophones *row* et *bow*. Nous avons posé sous accent *ou* = **au** (→ §6), avec une quarantaine d'exceptions. En syllabe faiblement accentuée on a toujours **əu à l'exclusion de au** : *yellow, fellow*.

14. La lettre *c* correspond à **k** devant *a, o* et *u*, à **s** devant *e* et *i*. On pourrait formuler une règle phonétique mais elle serait plus compliquée.

15. La lettre *g* se prononce **g** devant *a, o* et *u*. Devant *e* et *i* on a **ʤ** lorsque le mot existe en français sous une forme voisine *(germ, giant)*, et **g** autrement.

16. Devant consonne suivie d'un *e* muet final, la voyelle se transforme selon le processus suivant (règle de tension) :

a = **æ**	*e* = **e**	*i* = **i**	*o* = **ɔ**	*u* = **ʌ**
↓	↓	↓	↓	↓
ei	**i:**	**ai**	**əu**	**ju:**

Have, give, live et *gone* sont des exceptions parce qu'ils n'attestent pas la tension ; *lose, prove, move* sont également des exceptions parce que s'ils comportent une voyelle tendue, cette voyelle est **u:** et non **əu**. *Come, some, love* sont doublement exceptionnels parce qu'ils conservent une voyelle relâchée dans un contexte qui déclenche la tension, et que cette voyelle relâchée n'est pas celle que suggère la règle de correspondance orthographique.

17. La règle de tension s'applique non seulement devant *Ce* mais aussi devant $C \left\{ \begin{matrix} l \\ r \end{matrix} \right\} V$. *Body, city, copy, study, menu* sont exceptionnels parce que la règle ne s'applique pas, mais *any, many, bury, busy* sont doublement exceptionnels parce que non seulement la règle de tension ne s'applique pas, mais la voyelle relâchée n'est pas celle que suggère la règle de correspondance orthographique.

18. (1) *ai* = **ei** : *maid, main,* etc. *ei* = **ei** : *veil.*
(2) règle de *e* « muet » : *made, mane, vale... grate, brake, stake.*
(3) *Great, break, steak, Yeats, Reagan, (Warren) Beatty.*
Dans (1) et (2) l'ensemble est défini par une propriété : (1) *ai* = **ei**, ou (2) il y a tension de **æ** devant consonne + *e* « muet » final. Dans (3) on est obligé de donner la liste.

19. Toute voyelle finale et accentuée subit la règle de tension, mais **æ** donne **ɑ:**.

20. On a **u:** si la voyelle est suivie d'une seule consonne, et ʌ si elle est suivie de deux consonnes. Les consonnes à considérer ne sont pas les consonnes phonétiques : le *b* n'est pas prononcé dans *subtle,* ni la géminée dans *supper* et *mussel.*

21. Première restriction : il n'y a insertion de **j** que si la source est *eu/ew, ui* et *u*, jamais avec *oo*. Deuxième restriction : pas d'insertion de **j** derrière **Cl, r, tʃ, dʒ** ; insertion facultative derrière **s** et **l** initial. (Notez que dans la plupart des dialectes américains il n'y a insertion de **j** que derrière labiales et vélaires.)

22. Les voyelles graphiques simples appellent une prononciation relâchée mais toutes les voyelles sauf **i** subissent la tension à condition de ne pas être suivies de deux consonnes : *obvious* = **ɔ** ~ *odious* = **əu** . La tension ne s'applique pas si la terminaison est *uV(C)* : *graduate* = **æ** ~ *gradient* = **ei**.

23. Les Anglais qui prononcent *Kenya* avec un **i:** en dépit des recommandations officielles ne font qu'appliquer la règle du §22. De même la prononciation substandard **ˌaiˈteiljən** est en fait régulière, et la bonne prononciation irrégulière.

24. Notez toutefois la tendance à l'abrègement de **i:** et de **u:** dans ce contexte : *neon* = **ˈni:ən** ou **niən**, *fluent* = **ˈflu:ənt** ou **fluənt**.

26. Le suffixe fort *-ic* provoque le relâchement de la voyelle accentuée. Quelques exceptions, surtout devant **n,** *scenic, hygienic, Hellenic, phonemic,* ainsi que *basic* = **ˈbeisik**. Les terminaisons *-it* et *-id* ont le même effet que *-ic* sur la voyelle accentuée. Seul *u* reste tendu, sauf dans *public.*

27. Comme *-ic, -ish* terminaison de verbe provoque le relâchement de la voyelle accentuée. Mais il s'agit d'un suffixe d'adjectif il ne joue aucun rôle sur la prononciation.

28. Le *a* se prononce **ɑ:** devant une fricative suivie d'une consonne ainsi que devant **θ** et **ð** non suivi de *e* « muet ». En outre un certain nombre de mots ont **ɑ:** devant **-mp, -nd, -ss**.

29. On a la prononciation **ɔ:** devant **-ll** en finale, ainsi que devant **-lk** (**l** effacé) ; on a **ɑ:** devant **-lm** et **-lf** (**l** effacé) ; la prononciation reste **æ** devant **-ll***V*.

30. La prononciation est **ɑ:** devant *-nce* (règle propre à certaines variétés d'anglais dont l'anglais britannique standard) et **ei** devant **ste** et *-nge* final (règle générale). La prononciation est également **ɑ:** dans *demand, example, grant, answer, plant,* et **ei** dans

Cambridge, angel, ancient, mais il n'est pas possible de formuler une règle pour traiter ces mots du fait des prononciations **æ** comme dans *land, ant* d'une part, *angela, Cambria* d'autre part.

31. Ces mots diffèrent deux à deux par au moins deux phonèmes. Le **æ** se transforme en **ɔ** derrière **w** à condition de ne pas être suivi de **k, g, ŋ**. Exception *swam,* prétérit de *swim* = **swæm**.

32. Devant **-ld** et **-ll** la prononciation de *o* est **əu**. En revanche devant **-st, -ss** et *-th* on trouve bien **əu** comme dans les exemples donnés, mais aussi **ɔ** *(cost, lost, loss, moth, froth).*

33. Le **u:** s'abrège systématiquement à **u** devant **k**. En outre les mots *good, hood, stood, wood, foot, soot, wool* se prononcent aussi avec un **u**.

34. La tension est systématique pour **i** devant **-nd** (exception *wind* = le vent). Dans *don't* et *won't* elle a un caractère exceptionnel.

35. **æ** → **ɑ:** devant **r** final ou préconsonantique. Dans *Mary* et *hare* le **r** est suivi d'une voyelle (→ §37) ; *are* est prononcé comme si l'orthographe ne comportait pas de *e* « muet ». **ɔ** → **ɔ:** dans le même contexte.

36. **i, e** et **ʌ** (*i, e* et *u*) donnent **ə:** devant **r** final ou préconsonantique. *Sergeant* = **'sɑ:dʒənt** est une exception, de même que *clerk* = **klɑ:k**, en anglais britannique standard, mais non en américain.

37. Dans *early, earth, learn,* tout se passe comme si la transformation provoquée par le **r** s'appliquait à la prononciation **e** de *ea* (→ §8) ; dans *bear, pear, swear,* à la prononciation **ei** de *ea* (→ §18) ; dans *court, pour* à la prononciation **əu** de *ou* (→ §11) ; dans *journal* à la prononciation **ʌ** de *ou* (→ §11) ; *heart* prononcé **hɑ:t** est isolé (cf. *hearth* et *hearken*).
Le système des voyelles devant **r** peut être représenté par le tableau suivant qui complète la remarque 5 p. XVII.
Voyelles relâchées :

1) tout autre contexte que **r**	**æ**	**ɔ**	**i**	**e**	**u**
2) devant **r**	**ɑ:**	**ɔ:**		**ə:**	

Voyelles tendues :

1) tout autre contexte que **r**	**ai**	**i:**	**ei**	**əu**	**u:**	**au**
2) Devant **r**	**aiə**	**iə**	**ɛə**	**ɔ:**	**uə**	**aiə**

38. Les seules voyelles que l'on trouve sous accent 0 sont **ə**, et **i** et **u** non accentuées **æ** et **ɔ** réduisent à **ə**.
e posttonique réduit à **ə** ; **e** prétonique réduit à **i** centralisé ; *chatted* = **'ʧætid**, *chattered* **'ʧætəd**.
i ne réduit à **ə** que dans le suffixe *-ible,* mais **i** non accentué est plus central que **i** accentué.
ʌ réduit à **ə** ; **u** inaccentué est intermédiaire entre **u** accentué et **ə**.

39. La voyelle est **ə** sauf lorsque l'orthographe a *i,* et dans les suffixes *-age, -ate, -ace* : dans ce cas la prononciation est **i.** Les terminaisons *-ain, -eign, -ey* réduisent à **i** comme les suffixes *-age, -ate, -ace,* contrairement aux autres voyelles qui réduisent à **ə**.

40. S'il fallait dériver ces adjectifs de la forme phonétique des noms, on n'aurait aucune raison de dériver **histɔrik** plutôt que **histerik**, ou **histærik**, puisque **ə** est la forme inaccentuée de **ɔ**, **e** et **æ**. **histɔrik** dérive donc nécessairement d'une forme phonologique **histɔri** réduite ensuite à **histəri**. Les règles à appliquer sont les règles d'accentuation et la règle de réduction.
L' « orthographe phonétique » du §1.19 est un compromis entre la transcription phonétique et l'orthographe traditionnelle, mais l'auteur du texte (Daniel Jones ?) a pressenti ce que pouvait être une forme sous-jacente. Le second **e** est conservé dans **difərent**, bien que phonétiquement réduit, à cause du dérivé *différential* où il est effectivement prononcé.

41. Le **h** n'est pas prononcé derrière consonne, ni derrière le préfixe *ex-* (mais il est facultatif dans *exhale* et *exhume*) ; il tend à être effacé en syllabe inaccentuée *(historical)* ; il est muet dans *heir, honest, honour, hour*.

42. On ne trouve **ð** à l'initiale qu'avec les déictiques (*the that*, etc.) et *though*. A la finale, la prononciation est normalement **θ** ; exception : **wið**. A l'intervocalique, la prononciation est **ð** dans les mots d'origine germanique, y compris devant *e* « muet » *(bathe)*, et **θ** dans les mots d'origine grecque *(Athens)* (→ §8.5). *Thames* = **temz**, *both* =**bəuθ**, et *smooth* = **smu:ð** sont des exceptions.

43. *x* se prononce **z** à l'initiale à cause des incompatibilités en cette position (→ §47), **gz** à l'intervocalique (à condition de faire partie d'un préfixe inaccentué) et **ks** dans tous les autres cas.

44. Si, à l'intérieur d'un même morphème, **s** assure la transition consonantique entre une voyelle accentuée et une voyelle inaccentuée (l'ordre étant indifférent), il se prononce **z**. Dans les autres cas *(purpose, porpoise, paradise, comparison* il se prononce **s**. Les mots de la 3ᵉ colonne sont à considérer comme comportant un vrai préfixe (→ §9.26) terminé par **s** suivi d'un autre morphème. Le vrai préfixe n'est pas intégré au mot, et **s** reste **s**. Variations morphologiques : verbe **z** *(to use)* ~ nom **s** *(a use)*. *Dessert, possess, scissors*, avec **z**, sont des exceptions.

45. Au contact de **j, s, t** et *c* deviennent **ʃ**. Si le **s** est précédé d'une voyelle il devient **z** (→ §44), puis **ʒ**.

46. Il s'agit d'un phénomène de liaison : cf. en français petit garçon (sans **t**) ~ petit enfant (avec **t**) (→ §6.5) ; le **r** excrescent relève des liaisons « malt à propos » mais il est en général toléré.

47. Une occlusive suivie d'une consonne est une séquence incompatible en anglais contemporain où la première occlusive est effacée.

48. **n** et **b** derrière **m** s'effacent à la finale mais se maintiennent de part et d'autre de la coupe syllabique.

49. **ŋ** est une nasale vélaire. Au contact de **g/k**, le **n** prend par assimilation une articulation vélaire, **ŋ** est donc une variante contextuelle de **n**, le **g** est ensuite effacé à la finale ou devant une borne de morphème sauf au comparatif et au superlatif. Il est conservé devant voyelle (*finger*, **'fiŋgə** ~ *singer*, **siŋ** + **ə**).
Dans le Nord de l'Angleterre toutefois, **g** ne s'efface pas. On entend donc **'siŋgə**.

50. **t** est effacé (colonnes 1 et 2), **n** est effacé après **g** (colonne 3), **b** est effacé après **t** (colonne 4), **l** est effacé devant labiales et vélaires (colonne 5).

51. *oe* et *ae* = **i:** ; le **e** final est prononcé **i** ; la terminaison *-es* = **i:z** ; tendance à maintenir un accent secondaire *chaos* = **'kei,ɔs**. Les règles accentuelles sont les mêmes. Notez *Penelope* comme *America*, et *Berenice* comme *anecdotal*.

52. Les règles accentuelles sont les mêmes. Pour les consonnes on respecte en général la valeur de la langue d'origine : *cello* = **'tʃeləu**, *chianti* = **ki'ænti**. La règle de tension s'applique dans les mêmes conditions que pour les mots autochtones, mais le résultat est différent ; sauf pour **ɔ**.

æ	**e**	**i**	**ɔ**	**u**
↓	↓	↓	↓	↓
ɑ:	**ei**	**i:**	**əu**	**u:**

53. L'accentuation imite celle du français ; peu de réduction, accent 21 ou 12. Les consonnes muettes du français tendent à le rester. Notez *i* = **i:**, *a* = **ɑ:**, *é* = **ei**, *au* = **əu**, *ou* = **u:**.

54. On a dans l'ordre **,ai'ri:nə**, prononciation fantaisiste qui appelle l'orthographe *Irena*, **,ai'rein**, prononciation imitée du français, **,ai'ri:ni** imitée du grec, et **,ai'ri:n** prononciation anglaise régulière.

11. L'accent de phrase: 1. Formes pleines et formes réduites[1]

1. Les mots qui commutent avec « la » dans la phrase *la voiture a été volée hier soir* sont les articles, les adjectifs possessifs et le démonstratif féminin singulier. On peut en donner une liste complète (*la, une, ma, ta, sa, notre, votre, leur, cette*) parce qu'ils forment une classe fermée. Il est en revanche impossible de donner la liste complète des noms féminins qui commutent avec *voiture* dans cette phrase car ils constituent une classe ouverte. Quand on dit *her, him, it*, etc., c'est pour abréger une liste qu'on pourrait très bien donner en entier. Quand on dit *Jane, Smith, Stripy*, etc., c'est parce qu'il est impossible de donner la liste complète des noms propres, puisqu'ils constituent une classe ouverte.

2. Les mots grammaticaux (*structure words*) sont *when, with, at, what, above, could*. Ils ont pour fonction d'établir des relations grammaticales dans la phrase. Les mots lexicaux (*content words*) sont *lamp-post, aerial, notion, animal, think, heavy*. Ils ont un contenu sémantique facilement analysable.

3. 1) Auxiliaires, modaux, copule: *'ve, was, must, have, been, 's.*
2) Prépositions: *about, at.*
3) Adjectifs, possessifs, pronoms: *I, it.*
4) Conjonctions: *if, that, but, either . . . or, when, like.*
5) Déterminants: *the, a, that.*

4. **ˈpɔlitiks iz səˈpəuzd tə bi ði ˈɑ:t əv ðə ˈpɔsəbl.**
ˈʃeikspiə wəz ðə ˈgreitəst ˈdræmətist əv iz ˈtaim.
ət ðə ˈsait əv ðəm ʃi ˈʃrʌgd hə ˈʃəuldəz.

5. Les mots grammaticaux, dont les formes pleines et réduites sont données pp. XIV et XV sont inaccentués en séquence. Ils apparaissent donc sous leur forme réduite. Le choix d'une forme réduite de préférence à une autre dépend du contexte (**ən**, **fə**, etc. devant consonne; **ənd**, **fər**, etc. devant voyelle). *Saint*, comme tous les titres (*Mister, Sir*, etc.) est inaccentué; mais il est en outre réduit.

6. De même que **ˌækjuˈzeiʃn** alterne avec **əˈkju:zd**, de même **ˈænd**, **ˈðæt** accentués deviennent **ənd**, **ðət** lorsqu'ils sont inaccentués. D'une manière générale, les voyelles autres que **i** et **u** réduisent à **ə**.
ə ˈmæn əˈkju:zd əv bi:iŋ ˈdrʌŋk ən diˈsɔ:dəli in *ˈsti:vnidʒ ˈtaun ˌsentə ənd əv ˈsti:liŋ ˈθri: ˈpə:siz frəm *ˈlitlwudz ˈtəuld ˈsti:vnidʒ ˈmædʒistrits ðət hi ˈθɔ:t hi wəz in ðə ˈlaibrəri ˈsti:liŋ ˈbuks.

7. 1. Changement vocalique: **ei → ə**; **ðæt → ðət**; **tu: → tə**; **fɔ: → fə**; **ænd → ən**; **frəm → frm**; **ði: → ðə**.
2. Suppression d'un son: **ænd → ən**.
3. Abrégement de la voyelle: **hi: → hi**; **ʃi: → ʃi**; **hə: → hə**; **tu: → tu**; **wi: → wi**.

8. Catégories grammaticales ne réduisant pas: pronoms possessifs (*mine, yours*, etc.), pronoms interrogatifs (*who, which*, etc.), la plupart des conjonctions, les démonstratifs, les quantifieurs (*many, all, few*, etc.).
Catégories phonétiques ne réduisant pas: les mots de deux syllabes sauf *because* et *any*, la plupart des monosyllabes dont la voyelle est une diphtongue (*our, my*, etc.) ou même une voyelle longue (*ought*). Lorsque la voyelle est un **i** (*if, did*, etc.), il y a « réduction » à un **i** centralisé mais cette distinction ne se fait pas dans la transcription.

9. Seul peut être réduit l'auxiliaire *have*. Son homographe accentué exprimant la possession, l'obligation, etc., a toujours sa forme pleine. Variantes contextuelles: **v** après voyelle (phrases 1 et 3) **əv**, **əd** après consonne (phrases 4 et 8); de même pour **s** / (**h**)**əz**.

1. Quand un exercice n'est pas corrigé, la réponse se trouve dans le tableau pp. XIV et XV.

10. Est susceptible de réduction non seulement l'auxiliaire *be* utilisé dans la formation de la forme progressive et de la voix passive, mais aussi la copule *to be* (ex. *I am a music lover*). Les formes réduites figurent dans le tableau p. XIV; devant consonne le *r* italique n'est pas prononcé.

11. *Do* est auxiliaire dans les trois premières phrases, mais n'est réduit que dans 1 (**dəzi:**, ou **dzi:**) et 2 (**dju:**). *Do*, auxiliaire emphatique dans la troisième phrase n'est pas réduit.

12. Certains modaux ne réduisent jamais, par exemple: *may, might, ought to* (phrase 7, 8, 9). *Must* ne devient **məs(t)** que lorsqu'il signifie l'obligation (phrase 5) mais garde sa forme pleine lorsqu'il signifie la nécessité logique (phrase 6). *Shall* donne **ʃl**, mais pas **l** comme *will*; *would* peut devenir **wəd** ou **d**, mais *should* donne nécessairement **ʃəd** sous peine d'être compris comme un conditionnel.

13. On peut créer de nouveaux adverbes en suffixant par exemple en français *-ment* (*terriblement, affreusement*, etc.) ou en anglais *-ly* (*terribly, awfully, desperately*, etc..) alors que les prépositions sont en nombre limité. Les adverbes appartiennent donc à la classe ouverte des mots lexicaux, alors que les prépositions appartiennent à la classe fermée des mots grammaticaux. Les négations sont des adverbes, et sont donc accentuées — ce qui explique que *nòt* donne avec les auxiliaires des formes négatives contractées non réduites: *isn't, doesn't*, etc.

14. Dans la colonne de gauche, les verbes sont suivis d'un complément circonstanciel introduit par une préposition inaccentuée. Il se trouve que pour des raisons phonétiques (*in, down, over*) ou de compréhension (*on* prononcé **ən** s'identifierait à *an* ou *and*) aucune de ces prépositions n'a de forme réduite.

15. L'explication donnée par Kingdon vaut pour tout mot grammatical qui n'est pas suivi du mot qu'il gouverne.

16. Les prépositions et l'auxiliaire portent des accents contrastifs qui empêchent leur réduction.

18. *That* démonstratif n'est jamais réduit; il est accentué lorsque c'est un pronom. *That* conjonctif est toujours réduit.

20. Devant les « indénombrables » ou « continus » comme *water* (phrase 1), *information* (phrase 2), *tea* (phrase 3), c'est-à-dire les noms qui sont incompatibles avec l'article *a* et le pluriel, *some* apparaît sous sa forme réduite, sauf dans la phrase 8, *Some hope!* qui veut dire en fait *No hope!*. Devant les « dénombrables » ou « discontinus » pluriels comme *parts* (phrase 4), *people* (phrase 5), *books* (phrase 7), *rats* (phrase 12), *some* apparaît sous sa forme pleine s'il y a un contraste explicit ou implicit avec *others, most*, etc., comme c'est le cas dans les exemples 4, 7 et 12, ou si *some* a le sens de *certain*. La forme réduite est de règle dans les autres cas. Dans la phrase 5, on a la forme pleine si on comprend *certain people*, et la forme réduite si on comprend *people*. Devant un singulier dénombrable on a toujours la forme pleine (phrase 9). *Any* est réduit (**əni**) dans les phrases interrogatives où il est le substitut de *some* affirmatif réduit (phrase 11). Autrement, il a la forme pleine **'eni** (phrases 6 et 10).

21. Les relatifs sont inaccentués, les interrogatifs accentués.

12. L'accent de phrase : 2. hiérarchie des accents

1. Isolément, chaque chiffre est prononcé avec une chute de la voix. Il en est de même si l'on ménage une pose entre chacun au cours de leur énumération. Si cette pose disparaît, seul le dernier conserve une chute intonative.

2. La syllabe supportant la variation de hauteur est celle qui porte l'accent principal chez Jones (Cf. EPD). En séquence, la chute intonative ne subsiste que sur le dernier mot — simple ou composé — de chaque phrase. L'accentuation d'une phrase n'est donc pas la juxtaposition des accents de mot.

3. Les seules subdivisions naturelles de la phrase sont:
Father Christmas (Groupe nominal sujet); *has brought* (verbe); *John* (groupe nominal, complément d'attribution); *a blue bike* (groupe nominal complément d'objet direct).

4. All oboe players are said to be crazy.

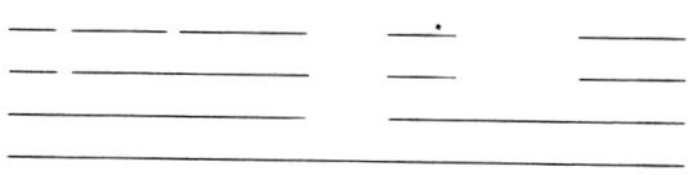

John, Rodney and his brother spent their honeymoon in Venice.

(meaning someone else's brother)

Philemon and Titus went on a package tour to Antwerp.

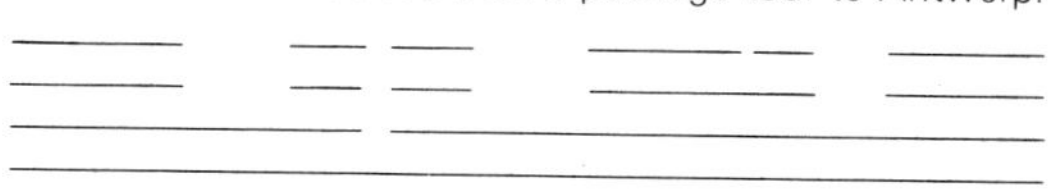

Christopher's bought a bar of plain chocolate.

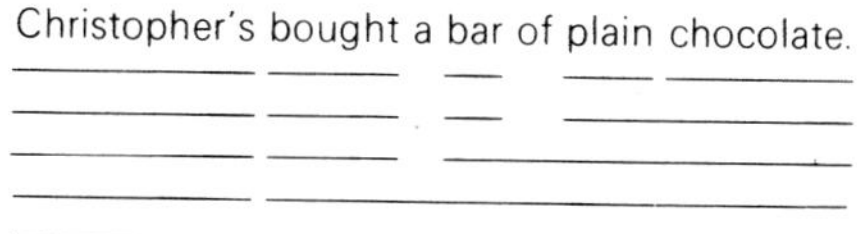

5. 1. 1 1
2 1

2. 231 1
342 1

3. 4321 1
5432 1

4. 3421 231
4532 341

6. Mum and Dad have gone to a film.

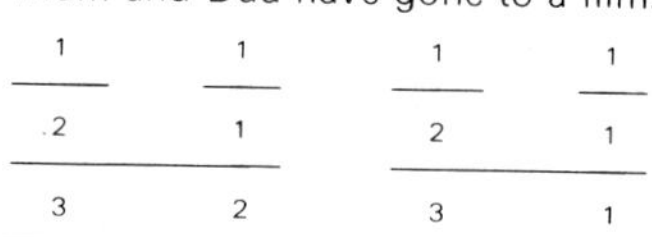

Go to South Africa at fully inclusive prices.

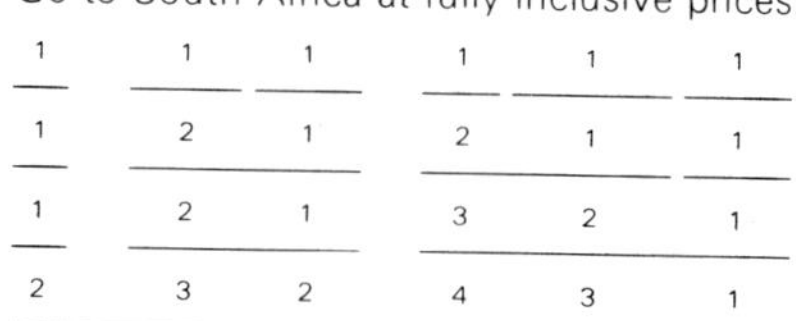

7. Les phrases ont pour schéma:
1: 21 2, 3 et 5: 231 4: ·321 6: 2341

8. Par exemple: 3231, Mary's dictionary is on the top shelf.
2431, Andy smiled hopefully to the nurse.
23451, John told me his mother was from North Derbyshire.

9. 1 2341 2 2331 3 21
4 3423412, 34235412, si l'on tient compte de la première syllabe de *automatic* (→ §9, note 1).

10. Il faudrait placer un accent contrastif sur 1 *John*, 2 *post-office*, 3 *doctor*, 4 *our*. L'accent nucléaire qui tombe sur *children* au §9 n'a aucune fonction contrastive. La règle de l'accent nucléaire produit des énoncés neutres et dépourvus de sous-entendus. Les exemples de cet exercice apportent, outre leur sens littéral, une information supplémentaire.

11. 1. I'm only the conservative *candidate*.
2. I'm only twenty-*six*.
3. My wife's *charming*.
4. She's my *wife*.
5. He's *lively*, that's all.
6. He is a *Boxer* dog.
7. My name is Gascoyne-*Allen*.

12. Il faudra placer l'accent contrastif successivement sur les mots *day* (1), *pint* (2) et *beer* (4). Mais seul l'accent nucléaire normal sur *day* devra être utilisé dans 3, aucune intention contrastive n'apparaissant dans la réponse.

13. La partie c de la règle s'applique deux fois donnant successivement les contours:

					1	1+	2	1
1	1+	3	2		1	1+	3	2
2	1+	4	3		2	1+	4	3

Pour que le sens devienne respectivement *Sally* looks tired, et Margaret has asked *John* to come, il faut passer par les étapes suivantes:

Sally looks very tired.

1+	1	1	1
		2	1
	2	3	1
1+	3	4	2

Margaret has asked John to come.

1	1	1+	1
	2	1+	
	3	1+	2
2	4	1+	3

14. Exemples 1 à 4: aucune commutation possible; impossibilité d'avoir un accent contrastif. Exemples 5 à 7: commutation difficile, accent contrastif peu vraisemblable.
1. 231 3. 3231 5. 21 7. 342341
2. 3421 4. 3231 6. 2431(3)2

Outre que ces mots ne peuvent recevoir d'accent contrastif, ils sont largement désaccentués. L'hypothèse selon laquelle le degré d'accentuation du mot dépend de la quantité d'information qu'il véhicule a un fondement *sémantique* et est a priori incompatible avec le calcul *syntaxique* de l'accent de phrase. Cependant, on peut considérer que les mots entre parenthèses sont délexicalisés, et on n'en tiendra pas compte dans le calcul de l'accent, comme s'il s'agissait de mots grammaticaux; ils jouent, en effet, un rôle essentiellement grammatical. Comparez: *Could you pass the butter?* et *Butter!*. Il faut distinguer les cas de délexicalisation dus au contexte (1 à 4) et ceux qui sont dus à la situation (5 à 7).

15. Lorsqu'il y a « anaphore », c'est-à-dire reprise d'un mot déjà utilisé pour renvoyer à la même réalite, le deuxième a un degré d'accentuation réduit. Ainsi *his brother - his elder ,brother* = 010 – 01020 (ou 01+020). La règle de l'anaphore s'applique également à des mots différents du moment qu'ils renvoient à la même réalité : *I wish that you were fully forty-two, and more than usually plain for your ,age* (c'est-à-dire pour quarante-deux ans).

13. L'intonation

1. Les phrases 1 et 3 comportent un noyau 1 + (accent contrastif). En effet, le contour normal voudrait que l'accent tombe sur *pictures* (phrase 1) et sur *pounds* (phrase 3). La queue comporte des syllabes accentuées dans le cas (1) d'un accent contrastif non final, (2) des mots composés (ex. *football-ground*, phrase 2), (3) d'une séquence ne faisant pas partie de la prédication principale (phrases 4, 5, 6, 7). On notera que la phrase 1 appartient aux catégories (1) et (3), et la phrase (7) aux catégories (2) et (3).

2. Les signes de ponctuation, qui délimitent les groupes de souffle; l'italique (ex. *I* can), qui signale un accent contrastif.

3. Les phrases 4 et 8 comportent deux groupes de souffle, indiqués par les virgules. La phrase 9 pourrait se couper après *astonished*.

	avant-tête	tête	noyau	queue
1.	I can	never remember his	phone	number.
2.	I just	can't find my	purse.	
3.	I	bet you left it in the	te	lephone box.
4.		Why not go to Sloane Square by	un	derground
	and		then	walk down King's Road?
5.			Tell	me.
6.	Mister	Johnson will be here	pre	sently.
		Why did you switch on the im	mer	sion heater?
8.	If you	want to get there by six o'	clock	
	you'd	better leave early in the	mor	ning.
9.	they were as		to	nished
	to	see him back after two	years.	

4. 1) Les noyaux sont signalés par l'un des signes suivants: ˎ ˋ ˏ ˊ placés devant la syllabe concernée.
2) la première syllabe de la tête est signalée par ˈ ou ˌ.
3) toute syllabe accentuée autre que les deux précédentes est signalée par ° derrière la première syllabe d'une tête supérieure et derrière un noyau montant; ₒ derrière la première syllabe d'une tête inférieure et derrière un noyau descendant. (→ p. XV.)

5.

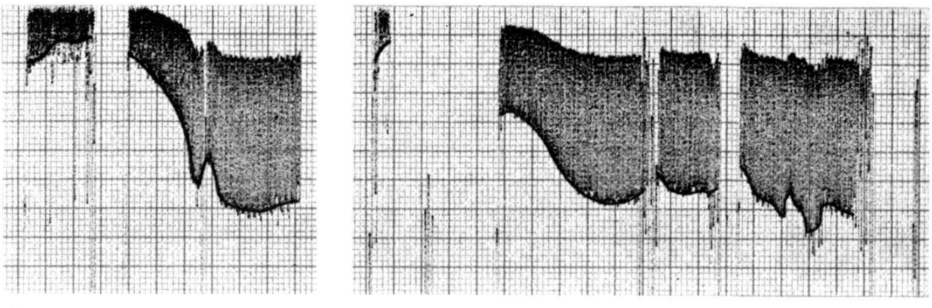

ˈwaimə st ˋai ₒg əu... ? ¯dəuntʃə ˎd ɛər ₒɑː n s ə jɔːₒf ɑː ðə ₒbæ k

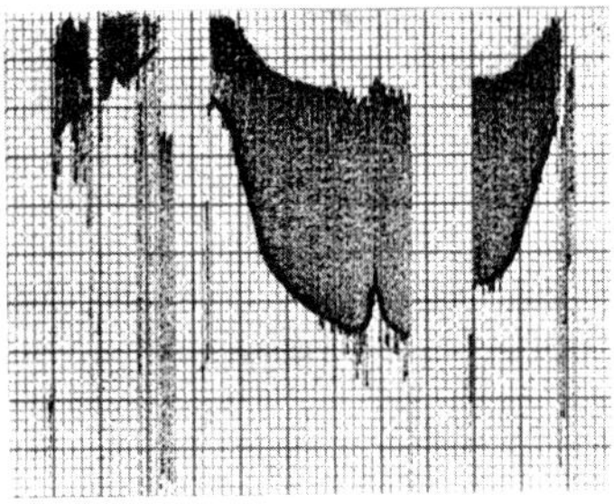

g ud`m... ɔ: niŋmi s iz ˏwai t

6. Le noyau se distingue des autres syllabes accentuées par une variation de hauteur importante (ici une chute). Lorsqu'il y a déplacement du noyau (accent contrastif), il reste une trace de l'ancien noyau. Quand l'accent contrastif occupe la place de l'ancien accent primaire, il se signale soit par une chute intonative plus importante, soit par une tenue prolongée de la consonne initiale ou, devant voyelle, par l'introduction d'un « glottal stop ».

7. 1. chute inférieure 2. chute supérieure 3. ton circonflexe
4. montée inférieure 5. montée supérieure 6. ton creusé.
L'opposition montée inférieure ~ montée supérieure ne tient pas à un plus grand écart mélodique, mais à un point de départ différent.

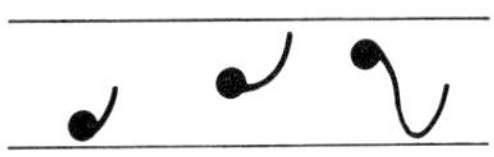

Montées

8. Les enregistrements 1 et 2 comportent un noyau tombant et des syllabes post-nucléaires inférieures. Les enregistrements 3 et 4 dont le noyau est montant, ont des syllabes post-nucléaires montantes.

9.

ˏYes?

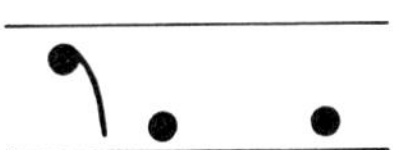

`Buy ˳one, ˳then.

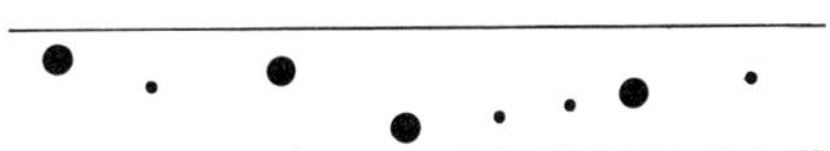

'Did you °tell ˏMummy a°bout it?

You 'went °there °after ˇall?

He ˌnever `says when he ˳comes.

10. *High head* et *falling head* d'une part, *low head* et *rising head* de l'autre, sont des variantes contextuelles. Une description phonologique de l'intonation anglaise pourrait se contenter de dire qu'une tête à syllabe initiale haute (tête supérieure) a deux réalisations principales  et  selon le noyau qui suit; et qu'une tête à syllabe initiale basse se réalise 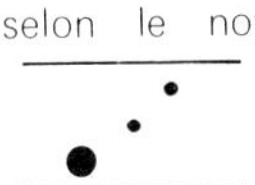 ou 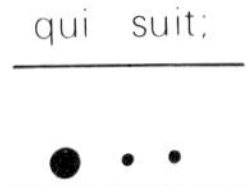 selon le noyau qui la suit.

11.

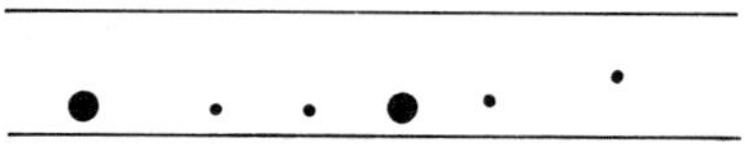

ˌWhat can I (tête inférieure) ˏdo (noyau) for °him? (queue)

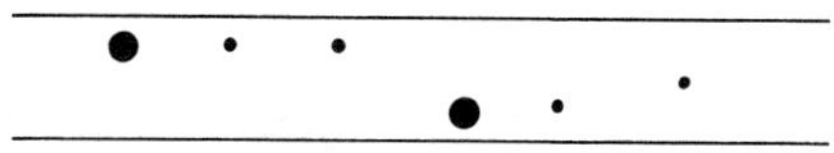

'What can I (tête supérieure) ˏdo (noyau) for °him? (queue)

Les trois enregistrements possèdent une tête supérieure. Pour *tea*, seule la partie montante de l'enregistrement est pertinente, la chute observée fait la liaison entre la fin de la tête et le point de départ du noyau. 'Would you °like some °more ˏtea? 'Any °more ˏfares? 'Why did you °switch °on the imˋmersion ₒheater? 'Come when you ˎlike.

12. Avant-tête normale: 1, 6. Avant-tête haute: 3, 5, 7. Une avant-tête supérieure est plus aiguë qu'une tête, de plus toutes les syllabes qui la composent sont dites sur une même note.

13. 'Can your °husband °come °round for a (tête) ˏdrink? (noyau)

ˋNo. (noyau) There's (avant-tête) 'plenty of (tête) ˋhouse (noyau) ₒwork to ₒdo. (queue)

What about to (avant-tête) ^mor (noyau) ₒrow? (queue)

I'm a (avant-tête) 'fraid (tête) ˎnot, (noyau) ₒJohn. (queue)

He has a (avant-tête) ˋmee (noyau) ting (queue) at the con (avant-tête) ˋser (noyau) vative ₒclub. (queue) ¯Good (avant-tête) ˎbye (noyau)

Le point d'équilibre de la voix est situé au milieu de la portée, ce qui explique la première partie (montante) du *No*. On entend un ton circonflexe dans *we* (§6, tracé 2) parce que c'est, de par sa place, un accent contrastif.

14.

I've 'bought an °A to ˎZ. — 'What ˋis an ₒA to ₒZ? — It's a ˋstreet- ₒmap

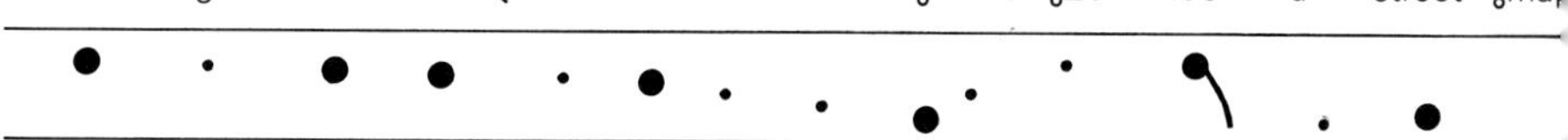

— 'Don't you °know all the °pubs in the ˏcity? — Of ˋcourse, I ₒdo.

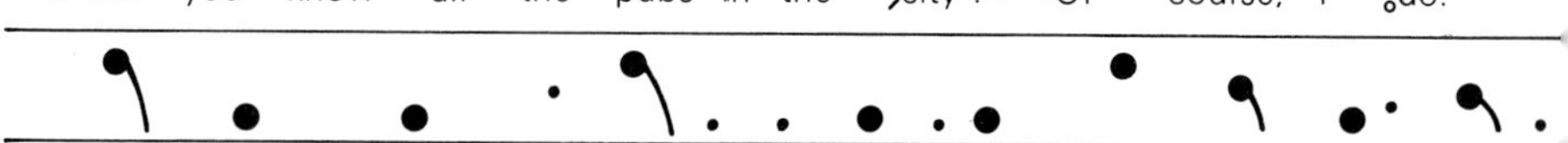

— ˋWell, ₒthen, ˌwhat's the ˋuse of an ₒA to ₒZ? — 'Ha! ˎHa! ˏVery ˎfunny!

15. On peut faire entendre un accent contrastif par le seul artifice d'une plosion retardée devant la voyelle concernée. L'opposition supérieur ~ inférieur ne change, lorsqu'il s'agit d'un noyau tombant, que l'attitude du locuteur. Celui-ci exprime librement sa surprise, avec une chute supérieure, et contient son mécontentement avec une chute inférieure.

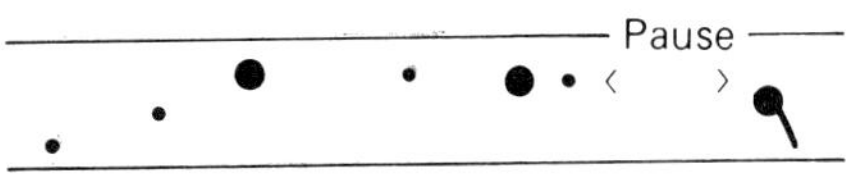

I'm sur'prised he °didn't ˎphone (instead of coming all the way).

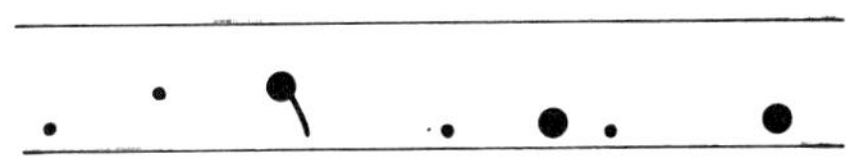

I'm sur ˎprised he ˳didn't ˳phone (he always does).

16.

— Have they got ˋcolour ˳teleˏvision?
— I 'know they've °got a ˇset...
— Do you 'like the carpet in his ˏroom? — I 'like the ˇcolour.
— 'Why °not °go to a °film and °then have ˎdinner ˳somewhere? — I've 'got e°nough °money for the ˇfilm...

Le ton creusé est la manifestation phonétique d'une proposition restrictive.

Ex. I know they've got a set, but I don't know whether it's a colour set. I like the colour, but not the pattern, etc..

La tête supérieure a pour variante contextuelle une tête « descendante » (ˋ) devant un ton creusé (→ §10).

17.

You 'can't ex°pect him to be ˇpleased...

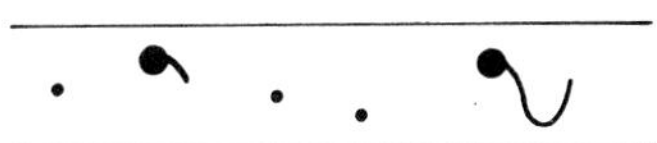

So 'long as it's

Comme dans les phrases du §16, le ton creusé a pour fonction de restreindre l'affirmation au mot sur lequel il porte et de l'opposer à des éléments sémantiques absents de la phrase.

18. Le tracé n° 2 a un contour analogue à celui du schéma de Lieberman. Il a pour caractéristique de comporter une chute inférieure, précédée éventuellement d'une tête supérieure.

19. Dans tout groupe de souffle non final, il y a substitution d'un noyau montant à un noyau descendant, sans que cette transformation affecte le sens d'aucune manière. Cette règle s'applique de la même manière à une énumération (ex. *wine, beer, cider or water*).

20. Les questions qui admettent « oui » ou « non » comme réponse ont un noyau montant, alors que les questions en *Wh-* ont un noyau descendant. Les premières diffèrent du contour de base par le trait [montant], les secondes, par le trait [supérieur]. Dans ces deux types de questions, le contour de base correspondrait à un ton sec et désagréable. Il serait possible d'employer une chute supérieure dans les "Yes — no questions" et une montée inférieure dans les "*Wh-* questions"; le ton correspondant à ces contours doublement marqués serait plus animé.

21. Dans beaucoup de langues, la montée supérieure a pour fonction de transformer en interrogation des phrases qui, grammaticalement, sont des affirmations (1), des ordres (2) ou des exclamations (3).

22. Ces questions n'ont pour but d'obtenir que la répétition de l'information ou une précision partielle. Ce ne sont jamais les questions de quelqu'un qui ne saurait rien.

23. La variété des tons observés (1 surprise, 2 étonnement, 3 et 4 indignation, 5 exaspération, 6 pitié) dépend du sens intrinsèque de chaque phrase. La fonction du trait [supérieur] est d'exprimer sans retenue les sentiments réels du locuteur.

24. Ces noyaux ont en commun le trait [inférieur], qui caractérise un ton réservé, posé et maître de soi. L'opposition [montant ~ descendant] qui n'est pas utilisée à des fins syntaxiques puisque ces phrases sont indépendantes de tout contexte et non interrogatives, est donc disponible pour donner à ces ordres un ton gentil et protecteur, bien différent de celui, froid et sec, qui est associé à la chute inférieure.

25. On ne pourrait employer la montée supérieure au lieu de la montée inférieure que dans la phrase où ce changement n'entraînerait pas de changement syntaxique, soit *Have you heard from them?*. Dans les autres, qui possèdent au meilleur des cas une montée inférieure (*No, they rang me up the other day*) ou une chute supérieure (*How are they? When are they coming?*), le passage à la montée supérieure signifierait qu'on répète la question d'un interlocuteur pour en recevoir confirmation.

26. 1, 2, 3: l'interlocuteur dont le ton est sans réplique et mécontent admet, si la chute devient montée, d'écouter la suite, sans pourtant revenir sur son mécontentement.
Questions appelant une simple confirmation: 4, 5.
Questions appelant une réelle information: 6, 7, 8.

27. Le ton calme et sûr de soi caractéristique du contour de base devient aggressif et vindicatif si l'on utilise une tête inférieure.
Font exception les questions qui elles deviennent simplement pressantes.

28. La substitution d'une avant-tête supérieure à une avant-tête normale, en accroissant les écarts mélodiques, permet d'atteindre la plus grande expressivité en anglais.

29.

1. ˈHow a°bout °every°body °helping to °keep the °new °coinage °bright and ˇclean by ˈdipping their °coins in a °house°hold ˎcleaning ˳liquid?
2. Aˈnother °mother of ˏten, Mrs Laˈvinia ˏNicholson, ˈaged °thirty-ˏseven, ˈblamed ˎimmigrants for the ˈrise in °popuˎlation.
3. The ˈkitten °nobody ˎwanted.

"Oh, ˈdear ˎme," ˳said ˳Stripy the ˳kitten. "ˋWendy °doesn't ˋwant me. What ˎever shall I ˋdo?" ˈWendy's °Uncle ˎTom had ˈbought her a °lovely °new ˎdolly, a ˈdolly that °opened her ˏeyes, and could ˎsay MaˎMa.
"^I don't ˳want this ˏkitten," ˌcried the ˳naughty little ˏgirl.
ˈPoor ˎStripy was very ˎsad when he ˳heard ˳this. So he ˈran a°way °down the ˏroad, and ˈdidn't °stop ˎrunning till he ˎcame to a ˋfarm, at the ˎedge of a ˋwood.
"Do you ˈwant a °kitten at your ˎfarm, ˏplease?" ˳asked ˏStripy.
ˈRags the ˎdog ˌshook his ˎhead. "ˎNo, you're ˈmuch too ˎsmall," he ˳growled; "you'd ˋnever be °able to °kill °rats and °mice in the ˋbarn. You're ˈnot °nearly ˋbig e˳nough, or ˋstrong eˏnough."

14. La prononciation de l'anglais américain

1. a) Les «centring diphthongs» de Jones, dont le **ə** est dû à la présence d'un **r** sous-jacent d'ailleurs représenté dans l'écriture, apparaissent sous la forme d'un symbole unique, puisque le **r** subsiste en surface dans la plupart des dialectes.
b) Les oppositions de longueur sont supprimées par économie et aussi parce que les voyelles «longues» américaines, comme celles de l'anglais écossais entre autres, sont plus courtes qu'en RP.
c) La voyelle de *watch* transcrite **ɒ** au lieu de RP **ɔ**, est effectivement plus ouverte en américain. Elle perd même souvent son arrondissement, devenant ainsi **ɑ**.
d) La notation **e** et **o** a l'avantage de décrire aussi ceux des dialectes où ces voyelles ne sont pas diphtonguées.

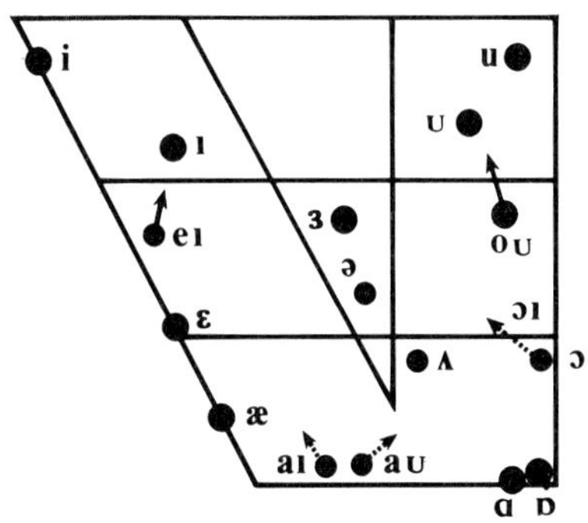

2. Matrice des segments vocaliques en américain (représentations phonétiques).

	i	ɪ	e	ɛ[1]	æ	a	ɑ	ɒ	ɔ	o	ʊ	u	ɜ	ə[1]	ʌ
fermé	+	+	–	–	–	–	–	–	–	–	+	+	–	–	–
ouvert	–	–	–	–	+	+	+	+	+	–	–	–	–	–	–
arrière	–	–	–	–	–	–	+	+	+	+	+	+	–	–	+
arrondi	–	–	–	–	–	–	–	+	+	+	+	+	+	–	–
tendu	+	–	+	–	–	+	+	–	+	+	–	+	+	–	–

3. **eɪ** et **oʊ** perdent leur glissée s'ils ne reçoivent pas l'accent primaire.

$$\left\{\begin{matrix} \text{ɪ} \\ \text{ʊ} \end{matrix}\right\} \rightarrow \phi \Big/ \begin{bmatrix} -\text{ fermé} \\ -\text{ ouvert} \\ -\text{ accent 1} \end{bmatrix} \text{———}$$

4. On doit obtenir les changements **ɑ** → **a** et **a** → **ɑ** devant les glissées **w** et **j** respectivement. En termes articulatoires, une voyelle ouverte postérieure devient antérieure devant une glissée postérieure; une voyelle ouverte antérieure devient postérieure devant une glissée antérieure. Cette double règle est plus claire sous la forme suivante:

$$\begin{bmatrix} +\text{ ouvert} \\ \alpha\text{ arrière} \end{bmatrix} \rightarrow [-\ \alpha\text{ arrière}] \Big/ \text{———} \begin{bmatrix} -\text{ voc} \\ -\text{ cons} \\ \alpha\text{ arrière} \end{bmatrix}$$

5. → Glossaire à *hypercorrection*.

6. Dans les régions 1, 2, et 4: **r** → ϕ / ——— $\left\{\begin{matrix} \# \\ C \end{matrix}\right\}$

---

1. La seule différence entre *lent* et *excellent* est que l'un est [+ accent], l'autre [– accent]. La qualité vocalique exacte des voyelles réduites est décrite au §10.28.

7. Le nom du théâtre était *Comedy Theatre*, prononcé par Bloomfield **'kɑmədi**, et que le Londonien a compris **'kɑ:mədi**.

8. **ɑ**, **i**, **ɛ**, **æ** diffèrent de **ʊ** ou **ɔ** par le signe du trait [arrondi]. D'où la règle:

l → **l** (= **l** clair) / — $\begin{bmatrix} -\text{arrondi} \\ +\text{accent} \end{bmatrix}$

l → **ɫ** dans tous les autres cas (b)

9. *metal* ~ *medal*; *matter* ~ *madder*, etc., pourraient être confondus s'il n'y avait la plupart du temps allongement de la voyelle devant **d**.

10. 1. US: pas de règle supplémentaire (→ §10.15)
RP: ϕ → **j** / — **u:** derrière **t**, **d**, **n**

2. US: pas de règle supplémentaire
RP: **æ** → **ɑ:** / — **ns**

3. US: $\begin{Bmatrix} ae \\ oe \end{Bmatrix}$ → **e**
RP: $\begin{Bmatrix} ae \\ oe \end{Bmatrix}$ → **i:**

4. US: **e** → **ə:** / —— **r***C*
sauf *sergeant* **ɑ:**
RP: **e** → **ə:** / —— **r***C*
sauf les mots cités: [**ɑ:**]

5. US: *ize* → **iz** / —— [+ accent]
RP: pas de règle supplémentaire

6. US: *-ile* → **l** / [+ accent] ——
RP: pas de règle supplémentaire

7. US: pas de règle
RP: **s** → **z** / *V* —— $\begin{Bmatrix} V \\ \mathbf{l} \end{Bmatrix}$
Stephen donne **'sti:vən** dans les deux dialectes.

8. différences irréductibles

11. Colonnes 1 et 2: RP 12, US 01 ou 21 (*sabotage* RP, US 102). Colonne 3: RP 100 ou 1000, US 120 ou 1020. Colonne 4: RP *cént̆enary, advĕrtisement, miscĕllany, corŏllary, labŏratory*; US *cĕntenáry, ădvertísement, mĭscellány, cŏrolláry, lăboratóry*.

12. L'américain n'a pas le moyen de distinguer par écrit *check* et *cheque*; *draft* et *draught*; *meter* et *metre*; *story* et *storey*. L'anglais britannique ne peut, lui, opposer *vise* (l'étau) à *vice* (le vice).

14.

bureau	wholesome	though	you
dough-nut	I owe you	through	excellent
highway	new	to-night	extra

17. Les quelques cas d'oppositions que nous avons vus montrent que ce sont les règles phonologiques les plus superficielles qui varient d'un dialecte à l'autre. Formes sous-jacentes et règles profondes semblent identiques.

glossaire des termes de phonétique employés dans cet ouvrage

ACCENT (*stress*)
Mise en relief d'une **syllabe** dans la prononciation d'un mot (accent de mot) ou d'une phrase (accent de phrase). On a longtemps considéré que cette mise en relief était une affaire d'**intensité** et de durée. On considère aujourd'hui que les différences tonales jouent le rôle le plus important. Dans certaines langues comme l'anglais ou le russe, cette mise en relief est rendue plus sensible par une **réduction** des voyelles inaccentuées.

ALLOPHONE
Variante phonétique non **distinctive**, dont le choix est déterminé automatiquement par le **contexte**. Ex. le **phonème** /**l**/ a deux principaux allophones en anglais, le [**l**] clair devant voyelle et le [**ɫ**] sombre après voyelle et en finale.
Syn. **variante combinatoire** ou **contextuelle.**

ALPHABET
Ensemble des symboles graphiques (lettres) désignant les unités phoniques d'une langue.
Alphabet phonétique. Alphabet conçu de telle sorte qu'il y ait une correspondance biunivoque entre le symbole et son objet (un symbole par **phonème** ou par **son**, un phonème ou un son par symbole).
Alphabet phonétique international (en abrégé IPA). Alphabet phonétique mis au point par l'*Association phonétique internationale* pour transcrire de manière précise et cohérente les phonèmes ou les sons des langues du monde; la plupart des alphabets phonétiques nationaux s'inspirent des recommandations de l'IPA.

ALTERNANCE (*alternation*)
Variation de la forme phonique d'un **morphème** en fonction du **contexte** morphologique. Ainsi, en latin, on observe une alternance **s** ~ **r** dans *honos* (nominatif) et *honor* + *is* (génitif), en anglais une alternance **t** ~ **ʃ** dans *act* et *action*. Pour Martinet, une alternance peut être décrite en termes phoniques mais relève de la morphologie. En fait, dès lors qu'on admet que tout morphème a une **forme phonologique sous-jacente** invariante quel que soit le contexte, les alternances relèvent des **règles phonologiques.**

AMPLITUDE
Éloignement maximum de tout système oscillant par rapport à sa position d'équilibre. L'équivalent perceptuel de l'amplitude d'une onde sonore est l'**intensité** du son produit.

ANTÉPÉNULTIÈME
(*antepenultimate*)
Syllabe qui précède l'avant-dernière syllabe d'un mot.

ARCHIPHONÈME
Ensemble de particularités **distinctives** qui sont communes à deux **phonèmes** dont l'**opposition** est perdue dans un **contexte** donné, dit position de **neutralisation**. L'opposition **t** ~ **d** est neutralisée à la finale en allemand et en russe. Ex. allemand *Rat* (conseil) et *Rad* (roue) prononcés **rat**.

ARCHISEGMENT (*archisegment*)
Ensemble des **traits distinctifs** définissant la **forme sous-jacente** commune à deux ou plusieurs **segments** phonétiques. Ex. à l'intérieur d'une même syllabe en anglais, **N** représente **m** devant occlusive labiale: **laNp**, **ŋ** devant occlusive vélaire: **laNk**, et **n** devant occlusive alvéolaire: **laNd**.

ASSIMILATION
Changement phonétique subi par un **phonème** au contact d'un autre et qui tend à atténuer les différences articulatoires qui les opposent. Si le deuxième phonème tend à se conformer au premier, l'assimilation est dite progressive, dans le cas contraire, elle est dite régressive. Il existe des cas d'assimilation à distance (métaphonie ou harmonie vocalique) comme l'*umlaut* des

N.B. A l'intérieur des définitions, les termes en **gras** renvoient à d'autres rubriques du glossaire, sauf lorsqu'il s'agit de synonymes.

langues germaniques. Ex. *foot* fait au pluriel *feet* en anglais contemporain parce que la désinence du pluriel qui était **-i** en germanique a transformé la voyelle d'arrière de la première syllabe en voyelle d'avant.
Ant. **dissimilation.**

BORNE
Tout mot commence et se termine par une borne de mot (angl. *word boundary*): # noise #, # vibration #; à l'intérieur du mot, les **morphèmes** sont séparés par des bornes de morphème (angl. *formative boundary*): # vibrate + ion #. Les bornes ont une réalité phonologique et ne doivent pas être omises dans la formalisation des **règles**. Ainsi, en anglais, la borne de morphème explique l'opposition **pen** + **z**, *pens* ~ **pens**, *pence*.

CLASSE
Ensemble d'éléments non aléatoire.
Classe distributionnelle. Ensemble des éléments compatibles avec un même **contexte**. Ex. les occlusives sourdes qui sont les seules non-**sonantes** anglaises à apparaître après **s** forment une classe distributionnelle.
Classe naturelle. Ensemble de **segments** entièrement défini par le même **faisceau** de **traits distinctifs**. Ex. l'ensemble {**p**, **b**} forme une classe naturelle en anglais, $\begin{bmatrix} +\text{ ant} \\ -\text{ cor} \\ -\text{ cont} \\ -\text{ nasal} \end{bmatrix}$, de même que l'ensemble {**p**, **b**, **m**}, $\begin{bmatrix} +\text{ ant} \\ -\text{ cor} \\ -\text{ cont} \end{bmatrix}$, par opposition à l'ensemble {**p**, **m**} qui ne peut être défini par un seul faisceau de traits distinctifs.
Classe fermée et classe ouverte (*closed class and open class*). Une classe est dite fermée si on peut dresser l'inventaire complet de ses membres, ouverte dans le cas contraire. Les **phonèmes** d'une langue constituent une classe fermée, les **sons** du langage une classe ouverte. Les catégories grammaticales constituent par définition des classes fermées, les catégories lexicales des classes ouvertes. Ex. l'ensemble {I, you, he, she, it, we, they} définit entièrement la classe des pronoms personnels anglais sujets mais il est impossible d'énumérer exhaustivement les membres de la classe des noms.

CONTEXTE
Le contexte d'un élément linguistique faisant partie d'un énoncé est constitué par tout le reste de l'énoncé.
Syn. **environnement**.

CYCLE
Série de changements subis par un système vibrant qui le ramène à son état primitif. Syn. **période**.

CYCLE TRANSFORMATIONNEL
Application successive d'un ensemble de **règles** ordonnées à une séquence déterminée. Ex. pour dériver **ə'səuʃiˌeit** de sa forme sous-jacente **æssɔciæte**, il faut appliquer dans l'ordre les règles suivantes:

forme sous-jacente	**æssɔciæte**
1. *VC* **e** # → $\bar{V}C$	**æssɔciǣt**
2. **c** → **s** / — $\left\{\begin{matrix}\mathbf{i}\\ \mathbf{e}\end{matrix}\right\}$	**æssɔsiǣt**
3. placement de l'accent primaire	1 **æssɔsiǣt**
4. régression de l'accent 1 de deux syllabes et réduction de l'accent 1 originel	1 2 **æssɔsiǣt**
5. tension de la voyelle accentuée / — $\left\{\begin{matrix}\mathbf{i}\\ \mathbf{e}\end{matrix}\right\}$ $V(C)$ #	1 2 **æssɔsiǣt**
6. simplification des géminées	1 2 **æsɔsiǣt**
7. changement vocalique	1 2 **æsəusieit**
8. palatalisation de **s** / — $\begin{bmatrix}-\text{ accent}\\ \mathbf{i}\end{bmatrix}$ V	1 2 **æsəuʃieit**
9. réduction des voyelles inaccentuées	1 2 **əsəuʃieit**

De même la hiérarchie des accents dans une phrase anglaise est déterminée par deux règles qui s'appliquent de façon cyclique :

(1) dans toute séquence comportant plusieurs mots lexicaux, le dernier (le mot situé le plus à droite) conserve un accent primaire ;
(2) l'accent des autres mots est réduit d'un degré.

Cette opération de réduction se répète à chaque recomposition de la phrase jusqu'à ce qu'on ait atteint le domaine maximum d'application des règles phonologiques (le groupe de souffle). Ex. *new* = 1, *hat* = 1 (*a*) *new hat* = 21. *bought* = 1, (*he's*) *bought* (*a*) *new hat* = 231.

Peter has	bought a	new	hat
1	1	1	1
		2	1
	2	3	1
2	3	4	1

Associated = 12, *artists* = 1. *Associated Artists* = 231

Peter	works with	Associated	Artists
1	1	1 2	1
1	1	2 3	1
1	2	3 4	1
2	3	4 5	1

DIACHRONIE ~ SYNCHRONIE

Diachronie. Evolution des faits linguistiques dans le temps.
Synchronie. Ensemble des faits linguistiques considérés à un moment de la diachronie.
F. de Saussure qui a introduit cette opposition a affirmé l'indépendance des points de vue diachronique et synchronique en faisant valoir que pour l'usager du langage, la diachronie n'existe pas et qu'elle est le fruit de l'activité du linguiste, la superposition de différentes synchronies.
Ce principe qui a eu une très grande influence sur les études linguistiques est aujourd'hui remis en question. Par exemple, la disparition des cas dans les langues modernes est un phénomène quasi général ; pourtant le recours à cette notion permet d'expliquer des problèmes syntaxiques. En phonologie, on s'aperçoit que les règles reliant *allege* et *allegation* sont précisément les règles historiques permettant de passer de **ælege** aux formes modernes : les règles historiques font donc partie de la compétence linguistique des sujets parlants, et il est faux d'affirmer avec Saussure que « le phénomène synchronique n'a rien de commun avec le diachronique ».

DIALECTE

1. La différence entre langue, dialecte et patois est plus une affaire d'échelle et de statut que de linguistique proprement dite. Le dialecte est à la province ce que la langue est à la nation et le patois au canton. Mais s'il n'y a pas de parenté directe entre la langue utilisée dans une province (breton, basque) et la langue nationale, on n'utilisera pas le mot dialecte, si bien qu'il n'y a pas de situation dialectale en France ou en Angleterre, alors qu'en Italie ou en Allemagne, on parlera d'un dialecte piémontais ou d'un dialecte bavarois. Par définition, le dialecte n'a pas un statut aussi envié que la langue nationale et est exclu dans certaines situations.
2. Aux Etats-Unis, le terme « dialect » désigne toute forme locale de l'anglais, sans qu'il soit possible d'opposer les dialectes à une langue nationale anglaise ou américaine. Tout Américain parle un dialecte. Pour traduire ce terme, on hésite en français entre « variante », « parler » et « dialecte ». Les principales zones linguistiques des Etats-Unis sont la Nouvelle-Angleterre, le Sud et le reste du pays, mais cette troisième zone est très diversifiée (région de New York, Inland North, Midland nord, Midland sud, Ouest).

DIPHTONGUE (*diphthong*)

Voyelle complexe dont la réalisation est marquée par un glissement d'un son vocalique à un autre.

DISSIMILATION

Changement phonétique subi par un phonème au contact d'un autre et qui augmente les différences articulatoires qui les opposent. Ant. **assimilation**.

DISTINCTIF
Une différence phonique est dite distinctive dans une langue donnée si elle permet à elle seule de distinguer deux mots. Syn. **pertinent**.

FAISCEAU (*bundle*)
Ensemble de **traits distinctifs** désignant un ou plusieurs **segments**. Représentation graphique de cet ensemble.

FORMANT
Harmonique d'un son renforcée par des phénomènes de résonance. La caisse d'un violon, l'air contenu dans les cavités supraglottales (bouche, larynx, fosses nasales) résonnent plus ou moins fort selon la **fréquence** du son émis, ce qui a pour effet de renforcer certaines harmoniques de ce son et de filtrer les autres. La distribution des formants a pour équivalent perceptuel le **timbre** des sons (voyelles ou sons musicaux).

FORME PLEINE ~ FORME RÉDUITE ⇒ **réduction.**

FORME SOUS-JACENTE (*underlying form*)
Forme hypothétique d'un **morphème** ou d'un mot dont la prononciation est dérivée au moyen de règles de portée générale. Parce que l'orthographe actuelle est le reflet d'un stade antérieur de la langue parlée, les formes sous-jacentes s'identifient souvent avec les formes orthographiques.

FRÉQUENCE (*frequency*)
Nombre de **cycles** par seconde; l'oreille humaine perçoit les fréquences comprises entre 30 et 15 à 20000 cycles par seconde (c.p.s.) ou hertz.
Dans la phonation, la fréquence fondamentale est la fréquence de vibration des cordes vocales.
L'équivalent perceptuel de la fréquence des vibrations est la **hauteur** du son.

GÉMINATION
Redoublement d'une consonne réalisé dans le cas des occlusives par une plosion retardée: it. *dottore*, fr. *là-dedans*. Il est fréquent que des géminées phonologiques soient réalisées comme une seule consonne phonétique. Ex. pour expliquer la place de l'accent dans angl. *umbrella*, ou la prononciation sourde de s dans fr. *assez*, il faut postuler l'existence d'une géminée sous-jacente.

GLISSÉES
Consonnes (**j**, **w**, **ɥ**) dont la caractéristique articulatoire est de comporter une évolution continue analogue à celle des diphtongues. Elles peuvent souvent être considérées comme les variantes prévocaliques inaccentuées de certaines voyelles.

GRAMMAIRE
Dans le langage ordinaire, le mot grammaire désigne l'étude des formes des mots (morphologie) et des fonctions des mots et des phrases d'une langue (syntaxe). La phonétique et le lexique constituent deux domaines autonomes.
Dans l'optique générative transformationnelle, la grammaire est un système de **règles** qui génère toutes les phrases grammaticales d'une langue et seulement celles-là. Elle contient une composante phonologique qui assigne une forme phonétique aux suites dérivées par la composante syntaxique, et une composante sémantique qui interprète ces suites.

GROUPE DE SOUFFLE (*breath group*, *sense group* ou *word group*)
Séquence phonique cohérente du point de vue syntaxique (phrase ou constituants immédiats de la phrase: groupe nominal, groupe verbal, etc.) qui est prononcée comme un tout, et qui constitue le domaine maximum d'application des règles phonologiques. Tout groupe de souffle comprend nécessairement un accent primaire qui sert de **noyau** au schéma intonatif.

HARMONIQUE
Nombre entier multiple de la **fréquence** fondamentale d'une onde sonore. Dans la phonation, la fréquence fondamentale correspond à la fréquence de vibration des cordes vocales, et les harmoniques dépendent de la forme des cavités de résonance délimitées par la position de la langue et de la luette.

HAUTEUR (*pitch*)
Équivalent perceptuel de la **fréquence**. La hauteur va du grave (basse fréquence) à l'aigu (haute fréquence).

HOMORGANIQUE
Deux sons sont dits homorganiques s'ils ont le même point d'articulation. Ex. **p**, **b** et **m** sont des consonnes homorganiques.

HYPERCORRECTION
Emploi erroné d'une forme grammaticale ou phonétique que le locuteur juge, pour des raisons sociales, préférable à celle qui lui est naturelle. Les liaisons, manifestations d'une langue soutenue, seront employées « malt-à-propos »; la gémination acceptable dans le mot *grammaire* est incorrecte dans le mot *pol-litique*. Cela vaut aussi pour le choix des mots: *saisir* sera employé de préférence à *comprendre*, *votre dame* plutôt que *votre femme*.

INCOMPATIBILITÉ PHONOLOGIQUE
Impossibilité pour deux **phonèmes** d'une langue donnée d'y constituer une séquence **grammaticale**, c'est-à-dire conforme aux **règles phonologiques** et à l'intuition des sujets parlants. Les suites **zt** et **sd** sont non grammaticales en anglais. ⇒ **lacune**.

INTENSITÉ
Equivalent perceptuel de l'**amplitude** de l'onde sonore, et, dans une moindre mesure, de sa **fréquence**.

INTONATION
Système des variations mélodiques **pertinentes** dans une langue donnée.

LACUNE (*accidental gap*)
Quand une suite phonologique grammaticale n'est pas actualisée dans la langue, on dit qu'il y a lacune: aucun mot anglais n'a la forme **stæp** mais cette suite ne va à l'encontre d'aucune règle phonologique; il se trouve simplement que c'est l'une des très nombreuses possibilités combinatoires qui ne sont pas exploitées, mais qui peuvent le devenir (cas des néologismes).

MINGOGRAMME
Tracé oscillographique représentant la **fréquence** de vibration des cordes vocales.

MONÈME
A. Martinet utilise au sens de **morphème** le terme *monème*; dans sa terminologie le *morphème* est un monème grammatical par opposition au *lexème*, monème lexical.

MONOPHTONGUE
Voyelle simple, par opposition à **diphtongue**.

MORPHÈME
La plus petite unité linguistique porteuse de signification. Le morphème est discontinu si son signifiant se trouve réparti sur plusieurs mots. Ainsi dans *he's singing*, le morphème « forme progressive » est composé de *s...ing*. Il y a amalgame de morphèmes lorsqu'il n'y a qu'un seul signifiant indécomposable correspondant à plusieurs signifiés.
Ainsi, dans *nous chantons*, **nu ʃɑ̃tɔ̃**, **ɔ̃** représente à la fois les morphèmes « pluriel », « première personne », « présent » et « indicatif »; dans le cas des morphèmes « pluriel » et « première personne », il y a à la fois discontinuité, **nu...ɔ̃**, et amalgame, **ɔ̃**.

NEUTRALISATION
Concept de la phonologie classique. Absence ou perte d'une **opposition** dans un certain **contexte**. Ainsi, en français parisien **e** et **ɛ** n'apparaissent comme termes d'une opposition distinctive qu'en syllabe finale ouverte: *marée* ~ *marais*; en syllabe fermée l'opposition est neutralisée et le choix de **ɛ** automatique; en syllabe ouverte non finale, l'opposition tend à se neutraliser au profit de **e** (*raisonner* est prononcé comme *résonner*) ⇒ **Archiphonème**.

NIVEAU DE REPRÉSENTATION (*level of representation*)
Les théories phonologiques classiques reconnaissent implicitement l'existence de deux niveaux de représentation: le niveau phonologique figuré conventionnellement par une transcription entre barres obliques (angl. *diagonals*, *slants*, *obliques*) et le niveau phonétique

figuré conventionnellement par une transcription entre crochets (angl. *square brakets*).
Pour Chomsky et Halle, la composante phonologique de la **grammaire** consiste en une série de **règles** ordonnées qui transforment des représentations initiales phonologiques en suites phonétiques terminales; entre les deux, il existe de nombreux stades intermédiaires.

NOYAU (*nucleus*)
Syllabe portant l'accent primaire dans un **groupe de souffle**, en général syllabe accentuée du dernier mot lexical. Le noyau est le point de départ de la principale variation de **hauteur** dans le groupe de souffle.

OPPOSITION DISTINCTIVE
On dit de l'opposition de deux unités phoniques qu'elle est distinctive si la substitution d'une unité à une autre entraîne le passage d'un mot à un autre. Réciproquement, si la substitution d'une unité à une autre entraîne un changement de sens, on a affaire à une opposition distinctive.

PAIRE MINIMALE (*minimal pair*)
Deux mots qui ne diffèrent que par une seule unité phonique (*cat* ~ *rat*) constituent une paire minimale. On utilise le test des paires minimales (angl. *the pair test*) pour dégager le caractère phonologique des unités.

PALATALISATION
Cas particulier mais très fréquent d'**assimilation**: on parle de palatalisation lorsqu'au contact d'un son à articulation palatale ou palato-alvéolaire, il y a déplacement de l'articulation d'un autre son vers la région palato-alvéolaire. Dans angl. *vibration*, le **t** de *vibrate* est palatalisé au contact de **j**.

PÉNULTIÈME (*penultimate*)
Avant-dernière syllabe d'un mot.

PÉRIODE ⇒ **cycle**

PERTINENT
Voir **distinctif** et **redondance**.

PHONÈME
Définition de Daniel Jones: "A family of sounds in a given language which are related in character and are used in such a way that no one member ever occurs in a word in the same phonetic context as any other member", *The Phcneme, its Nature and Use*, p. 10.
Definition de Leonard Bloomfield: "A minimum unit of distinctive sound-feature", *Language*, p. 79.

PHONÉTIQUE
Partie de la linguistique qui étudie le phénomène physique de la production, de la transmission et de la réception des **sons** du langage.
Phonétique articulatoire. Partie de la phonétique qui étudie la production des sons au moyen des organes de la parole.
Phonétique acoustique. Partie de la phonétique qui étudie la nature et la transmission des sons produits par les organes de la parole.
N.B. La science qui étudie la réception des sons par les organes de la perception n'a pas de statut autonome. Son objet est pris en charge en partie par la phonétique acoustique, en partie par la **phonologie**.

PHONÉTIQUE HISTORIQUE
Partie de la linguistique qui étudie l'évolution des sons.
Syn. phonétique **diachronique**.
Le terme de phonétique historique est également employé pour désigner l'étude des sons d'une langue morte ou d'un état ancien d'une langue, ce qui ne constitue pas une étude diachronique.

PHONOGRAPHÉMATIQUE
Partie de la linguistique qui étudie les rapports entre l'orthographe et la prononciation; on peut concevoir la phonographématique comme l'ensemble des **règles** qui permettent de dériver la représentation phonétique d'un énoncé de son orthographe.

PHONOLOGIE
La phonologie s'oppose à la **phonétique** parce qu'elle ne retient, dans le détail des manifestations concrètes de l'acte

de langage, que celles qui ont une fonction linguistique.
⇒ **niveau de représentation, règle phonologique** et **grammaire.**

PROSODIE
Partie de la **phonétique** qui étudie les éléments **suprasegmentaux** : variations de **hauteur**, d'**intensité**, de durée, et phénomènes de jointure (problème des pauses).

REDONDANCE (*redundancy*)
La redondance est un élément important de la communication. On dit d'une caractéristique qu'elle est redondante si elle est associée sans nécessité à une autre caractéristique qui, elle, est dite **pertinente**. Ainsi, en français, les sonores sont douces et les sourdes sont fortes ; on considère en général que le trait sonore (ou voisé) est pertinent et que le trait doux est redondant, mais la position inverse est défendable. Dans certaines conditions, le trait redondant devient pertinent : ainsi, dans l'exemple précédent, l'opposition entre douces et fortes prend le relais de l'opposition entre sonores et sourdes dans le cas de la voix chuchotée. De même, beaucoup de locuteurs font une différence entre **setaʒ̥te** (*c'est à jeter*) avec un **ʒ̥** dévoisé doux et **setaʃte** (*c'est acheté*) avec un **ʃ** fort ; pour de tels locuteurs, le trait doux, normalement redondant, devient pertinent dans ce contexte.

RÉDUCTION
Phénomène de décoloration des voyelles en syllabe inaccentuée qui affecte en anglais les mots grammaticaux : **ɔv** → **əv** ; **ʃæl** → **ʃl**. La phonologie générative a étendu ce concept à des alternances telles que *approve* ~ *approbation* (**ə'pru:v** → **ˌæprə'beiʃn**) où d'une **forme** hypothétique **sous-jacente æpru:v**, on dérive les formes **ə'pru:v** et **ˌæprə'beiʃn** par réduction des voyelles inaccentuées.

RÈGLE DE DISTRIBUTION
Règle qui énumère les contextes où apparaissent les différents **allophones** d'un **phonème**.

RÈGLE PHONOLOGIQUE
Règle qui transforme une **forme phonologique sous-jacente** en forme phonétique. Ex. **t** → **s** et **s** → **ʃ** / —— **j** (**æktjən** → **æksjən** → **ækʃn**).

SEGMENT
Pour Chomsky et Halle, toute unité phonique **distinctive** qui entre dans la composition d'un **morphème** est un segment ; un segment peut être représenté par un **faisceau de traits distinctifs** ; si le faisceau est incomplet, il décrit un **archisegment**.

En anglais, $\begin{bmatrix} +\text{ ant} \\ -\text{ cor} \\ -\text{ cont} \\ -\text{ voisé} \end{bmatrix}$ décrit le segment

p ; $\begin{bmatrix} +\text{ ant} \\ -\text{ cor} \\ -\text{ cont} \end{bmatrix}$ décrit l'archisegment (**p**, **b**, **m**).

SÉMANTIQUE
Partie de la linguistique qui traite des problèmes du sens.

SIGNE
Objet matériel simple qui, dans une société donnée, sert de substitut à une réalité complexe avec laquelle il se trouve dans un rapport naturel ou conventionnel. Quand le rapport entre le signe et l'objet qu'il désigne est conventionnel, on emploie plutôt le mot symbole.

SIGNE LINGUISTIQUE
Pour F. de Saussure, le signe linguistique résulte de la combinaison d'un concept (le signifié) et d'une image acoustique (le signifiant). Le signe linguistique est arbitraire, autrement dit n'est lié à l'objet qu'il représente par aucun rapport naturel. Cas particulier : les onomatopées.

SON
En acoustique : phénomène vibratoire audible par l'oreille humaine, dont les ondes ont un caractère répétitif au contraire du *bruit*, caractérisé par des ondes non répétitives (mouvement non périodique).
En **phonétique** : tout segment phonique, que ce soit du point de vue acoustique un son ou un bruit, est phonétiquement parlant un son.

En **phonologie**: **segment** phonique dont on n'a pas encore montré si c'est un **phonème**.

SONAGRAMME
Tracé oscillographique représentant l'ensemble des vibrations de l'air dans la production des sons. Le sonagramme d'un son constitue une véritable photographie de ce son.
Syn. **spectrogramme**.

SONANTE
Son produit avec une configuration des cavités supraglottales (bouche, pharynx, fosses nasales) telle que le voisement spontané est possible.
Les sonantes comprennent les voyelles, les **glissées**, les liquides et les nasales.

STRUCTURE
Organisation interne d'un **système**, rapport entre les membres d'un système; ex. la structure du système phonologique de l'anglais.

STRUCTURE PROFONDE et STRUCTURE DE SURFACE
La composante syntaxique de la **grammaire** (au sens de Chomsky) part de la structure profonde et la transforme par une série de règles ordonnées en structure de surface. A ce stade, la composante phonologique prend le relais pour transformer la structure syntaxique de surface en réalisation phonétique.
La structure de surface est donc à la fois sortie de la composante syntaxique et entrée de la composante phonologique.

SUFFIXE FAIBLE ~ SUFFIXE FORT
Un suffixe est dit faible s'il n'a pas d'influence sur la place de l'accent (*ărbitrary* → *ărbitrariness*), fort dans le cas contraire (*măgnet* → *magnĕtic*).

SUPRASEGMENTAUX (Éléments)
⇒ **prosodie, borne** et **assimilation**.

SYLLABE
Unité phonétique complexe composée d'un noyau vocalique entouré éventuellement d'éléments consonantiques dans des conditions propres à chaque langue. Une syllabe est dite ouverte si elle est terminée par une voyelle, fermée si elle est terminée par une consonne.

SYSTÈME
Ensemble structuré, ex. le système phonologique de l'anglais; sous-système: ensemble structuré inclus dans le système, ex. le sous-système des occlusives de l'anglais; un ensemble aléatoire de phonèmes comme **p**, **t**, **f**, **θ**, **i**, **e** ne constitue pas un sous-système.

TIMBRE (*quality of sound*)
Caractère permettant de distinguer deux sons de source différente mais d'**intensité** et de **hauteur** identiques (flûte et piano, **i** et **a**). Equivalent perceptuel de la forme de l'onde sonore, déterminée par la distribution des **formants**.

TRAIT DISTINCTIF (*distinctive feature*)
Les traits distinctifs sont les plus petits éléments à pouvoir distinctif dont sont composés les **segments**.

UNIVERSAUX DU LANGAGE (*language universals*)
Caractères communs à toutes les langues naturelles. Jakobson a formulé l'hypothèse que les **traits distinctifs** sont communs à toutes les langues.

VARIANTE
Variante contextuelle, voir **allophone**.
Variante dialectale. Par rapport à une norme abstraite ou à une forme privilégiée de la langue prise comme témoin, on peut parler de variante dialectale quand on observe dans un dialecte l'occurrence d'un élément x′ dans tous les contextes où l'on observe l'occurrence de x dans la langue témoin. Exemple: en français, le **r** apical roulé est, en Bourgogne, une variante dialectale du **r** fricatif uvulaire qui constitue la norme nationale. Par analogie avec la notion de variante combinatoire ou contextuelle, on peut définir une variante dialectale comme une variante phonétique non **distinctive**, c'est-à-dire n'entraînant pas de changement de sens et dont le choix est déterminé automatiquement par le dialecte.

bibliographie sommaire[1]

Bloomfield, L. (1933), *Language*, Holt, New York.

Chomsky, N. (1957), *Syntactic Structures*, Mouton, La Haye.

Chomsky, N., and M. Halle (1968), *The Sound Pattern of English*, Harper and Row, New York.

Chomsky, N., et M. Halle (1973), *Principes de phonologie générative*, Editions du Seuil, Paris. [Traduction par Pierre Encrevé des première et quatrième parties de *The Sound Pattern of English*.]

Delattre, P. (1965), *Comparing the Phonetic Features of English, French, German and Spanish*, Julius Verlag, Heidelberg.

Delattre, P. (1966), *Studies in French and Comparative Phonetics*, Mouton, La Haye.

Dell, F. (1973), *Les règles et les sons*, Hermann, Paris.

Duchet, J.-L. (1981), *La Phonologie*, Que sais-je ?, Presses Universitaires de France, Paris.

Faure, G. (1962), *Recherches sur les caractères et le rôle des éléments musicaux dans la prononciation anglaise*, Didier, Paris.

Forgue, G. J., et R. I. McDavid Jr (1972), *La langue des Américains*. Aubier Montaigne, Paris.

Fouché, P. (1956), *Traïté de prononciation française*, Klincksieck, Paris, (deuxième édition: 1959).

Francis, W. Nelson (1958), *The Structure of American English*, Ronald Press, New York.

Gimson, A. C. (1962), *An Introduction to the Pronunciation of English*, Edward Arnold, London, (second edition: 1970).

Guierre, L. (1970), *Drills in English Stress-Patterns*, Longmans, London (nouvelle édition : 1984).

Guierre, L. (1979), *Essai sur l'accentuation en anglais contemporain*, Université Paris VII, Paris.

Halle, M., and S. J. Keyser (1971), *English Stress, Its Form, Its Growth and Its Role in Verse*, Harper and Row, New York.

Jakobson, R. (1963), *Essais de linguistique générale*, traduit de l'anglais et préfacé par Nicolas Ruwet, Editions de Minuit, Paris.

Jakobson, R. (1969), *Langage enfantin et aphasie*, traduit de l'anglais et de l'allemand par Jean-Paul Boons et Radmila Zygouris, Editions de Minuit, Paris.

Jakobson, R. (1973), *Essais de linguis-*

[1] Sauf indication contraire, la date qui suit le nom de l'auteur est celle de la première édition; les éditions ultérieures ne sont indiquées que si elles comportent des modifications ou des corrections.

tique générale, tome 2, Editions de Minuit, Paris.
Jakobson, R., G. Fant, and M. Halle (1952), *Preliminaries to Speech Analysis*, Massachusetts Institute of Technology Press, Cambridge, Mass. (with addition of the article "Tenseness and Laxness": 1963).
[Jones, D.] (1949), *The Principles of the International Phonetic Association*, International Phonetic Association, London, (reprinted: 1971), [IPA].
Jones, D. (1956a), *An Outline of English Phonetics*, Heffer, Cambridge, (eighth edition, revised, modernised and reset).
Jones, D. (1956b), *The Pronunciation of English*, Cambridge University Press, (fourth edition revised with new texts).
Jones, D. (1967), *English Pronouncing Dictionary*, thirteenth edition revised by A. C. Gimson, Everyman's Reference Library, Dent Dutton, London, [EPD].
Kenyon, J. S., and T. A. Knott, (1944), *A Pronouncing Dictionary of American English*, Merriam, Springfield, Mass., [PDAE].
Kingdon, R. (1958a), *The Groundwork of English Stress*, Longmans, London.
Kingdon, R. (1958b), *The Groundwork of English Intonation*, Longmans, London.
Ladefoged, P. (1962), *Elements of Acoustic Phonetics*, Oliver and Boyd, Edinburgh and London, (seventh impression with revised bibliography: 1971, The University of Chicago Press, Chicago and London).
Ladefoged, P. (1967), *Three Areas of Experimental Phonetics*, Oxford University Press, London.
Lewis, J. Windsor (1972), *A Concise Pronouncing Dictionary of British and American English*, Oxford University Press, London.
Lieberman, P. (1966), *Intonation, Perception, and Language*, Massachusetts Institute of Technology Press, Cambridge, Mass.
Lilly, R. et M. Viel (1972), *Cahier de phonétique anglaise*, Université de Lille III, Lille.
Lilly, R. et M. Viel (1977), *La Prononciation de l'anglais*, Hachette, Paris.
Malmberg, B. (1954), *La Phonétique*, Que sais-je?, Presses Universitaires de France, Paris, (neuvième édition mise à jour: 1971).
Martinet, A. (1960), *Eléments de linguistique générale*, Armand Colin, Paris, (cité d'après la nouvelle édition, Collection U2: 1967).
Mossé, F. (1945 et 1949), *Manuel de l'anglais du moyen âge*, Aubier, Paris, (I Vieil-anglais, deux volumes, II Moyen-anglais, deux volumes).
O'Connor, J. D. (1967), *Better English Pronunciation*, Cambridge University Press, Cambridge.
O'Connor, J. D., and G. F. Arnold (1961), *Intonation of Colloquial English*, Longmans, London, (second edition: 1973).
Saussure, F. de (1916), *Cours de linguistique générale*, Payot, Paris, (édition critique préparée par Tullio de Mauro: 1972).
Schane, S. A. (1967), *La Phonologie générative*, Langages, Didier-Larousse, Paris.
Schane, S. A. (1968), *French Phonology and Morphology*, Massachusetts Institute of Technology Press, Cambridge, Massachusetts.
Schane, S. A. (1973), *Generative Phonology*, Prentice Hall Foundations of Modern Linguistics Series, Englewood Cliffs, New Jersey.
Tellier, A. R. (1962), *Histoire de la langue anglaise*, Armand Colin, Paris.
Troubetzkoy, N. S. (1939), *Grundzüge der Phonologie*, Travaux du Cercle linguistique de Prague, Vol. VII; Prague; cité d'après la traduction française de J. Cantineau, *Principes de phonologie*, Klincksieck, Paris, 1949.
Viel, M. (1981),. *La Phonétique de l'anglais*, Que sais-je ?, Presses Universitaires de France, Paris.

index des matières

index des langues

table des matières

Nous adressons nos vifs remerciements à tous ceux qui ont bien voulu nous autoriser à reproduire dans ce livre des passages extraits des ouvrages suivants:

chapitre 1 RAYMOND QUENEAU, *Zazie dans le métro*, Éditions Gallimard, Paris. / GEORGE ORWELL, *Tribune*, 14 March 1947, Agence Hoffman, Paris. / INTERNATIONAL PHONETIC ASSOCIATION, *The Principles of the International Phonetic Association*, International Phonetic Association, London.

chapitre 2 *The Observer*, Progress Advertising Ltd., London. / INTERNATIONAL PHONETIC ASSOCIATION, *op. cit.*

chapitre 3 NOAM CHOMSKY, *Syntactic Structures*, by permission of Mouton and Co., Publishers, The Hague. / ANDRÉ MARTINET, *A Functional View of Language*, autorisation Librairie Armand Colin, Paris. / N.S. TROUBETZKOY, *Principes de Phonologie*, Klincksieck, Paris.

chapitre 5 NOAM CHOMSKY & MORRIS HALLE, *The Sound Pattern of English*, copyright © 1968 by Noam Chomsky & Morris Halle. By permission of Harper & Row, Publishers, Inc. Édition française: *Principes de Phonologie générative*, Noam Chomsky & Morris Halle, Éditions du Seuil, Paris.

chapitre 6 NOAM CHOMSKY & MORRIS HALLE, *The Sound Pattern of English op. cit.* / MORRIS HALLE & S. J. KEYSER, *Review of Danielsson, Language*, permission granted by Language, Journal of the Linguistic Society of America.

chapitre 8 DANIEL JONES, *The Pronunciation of English*, Cambridge University Press.

chapitre 9 ANDRÉ MARTINET, *Éléments de linguistique générale*, Librairie Armand Colin, Paris.

chapitre 11 GEORGE ORWELL, *Coming up for air*, Agence Hoffman, Paris. / W. SOMERSET MAUGHAM, *The Kite*, by permission of the Estate of W. Somerset Maugham and William Heinemann, Ltd.

chapitre 12 NOAM CHOMSKY & MORRIS HALLE, *The Sound Pattern of English*, *op. cit.*

chapitre 13 JOHN BRAINE, *Life at the Top*, Agence Bradley, Paris. / J. D. O'CONNOR & G. F. ARNOLD, *Intonation of Colloquial English*, by permission of the Longman Group Ltd., England.

chapitre 14 NELSON FRANCIS, *The Structure of American English*, copyright © 1958, The Ronald Press Co., New York. / GUY-JEAN FORGUE & RAVEN I. MCDAVID JR., *La Langue des Américains*, Éditions Aubier Montaigne, Paris. / NOAM CHOMSKY & MORRIS HALLE, *The Sound Pattern of English*, *op. cit.*

IMPRIMERIE AUBIN, 86240 LIGUGÉ
Dépôt légal, nº 0470-03-1986. — Impr., L 21170
Collection, nº 32. — Édition, nº 05
14/4360/5
Imprimé en France